高等职业院校精品教材系列

机电产品营销实务
（第2版）

王宝敏　主　编
王　稳　戴利坤　王　雯　副主编

電子工業出版社
Publishing House of Electronics Industry
北京·BEIJING

内 容 简 介

本书第 1 版已重印 11 次，得到广大院校教师的认可与选用，在征求一线代课老师和职教专家的意见基础上，结合机电行业新发展对内容进行了修订。本书注重“工商融合”，体现“教—学—做”一体化，理论与实践相结合，针对学生的就业岗位，有针对性地介绍现代市场营销的基本知识和方法，指导学生掌握营销技能。本书主要包括市场营销的基础知识、如何寻找机电产品市场机会、机电产品购买者行为分析、机电产品的开发与品牌、机电产品的定价、销售渠道与促销、机电产品销售合同的签订等内容。全书以职业能力为本位，突出学生应用和创新能力的培养，以方便上岗就业和创业。

本书为高等职业本专科院校多个专业相应课程的教材，也可作为开放大学、成人教育、自学考试、中职学校、培训班的教材，以及机电产品营销从业人员的学习参考书。

本书提供免费的电子教学课件和复习参考题答案等资源，详见前言。

图书在版编目（CIP）数据

机电产品营销实务/王宝敏主编. —2 版. —北京：电子工业出版社，2018.9
全国高等院校规划教材. 精品与示范系列
ISBN 978-7-121-34185-4

Ⅰ. ①机… Ⅱ. ①王… Ⅲ. ①机电设备－工业产品－市场营销学－高等学校－教材 Ⅳ. ①F764.4

中国版本图书馆 CIP 数据核字（2018）第 103069 号

策划编辑：陈健德
责任编辑：谭丽莎
印　　刷：山东华立印务有限公司
装　　订：山东华立印务有限公司
出版发行：电子工业出版社
　　　　　北京市海淀区万寿路 173 信箱　邮编 100036
开　　本：787×1 092　1/16　印张：16　字数：410 千字
版　　次：2012 年 8 月第 1 版
　　　　　2018 年 9 月第 2 版
印　　次：2021 年 9 月第 10 次印刷
定　　价：43.00 元

凡所购买电子工业出版社图书有缺损问题，请向购买书店调换。若书店售缺，请与本社发行部联系，联系及邮购电话：（010）88254888，88258888。

质量投诉请发邮件至 zlts@phei.com.cn，盗版侵权举报请发邮件至 dbqq@phei.com.cn。

本书咨询联系方式：chenjd@phei.com.cn。

前　言

2015 年 5 月“中国制造 2025”的发布，标志着我国实施制造强国战略第一个十年行动纲领的正式开始，新一轮科技革命和产业变革与我国加快转变经济发展方式形成历史性交汇，国际产业分工格局正在重塑。“中国制造 2025”的根本目标在于改变中国制造业“大而不强”的局面，通过 10 年的努力，使中国迈入制造强国行列，为到 2045 年将中国建成具有全球引领性和影响力的制造强国奠定坚实基础。作为服务于中国制造业的职业院校，多个专业都开设有机电产品营销课程。本书第 1 版已重印 11 次，得到广大院校老师的认可与选用，在征求一线代课老师和职教专家的意见基础上，结合机电行业新发展对内容进行了修订。

本书保留第 1 版的优点，注重“工商融合”，体现“教—学—做”一体化，理论与实践相结合，针对学生从事机电产品营销的各个就业岗位，有针对性地介绍现代市场营销的基本知识和基本方法，指导学生掌握机电产品的营销技能。本次修订主要做了如下改进。

（1）在内容方面，根据机电产品营销过程的特点增加了两部分内容，一是增加了市场调查和机电产品营销环境的内容，有利于学生掌握市场分析等技能；二是增加了机电产品销售合同的签订等内容，使学生具备识别各种常见财务票据和签订机电产品合同应具备的知识与能力。

（2）在课后练习方面进行了较大改动。不但更新了课后作业，而且每部分都增加了实训内容，有利于任课教师组织学生开展分组实训。此外，在实训中不但锻炼学生掌握营销技能，同时增加学生的营销意识，使学生在模拟的机电产品营销氛围中掌握某一方面的知识和技能。

（3）在教学案例上进行了许多更新，使课程教学更适用于机电产品营销的实际，同时也对第 1 版不合适的内容进行了删减。

本书由王宝敏任主编，王稳、戴利坤、王雯任副主编。其中无锡商业职业技术学院的王宝敏老师编写了第 1 单元、第 3 单元、第 5 单元、第 7～8 单元，江苏健雄职业技术学院的王稳老师编写了第 2 单元，上海振华重工集团的王雯编写了第 4 单元，无锡商业职业技术学院的戴利坤老师编写了第 6 单元。另外，无锡信捷电子科技有限公司的过志强经理提出了许多建设性意见，在此，我们表示衷心的感谢。

由于我们的编写水平和经验有限，书中难免存在不足之处，恳请广大读者批评指正。

为了方便教师教学，本书配有免费的电子教学课件和复习参考题答案等资源，请有需要的教师登录华信教育资源网（http://www.hxedu.com.cn）免费注册后再进行下载，有问题时请在网站留言或与电子工业出版社联系（E-mail：hxedu@phei.com.cn）。

编　者

目　录

第1单元 机电产品市场营销概述

学习目标

1. 了解机电产品的发展历程和机电产品的内涵。
2. 熟悉市场营销的概念及其发展演变过程。
3. 熟悉机电产品市场营销的内涵。

引例1 “奔驰”——质量、创新、服务

德国奔驰汽车在世界汽车行业独树一帜，以优质优价闻名于世。在激烈的市场竞争中，许多汽车制造公司削减生产量，缩短工时，裁减人员，而奔驰汽车公司不仅保持生产，而且其产量还略有增加。在激烈的国际竞争中，奔驰汽车公司之所以能够很好地求得生存和发展，并成为汽车行业的佼佼者，重要的一点就在于它以“顾客要求第一”、“广为顾客服务”为经营理念，充分认识到公司提供给顾客的产品不仅是交通工具，还应包括汽车的质量、造型、功能、维修服务等，即以自己的产品整体来满足顾客的整体要求。

1）“奔驰”的质量观

奔驰汽车的质量是首屈一指的。在产品的构想、设计、研制、试制、生产、维修等环节都突出了其质量标准。奔驰汽车公司采取的措施主要有以下几个。

（1）不断提高职工的技术水平，造就一支技术熟练的职工队伍。奔驰汽车公司在德国国内有502个培训中心，其培训范围包括新招学徒工的基本训练、公司管理人员的培训和在职职工的专业提高。接受基本训练的职工平均每年维持在6 000人左右。另外，每年有2万～3万名在职职工参加培训，以保证职工的业务水平得到不断提高。

（2）建立严格的质量检测制度。奔驰汽车公司的质量检测制度是严格的，手段是先进的：在对外加工件的检查中，如果一箱中发现有一个不合格，就要全部退货；对公司自产的引擎要经过42道工序自动检验；油漆稍有划痕，也要重新返工。另外，奔驰汽车公司的安全部门每年要用100辆崭新的汽车以时速35千米的速度冲撞坚固的混凝土厚墙，以检测前座的安全性。

（3）宁缺毋滥，确保优质。为确保汽车的质量，奔驰汽车公司始终严格限制产品的数量。多年来，奔驰汽车的产量一直控制在70万辆左右，而不像美国和日本的汽车公司那样每年增加产量。

由于奔驰汽车公司严把质量关，使得公司一直保持着优质名牌的声誉。正如该公司在广告中宣称的那样：“如果有人发现我们的奔驰汽车发生故障，被修理车拖走，我们将赠送您奖金一万美元。”今天，奔驰汽车已在全世界的顾客心目中树立了这样的金字招牌：奔驰——优质。奔驰汽车具有舒适、安全、耐用的特点，一辆奔驰汽车一般使用15年也不会出大毛病，因此它在世界汽车业市场萧条时，仍能保持较大的销售量。

2）“奔驰”的创新观

奔驰汽车公司自开创以来，一直坚持大胆而科学的创新，以创新求发展是该公司的一贯方针，如它正不断变换车型，不断地将新的工艺技术应用到生产上。奔驰汽车公司在创新中始终贯彻“顾客要求第一”的经营理念。将顾客的要求通过计算机向生产流水线发出指令，生产流水线即可生产出符合顾客要求的产品。目前，该公司生产的车辆从一般小轿车到大型载重汽车共有160种，3 700个型号。

3）“奔驰”的服务观

尽管奔驰汽车是优质汽车的代名词，但奔驰汽车公司并未满足于此，而是在向用户提供优质产品的同时，向用户提供优质的服务。奔驰汽车公司为解决用户的后顾之忧，开设了大量的服务网点。该服务网包括两个系统：一是推销服务网，它分布在德国的各大中城市，在订购时，顾客可以提出自己的特殊要求，如汽车的颜色、空调设备、音响设备，乃至保险式车门钥匙；二是维修站，该公司在联邦德国就有1 244个维修站，在公路上平均不到25千米就可以找到一家奔驰汽车维修站，从事服务工作的人数达 6.9 万，甚为广泛；另外，维修人员技术熟练，服务热情，检修迅速。

引例解读　质量、创新、服务并非奔驰汽车公司独创，也不是什么秘密。但是在它们和产品的有机结合上，各企业却有所差异，由此才使得奔驰汽车公司牢固树立了整体产品的良好形象，使它成为当今世界汽车工业中一颗璀璨夺目的明星。

任务 1.1　认知制造业与机电产品

1.1.1　科学技术与制造业的发展

从 18 世纪 40 年代开始，科学技术的发展与社会生产和经济产生了十分紧密的相互促进关系，各种发明不断涌现，成为推动生产力发展的革命因素。

1. 欧洲的产业革命

欧洲的产业革命始于 18 世纪 40 年代的英国，到 1840 年前后基本完成，经历了近一百年。美国、法国紧随其后，大约在 1870 年完成产业革命。德国、俄罗斯则从 1830 年开始产业革命，到 1890 年先后完成。产业革命是以机器工厂代替手工工厂的革命，它是近代资本主义生产发展的产物。

18 世纪初，英国的棉纺织业与毛纺织业产生了激烈竞争。当时，欧洲各国的工厂手工业很发达，并被毛纺织业所垄断，作为新兴产业的棉纺织业，只有通过革新技术提高劳动生产率，才能与强大的毛纺织业相抗衡，并抵御印度棉布对英国市场的占领。1733 年，英国钟表匠约翰·凯伊发明了飞梭，代替了手工投递，使织布效率成倍提高。1764 年，工匠哈格里夫斯发明了手摇纺纱机，即珍妮机和骡式纺织机，解决了织快与纺慢的矛盾。不久之后，阿克莱特发明了以水力为动力的纺织机，使棉纺织业迅速发展。

图 1-1　瓦特蒸汽机

具有重大历史意义的是 1784 年，英国著名的发明家詹姆斯·瓦特对当时已出现的蒸汽机原始雏形做了一系列的重大改进，发明了单杠单动式和单杠双动式蒸汽机，称为瓦特蒸汽机（如图 1-1 所示），提高了蒸汽机的热效率和运行可靠性，并很快将其用到了矿井抽水和纺织生产上，对当时社会生产力的发展做出了杰出贡献。

蒸汽机发明后，1807 年，美国人富尔顿发明了蒸汽机轮船。1814 年，英国人史蒂芬森发明了蒸汽机车。蒸汽机车的广泛使用，使得各种加工业蓬勃兴起。

以纺织机械和蒸汽机的发明为标志的技术革命，揭开了欧洲产业革命的序幕，在人们面前展现了一个新世界的前景，并掀起了一股技术发明的热潮，各种机器相继问世。经过 100 多年的发展，形成了一个纺织、机械、冶金、化工、运输、煤炭等工业部门协调发展的局面。

19 世纪初期，欧洲各国的工业革命已先后完成，蒸汽机在西欧、美国得到广泛推广，第一条铁路建成了，第一列蒸汽火车开动了，工厂的烟囱如雨后春笋在各地林立，吐出浓浓的黑烟，大批工业产品投放到市场上。1926 年的蒸汽机车“火箭号”如图 1-2 所示。

图 1-2　1926 年的蒸汽机车“火箭号”

为了炫耀工业革命带来的伟大成果，工业革命的发源地——英国在 19 世纪中叶提出举办世界博览会的建议，很快得到欧洲各国的积极响应。此事由英国阿尔伯特亲王主持，英国建筑师约瑟夫设计展览大厅。他曾经学过使用钢铁与玻璃建造温室的原理，就大胆地把温室结构用在伦敦世界博览会的建筑设计中，这样他设计的展览大厅全部采用钢材与玻璃结构，被称为“水晶宫”。1851 年，世界上第一个国际博览会在伦敦开幕，震惊了世界。该世界博览会刺激了制造业的发展。

当欧洲人正艰苦地为艺术与技术的结合而拼争，为标准化、批量生产而争论不休时，美国人开始进行机电产品的批量生产，这也是时代的趋势。1908 年 12 月，福特汽车公司生产出的 T 型汽车（如图 1-3 所示），就是美国工业向机械大规模生产化过程过渡的一个例证。

在 T 型汽车问世之前，世界各地的汽车是以半手工的方式生产的，成本较高，普及困难。福特汽车公司的老板亨利·福特在进行了周密研究之后，着手设计新型汽车。他完成了汽车工业的两项巨大突破：一是把汽车的 10 000 多个零件全部严格标准化；二是采用装配流水线方式生产。这样，福特汽车公司生产出了人类历史上第一辆以流水线装配、采用标准件的汽车，即 T 型汽车。这种汽车具有很多优点，如设计合理、大方、轻便、单价低。当时市场上的汽车约有 55 万辆，其中有 25 万辆均为 T 型汽车。到 1924 年，福特汽车公司生产了 1 000 万辆 T 型汽车。为了与福特汽车公司竞争，各大汽车公司都先后引入了装配流水线与采用标准件，生产出类似 T 型汽车的廉价汽车，如美国汽车大厂之一的通用汽车公司、克莱斯勒公司等。

图 1-3　福特汽车公司生产出的 T 型汽车

与英、法等国相比，德国在经济上是一个后来居上的大国。德国的发展在 1851 年前远远落后于英国与法国，但从 19 世纪末到 20 世纪初它日益迅速发展起来。1881—1885 年，英国占世界贸易总额的 38%，而德国只占 17%；但到 1903 年，英国的比例下降为 27%，而德国上升到 22%。德国的钢铁产量尤为惊人，1913 年德国的钢铁产量居然是英国的 3 倍。1914 年，德国的国民生产总值已经超过英国。

2. 电气化时代的来临

欧洲的产业革命完成后，由于生产力高速发展，资本主义度过了初期的简单再生产阶段，有了较雄厚的资金积累，可用于支持科学研究，以创造更新的生产力（尽管这些研究很简单）。1820 年，丹麦物理学家奥斯特发现了电流的磁感效应。1831 年，英国物理学家法拉第发现了电磁感应现象；1873 年，英国物理学家麦克斯韦则把电磁现象的运动规律总结成“漂亮”的麦克斯韦方程，它对人类社会的发展产生了巨大而深刻的影响。

在这个时代，还发现了能量守恒与转化的性质，证明了热、机械、电、磁、化学等运动形式的统一性及具有可以相互转化的性质，从而为电力的产生与应用奠定了理论基础。在这期间产生了如下发明。

1834 年，俄罗斯人雅克比发明了直流电动机。

1860 年，意大利人巴其诺基发明了直流发电机。

1867 年，德国人西门子发明了实用化的自激式直流发电机，具有重大意义。

1888 年，南斯拉夫出生的美国人特斯拉发明了交流电动机，并解决了变压器及输变电力的技术难题，对制造业的进步产生了重大影响。

以电力应用为标志的 19 世纪的技术革命，体现了科学推进生产前进。

早在 1879 年，维尔纳冯•西门子在柏林交易会上便展示了他的电动火车模型。1884 年，西门子与他的合作者哈斯克一起建成了从法兰克福到奥芬巴赫的第一条电气化铁路。1887 年，以电力为动力的伦敦地下铁道建成营运。

1879 年 12 月，爱迪生成功地向纽约市民展示了他发明的白炽电灯。电不仅使用起来干净方便，并且可以进行远距离传送，功能多样。电力、照明、取暖、通信等方面的潜力不可低估。1890 年前后，蒸汽机日益被新的能源所压倒，电的广泛使用，电气用具的普遍推广，使电成为现代制造工业的真正动力。

1859 年，巴黎工程师 E.雷诺阿就已发明了内燃机，但是这种内燃机因造价昂贵而没商业化推广。

1878 年，德国人 N.奥托发明出较为经济的四冲程内燃机，与现代内燃机在原理上较为接近。

1886 年，戴姆勒第一次把内燃机装上汽车，从此汽车得到推广。

1889 年的博览会上展出的一个发电机就是用奥托内燃机带动的。

1889 年的巴黎国际博览会敲响了电气化时代来临的钟声。多于 2 500 万名的观众从世界各地到此见证了电的奇迹。在新建成的 300 多米高的埃菲尔铁塔顶部安装的强光电灯，能从 70 英里外的奥尔良大教堂顶上看见；在博览会的电话展厅中，参观者可以从话筒中听到巴黎歌剧院中发出的歌声；而电动游览车可让观众看到博览会的全貌。在展览厅中使用了 2 万盏爱迪生发明的电灯用于照明。

电气化时代来临之后，电器被广泛使用，而内燃机与电动机的先后发明，取代了以蒸汽为动力的汽车发动机，导致了汽车工业革命。

3．现代制造业的萌芽

从美国到欧洲，从苏联到日本，从中国到印度，从发达国家到发展中国家，第二次世界大战以后，新能源、新材料、新技术、新工艺的研究、开发热潮正在全世界兴起。它是人类社会历经了漫长的农业社会、工业社会而向现代化社会发展的标志，是凝聚着人类智慧的当代科技文明的象征，是走向 21 世纪的通道。

新能源：核能、太阳能。

新材料：尼龙、塑料、不锈钢、陶瓷、球墨铸铁、硬质合金、复合和超导材料、人造金刚石、表面喷涂材料等。

新技术：激光技术、电火花线切割、超声加工、离子切割、爆炸焊、超精加工等。

新工艺：自动生产线、自动定位、快速自动装夹、高速锻造、气化模铸造等。

现代制造技术正是在科学技术和社会发展的基础上发展起来的。

1.1.2 中国制造业

制造业是社会生产发展的基础产业，是国民经济发展的物质基础，是综合国力的重要体现。今天的制造业，已不能从“机械制造”的狭义角度来理解。随着全球制造业之间的竞争日趋激烈，以及全球经济一体化，市场向企业提出了更高要求，企业要赢得竞争，就要以市场为中心，以用户为中心，快速及时为用户提供高品质、低价格、具有个性化的产品。也就是说，企业要具有最短的产品开发时间（Time）、最优的产品质量（Quality）、最低的价格和成本（Cost）、最佳的服务（Service）（简称“TQCS”），只有这样才能赢得用户和市场。

1．中国制造业现状

目前，中国制造业的总体规模居世界第一位（2017 年产值占世界制造业总值的 33%左右），自 2010 年起开始领先于美国；钢铁、水泥、化纤、化肥、电视机等白色家电、钟表、微电机、拖拉机、自行车、摩托车、集装箱、金属切削机床、电动工具、集成电路、电话机、手机、微型计算机等 220 种工业制成品的年产量居世界第一位，创造的产值已经占国民生产总值的 40%以上。在《财富》（2017）全球 500 强企业名录中，中国有 115 家跨国公司入围，仅次于美国的上榜公司 133 家。由出口额和出口增长率反映的中国工业的国际地位持续提高，自 2009 年起中国已成为世界第一出口大国，特别是中国制造业在国际贸易中表现突出，出口额从 1990 年的 443 亿美元增长到 2017 年的 24 218 亿美元，年均增长 20%。2017 年，中国机电产品出口 14 139 亿美元，增长 12.1%，占同期出口总值的 58.4%。

短短二十几年间，“中国制造”让世界刮目相看，“中国的制造业发展潜力巨大，正逐渐成为世界制造业中心”的观点已经被多数人认同。目前我国制造业正处在由低级向高级发展的中间阶段，要完全实现工业化，要从“制造业大国”升级为“制造业强国”，根据发达国家的经验，至少还需要十几年的努力。当前，新一轮科技革命和产业变革与我国加快转变经济发展方式形成历史性交汇，国际产业分工格局正在重塑。我国为紧紧抓住这一重大历史机遇，2015 年 5 月 19 日，国务院正式印发《中国制造 2025》，坚持“创新驱动、质量为先、绿色发展、结构优化、人才为本”的基本方针，坚持“市场主导、政府引导，立足当前、着眼长远，整体推进、重点突破，自主发展、开放合作”的基本原则，通过“三步走”实现制造强国的战略目标：第一步，到 2025 年迈入制造强国行列；第二步，到 2035 年中国制造业整体达到世界制造强国阵营中等水平；第三步，到新中国成立一百年时，综合实力进入世界制造强国前列。

2．中国制造业存在的问题

（1）标准规范落后。有些规范多年没有修订、更新，不能反映当今科技进步的水平。更严重的是有的产品根本没有标准，甚至是半标准生产，出现“三无”产品即没有产地、没有标准、没有商标。

（2）一些企业粗制滥造，从设计、原材料、制造工艺、制造设备、环境到劳动者素质等都存在大量缺陷。

（3）假冒伪劣产品屡见不鲜。例如，出现以次充好、盗用品牌、价格欺诈、虚假广告、侵犯知识产权、违反商标法、职业道德缺失等问题，已经超过了市场经济的底线。

（4）服务体系缺失或者发育不全。例如，不少地区商贸服务的网点还没有覆盖，缺少产品售后服务和维护检修，问题产品也没有召回赔偿机制等。

（5）电子商务、网络购物尚待规范健全。例如，线上线下能力不匹配；有的商品信用不够，欺诈顾客的现象时有发生；等等。

（6）缺乏管理技能和全球营销技巧，价格战成为主要的竞争手段。中国的许多公司仍然没有按照国际惯例改变其管理，导致企业竞争力大打折扣，而价格战成为主要的竞争手段，进而导致制造业出现无序的价格竞争。同时，中国的企业非常缺乏全球营销经验，主要依靠国外分销商或合作伙伴在国际市场上推销中国商品。

分析这些问题产生的原因，首先是缺乏关键技术、核心技术、专有技术，以及设备陈旧、工艺落后，产品的技术含量不高。其次是商贸流通体制改革迟缓，中间环节多、物流成本高、仓储物流效率低下、损耗浪费大。还有一个重要的原因，就是部分企业缺乏市场观念和诚信意识，政府部门质量监管整治不利。国家应加强标准化体系建设，用信息化新技术强化制造基础，建立严格的全过程质量监督保障体系和诚信体系。行业协会应鼓励、支持、引导企业培育品牌、创新品牌，提升创新创优的素质和能力。品牌不能停留在用户体验上，还要有一套科学严谨的评价指标体系。

1.1.3　机电产品的分类、范围、特征与基本结构

1．机电产品的分类

机电产品是指使用机械、电器、电子设备所生产的各类机械、电器、电子的生产设备和生活用机具。

机电产品按设备与能源关系，可分为电工设备、电能发生设备、电能输送设备及电能应用设备、机械设备、机械能发生设备、机械能转变设备及机械能工作设备。

机电产品按部门需要，可分为金属切削机床、锻压设备、仪器仪表设备、木工设备、铸造设备、起重运输设备、工业窑炉、动力设备、电器设备、专业生产设备、其他设备等。

机电产品按使用目的不同，可分为动力机电产品和工作机电产品两大类。

2．机电产品的范围

机电产品主要包括重大技术装备、动力机械、工作母机、仪表仪器、电工电子机械、通用机械、专用机械、基础零件等。

重大技术装备：大型火力、水力、核发电装备，钢铁、冶金、石油、化工、港口、矿山、国防等配套的重大技术装备、成套生产线等。

动力机械：电机、内燃机、汽轮机、锅炉等。

工作母机：车床、铣床（数控铣床如图 1-4 所示）、钻床、磨床、数控机床、加工中心等。

仪表仪器：测量仪、传感器、测温器、三坐标测量仪等。

电工电子机械：生产各种电子元器件的机械与设备等。

通用机械：各种泵、空气压缩机、阀门、换热器、干燥器等。

专用机械：拖拉机、矿山机械、汽车、船舶、飞机、火车、摩托车等。

基础零件：液压气动元件、密封件、轴承、刀具、量具、工具、齿轮等。

图 1-4　数控铣床

3．机电产品的特征

（1）技术特征：品种规格繁多、标准化要求高，工艺繁杂、要求高。

（2）生产特征：零件制造专业化，耗用的原材料的数量和种类多。

（3）市场特征：受国家政策影响，与行业发展有关，技术更新发展快，属于专业市场，市场活动比较理智。

4．机电产品的基本结构

一个完整的机电产品一般由机械、液压、气动、电气、控制、润滑等多个子系统组成，而各个子系统又由许多零件组成。各个子系统之间、系统内部必须协调且有严格的精度要求，只有这样才能保证一个机电产品的工作能力达到用户要求，运动精度符合规定，且有一定的使用寿命。

各类机电产品通常由以下五部分组成。

（1）原动力部分：如发动机、电动机等。

（2）传动部分：如带传动、齿轮传动、链传动等。

（3）执行部分：完成所需的运动或能量的转换等，如车削运动、汽车运动等。

（4）操作控制部分：如机控、电控、声控、光控等。

（5）支撑部分：机电产品的主体结构，如汽车底盘、机床床身等。

任务 1.2　认知市场与市场营销

案例 1　某公司招聘职员的策略

某公司招聘职员，给众多求职者出了一道考题，题目是：给你一批木梳，你如何尽量多地向和尚推销？出家人剃度为僧，顶上没毛，木梳何用？应聘者或疑惑不解，或愤怒不已，或怀疑命题者神经错乱。因此大多数人都非常不满地拂袖而去，只有三个人留了下来。招考人员对这三个人说，这批木梳任由自取，数量不限，各人分头去推销，销售得越多越好。一周为期，回来汇报销售成果及销售方法，公司择优录取。

期限一到，三个人都回来了。

第一个人卖出 1 把，他汇报说："我到和尚庙向和尚推销木梳，遭到和尚们的一番责骂，有一个气盛的年轻和尚还说我讥笑他们，追赶着要打，真是倒霉透了。幸好，下山路上遇到一位懒散的小和尚。小和尚歇在路旁，边喘粗气，边使劲挠那厚厚的头皮。见我递上一把木梳，他高兴地接过来，很有兴趣地在头上扒拉起来，于是买了 1 把。此后又走了几处和尚庙，处处都碰壁。”

第二个人卖了 10 把。他不无得意地介绍起自己的推销办法。他登上一座位于高山之巅的古庙。那里香客很多，挤挤挨挨的，但长途的跋涉与山风的吹拂，把香客们的头发都给弄乱了。他灵机一动，就跑到住持那里说，香客一心礼佛，可山风一吹，头发散乱，于佛不敬。如果在每个香案前放把木梳，让善男信女们在拜佛前先梳理梳理鬓发，不是很好吗？住持觉得有理，于是买了 10 把。

第三个人卖了 100 把。起初，这一难题也令他眉头紧锁，但他坚信办法总是人想出来的，自己智力不差，肯定可以想出对策来。他来到了一座香火很旺的名刹，那里进香朝佛者很多，而且都乐于“随喜”、“添油”，多有奉献。他在佛殿之前凝思片刻，有了主意。他找到住持，摆起龙门阵：“香客虔诚，慷慨施舍，祈求保佑，寺庙若是向他们回赠佛家吉祥物，一可作为纪念，二可暖其心，三可以扩大影响，一举多得，那该多好。木梳作用于头部，乃是理想吉祥之物，如果再印上大师飘逸的书法，定大受欢迎。”住持闻言大喜，当场买了 100 把木梳，并将亲笔写的“和善梳”、“佛光梳”印在了上边。四方的香客和施主闻知其事，都希望得到一把佛家木梳，于是香火更旺了，大师还约请他下周再送一批木梳来。

案例思考　同学们看了这个案例后，请谈一下对市场营销的理解。

市场营销是现代企业管理的重要职能之一，是连接企业和市场的桥梁和纽带。在知识经济时代，市场营销在开拓潜在市场、满足市场顾客需要、提高企业核心竞争力等方面，发挥着日益重要的作用。

1.2.1　市场的含义

传统观念：市场是进行交换的场所。

经济学家：市场是泛指对特定产品或某类产品进行交易的买主和卖主的集合。

市场营销学对市场的定义是具有特定需要和欲望，而且愿意并能够通过交换来满足这种需要或欲望的全部潜在顾客。

市场的概念为

市场=人口+欲望+支付能力

如何理解这一“市场”的含义呢？

站在销售者的立场上，特定的人（顾客）就是市场。这些人有特定的属性：（1）有某种需要（欲望），如果没有需要，也就不会产生购买动机，更不会产生交换行为，无疑也就失去了营销的必要性与基础；（2）有满足这种需要的购买能力，产品的销售是一种有偿交换行为，不是无偿的赠予行为，这种购买能力最直接、最普遍的表现为买者拥有的货币数量（一般所说的金钱）的多少。

综上所述，有某种需要的人（动机），为满足这种需要的购买能力，购买欲望是构成市场的三个要素。这三个要素相互制约、缺一不可。只有将这三者结合起来才能构成现实的市场，才能决定市场的规模和容量。

从不同角度可以形成不同的市场类型。例如，从产品出发，可形成服装市场、食品市场等；从生产流程出发，可形成生产资料市场、消费品市场；从地理位置出发，可形成国内市场和国际市场；从生产要素出发，可形成人力市场、金融市场、技术市场等。

市场流程：市场流程可分为简单的市场流程和现代交换经济中的市场流程。

（1）简单的市场流程，如图 1-5 所示。

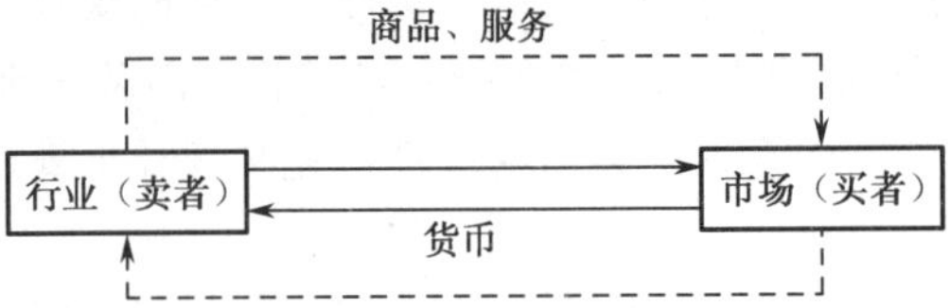

图 1-5 简单的市场流程

（2）现代交换经济中的市场流程（如图 1-6 所示）。

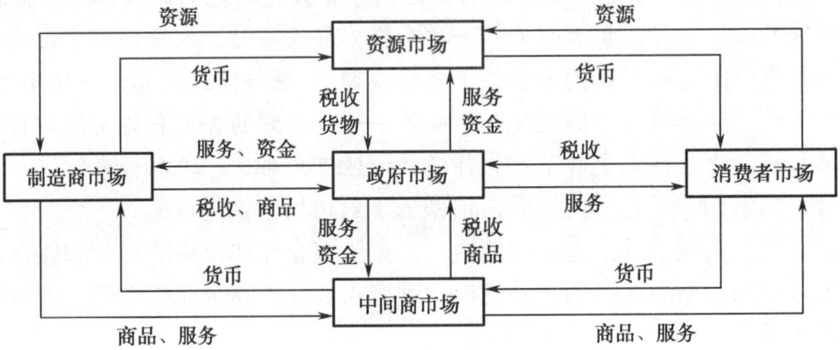

图 1-6 现代交换经济中的市场流程

当代市场的特征：

① 市场的科技化；
② 市场的国际化；
③ 市场的软化；
④ 市场的绿化；
⑤ 市场的标准化；
⑥ 市场的差别化；
⑦ 市场的替代化；
⑧ 市场的高级化。

1.2.2 市场营销的含义

“市场营销”一词来源于英语的“Marketing”，既指企业的市场营销活动，也指市场营销学这一学科。从实质上讲，市场营销指的是一种活动，尤其是指企业的经营管理活动。它广泛地存在于各种主体之间的交换活动之中，因此，市场营销的实质是一种社会性的经营管理活动。

美国市场营销协会：市场营销是关于构思和劳务的设计、定价、促销和分销的策划与实施过程。

菲利普·科特勒：市场营销是个人和群体通过创造并同他人交换产品和价值以满足需求和欲望的一种社会和管理过程。

一般定义：市场营销是与市场有关的人类活动，它以满足人类的各种需要和欲望为目的，是通过市场变潜在交换为现实交换的活动。

在现代市场经济环境下，从企业的角度来讲，市场营销是企业最核心的一项经营管理活动或经营管理职能，甚至可以说是企业众多的经营管理职能中，最显著、最独特、最核心的职能。这是因为现代市场营销贯彻“营销围着顾客转，企业围着营销转”的经营指导思想，企业财务管理、人力资源管理、生产管理、技术管理、供应管理等都是为了给营销活动提供后勤保障和服务的。这些管理也可以说都是花费、投入，而只有在营销环节才有可能实现收入，从而创利。传统企业与现代企业的组织机制如图1-7和图1-8所示。

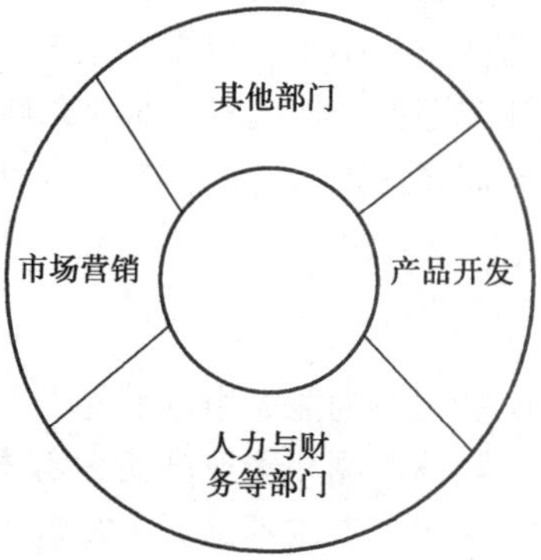

图1-7　传统企业的组织机制

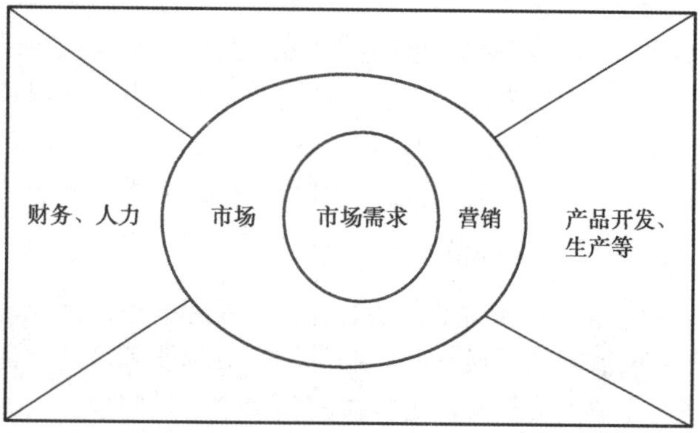

图1-8　现代企业的组织机制

市场营销可以是个人与个人、组织与组织或组织与个人之间进行的一种交换活动。在交换双方中，如果一方比另一方更主动、更积极地寻求交换，就称前者为市场营销者，称后者为顾客或用户。因此，市场营销者可以是买与卖双方中的任何一方，但由于买方市场在市场经济体制下较为普遍且长期存在，所以市场营销学所研究的市场一般就是从卖方的角度来说的。

市场营销活动包括四个阶段：生产之前的市场调查与分析活动，主要了解市场需求；生产之中对产品设计、开发及制造的指导，主要指导企业生产；生产之后的销售推广活动，主要开拓市场营销；产品售出之后的售后服务、信息反馈、顾客需要满足等活动，主要满足市场需求。由此可见，市场营销涵盖生产之前产品的设计开发、生产之中产品生产的策划、生产之后售出之前的市场推广、售出之后的产品消费全过程。

市场营销与推销或销售不是一回事。现代企业营销包括需求预测、新产品开发、定价、分销、物流、广告、人员推销、销售促进、售后服务等，而销售仅仅是现代企业营销活动的一部分。著名管理学家彼得·德鲁克指出：“我们的确需要一些销售行为，但营销工作的目标就是要使销售行为变成多余。”海尔集团总裁张瑞敏指出：“促销只是一种手段，但营销是一种真正的战略。”营销意味着企业应该“先开市场，后开工厂”。用中国的一句古话讲，就是“运筹于帷幄之中，决胜于千里之外”。

1.2.3　市场营销涉及的概念

1．需要、欲望和需求

人类的需要和欲望是市场营销活动的出发点。

需要是指没有得到满足的感受状态，是人类与生俱来的基本要求。例如，人类为了生存，既有吃、喝、穿、住、行等生理性的需要，也有爱、尊重、自我实现等社会性的需要。显然，需要早就存在于市场营销活动之前。

欲望是指想得到基本需要的具体满足物的愿望。在不同的文化、生活及个性背景下，同样的需要所产生的对特定物品的要求是不同的。例如，一个口渴的中国人为了满足解渴的生理性需要，可能选择茶，一个口渴的法国人则可能选择咖啡来满足同样的需要。

需求是指有能力购买并且愿意购买某个具体产品的欲望。人类的需要有限，但其欲望却很多。当人类具有购买能力时，欲望便转化成需求。企业必须以消费者的需求为核心，清楚其需求的状况及可能的变化。需求是企业经营的起点，同时也是企业经营的终点。

将需要、欲望和需求加以区分，其重要意义就在于阐明这样一个事实，即需要是人类与生俱来的基本要求，存在于营销活动之前；市场营销者连同社会上的其他因素，只是影响了人们的欲望，并试图向人们指出何种特定产品可以满足其特定需要，进而通过使产品富有吸引力，适应消费者的支付能力且容易得到来影响需求。

2. 产品、服务和体验

人类靠产品来满足自己的各种需要和欲望。因此，可将产品表述为能够用以满足人类某种需要或欲望的任何东西。通常用产品和服务这两个词来区分实体产品和无形产品。实体产品不仅能被人类拥有，更能被人类用来满足需求。例如，人们购买小汽车不是为了观赏，而是因为它可以提供交通服务。市场营销者的任务是向市场展示实体产品所包含的利益或服务，而不是仅限于描述产品的形貌。

无形产品是指那些看不见、摸不着的“无形”的活动或利益（即服务），如咨询服务、保险服务、经纪服务等。

从更广泛的角度来讲，产品还可以包括体验。体验是一种创造难忘经历的活动，是企业以服务为舞台、商业为道具，围绕消费者创造出值得回忆的活动。例如，去迪士尼乐园就是一种体验。在竞争日益激烈的今天，体验已经成为企业能够触动顾客心灵的新的营销产品形式。

3. 顾客让渡价值、顾客满意和质量

顾客让渡价值是通过顾客的主观心理感受来衡量的。它实质上是顾客从产品中所获得的收益与其所付出的成本的差额。顾客所付出的成本包括货币成本（如交通费、住宿费、购买付款等）和非货币成本（如时间、精力、精神成本等）。顾客让渡价值包括货币价值（如产品价值的保值、增值等）和非货币价值（体现在产品的购买、使用过程中，如良好的服务引起身心的愉悦，优质的产品提升人的地位、形象等）。消费者在购买产品或服务时，总是希望能够最大限度地获得收益，付出较低的成本。因此，为了在竞争中取胜，吸引更多的潜在顾客，企业就必须通过不同的方式和途径让顾客获得更多的让渡价值。例如，企业可以通过不断改进自己的产品，提升自身的服务，在保证质量的情况下降低产品价格，改变销售模式等来提高顾客让渡价值。

创造顾客让渡价值的目的在于使顾客满意，进而达到顾客忠诚。顾客满意是指顾客对其要求已被满足程度的感觉。菲利普·科特勒认为顾客满意是指一个人通过对一个产品的可感知效果或结果与他的期望值相比较后，所形成的愉悦的感觉状态。当从购买和消费某种产品中获得的效用与期望一致时，顾客就会满意；当获得的效用低于期望时，顾客就会不满意；当获得的效用超出期望时，顾客就会非常满意。由此可见，顾客满意是一种期望与可感知效果比较的结果，它是一种顾客心理的反映，而不是一种行为。顾客满意对于企业来说有着重要的意义。一个高度满意的顾客会持久地忠诚于企业，会为企业和其产品说好话，对价格不敏感。因此，保持顾客高度的满意是企业工作的重点。

质量从狭义上来理解，可定义为“无瑕疵”。早期的企业大多用“无瑕疵”来理解质量要求。但随着竞争的加剧，消费者对质量的要求不断提高，现在绝大多数以顾客为中心的企业对质量的定义已不再仅限于“无瑕疵”，他们是根据顾客满意来定义质量的。例如，在全美率先采用全面质量管理的摩托罗拉公司，“质量必须有利于顾客……我们对瑕疵的定义是‘如果顾客不喜欢该产品，则该产品就有瑕疵’”。

4. 交换、交易和关系

人们有了需求，企业也将产品生产出来，还不能解释为市场营销，产品只有通过交换才产生市场营销；人们通过自给自足或自我生产方式，或偷抢方式，或乞求方式获得产品都不是市场营销，只有通过等价交换，买卖双方彼此获得所需的产品，才产生市场营销。由此可见，交换是市场营销的核心概念。

市场交换一般包含五个要素：①有两个或两个以上的买卖者；②交换双方都拥有对方认为有价值的东西；③交换双方都拥有沟通信息和向另一方传送货物或服务的能力；④交换双方都可以自由接受或拒绝对方的产品；⑤交换双方都认为值得与对方进行交换。

这五个条件满足以后，交换才可能发生。交换是一个过程，而不是一种事件。如果双方正在洽谈并逐渐达成协议，称为在交换中。如果双方通过谈判并达成协议，交易便发生。交易的方式有多种，如货币交易、易货交易及由此衍生出的种种交易（如服务、观念等交易）。交易从逻辑上说，是指某一方付出 X，而另一方得到 Y 回报。因此，市场营销就是要促成各种交易的发生，并且使这种交易更加有效。

交换还是建立关系的过程。精明的市场人员总是试图与消费者、批发商、零售商及供应商建立长期互利、相互信任的关系。

5. 市场营销的客体（对象）

在市场营销者看来，卖方构成行业，买方则构成市场。以企业为主体的市场营销活动的对象是市场，也就是用户（个人消费者与组织消费者）。市场营销就是企业面向市场开展的一种经营活动，是企业围绕市场需求开展的一种市场经营活动。市场营销应当从了解市场需求开始，到满足市场需求结束。市场需求是市场营销活动的中心。

任务 1.3　市场营销学的发展与机电产品市场营销

案例 2　福特汽车公司的营销观念

1）T 型汽车的兴衰

当被问到“是谁发明了汽车？”这个问题时，许多人都会回答：“亨利 · 福特。”这个普遍的误解正是对亨利 · 福特的赞美，因为是他使得千千万万人拥有汽车的梦想成为可能。他的指导原则是：“我要制造一辆适合大众的汽车，价格低廉，谁都买得起。”

T 型汽车于 1908 年 10 月 1 日步入历史舞台。亨利 · 福特称之为“万能车”，它成为低价、可靠运输工具的象征。亨利 · 福特的经营哲学就是千方百计地增加 T 型汽车的产量，降低汽车的生产成本和销售价格，以便更多地占领汽车市场。T型汽车在20世纪20年代一直供不应求，亨利·福特的广告是这样做的："顾客可以想要他们喜欢的任何颜色的汽车，但是福特汽车只有黑色的一种。"

到了1927年，T型汽车气数已尽。T型汽车虽然做了改进但多年来基本上没有变化，慢慢失去了市场。

2）"野马"驰骋市场

福特汽车公司在正式推出"野马"汽车之时，采用了多种多样具有轰动效应的促销手段，真可谓奇招迭出，一鸣惊人。

"野马"汽车正式投放市场前四天，公司邀请了报界100多名新闻记者参加从纽约到迪尔本的70辆"野马"汽车大赛，这些车飞驰700英里无一发生故障，证实了"野马"汽车的可靠性。于是，几百家报纸都在显著的位置热情地刊出了关于"野马"汽车的大量文章和照片。

在"野马"汽车投放市场的当天，福特在2 600种报刊上登了全页广告，并在数家电视台播出广告短片：一幅朴素的白色"野马"在奔驰的画面，并注上一行简单的字"真想不到"，副标题是"售价2 368美元"。新车照片同时出现在《时代》和《新闻周刊》的封面上。

福特汽车公司还在全国15个最繁忙的机场和从东海岸到西海岸的200家假日饭店的门厅里陈列了"野马"汽车。福特汽车公司选择最显眼的停车场，竖起巨型的广告牌，上书"野马栏"以引起消费者的注意，激发人们的购买欲望。同时，福特汽车公司向全国的小汽车用户直接寄发了几百万封推销信，既达到了促销的目的，也表示了公司忠诚为顾客服务的态度和决心。此外，公司大量上市"野马"墨镜、钥匙链、帽子、玩具车，甚至在面包铺的橱窗里贴上广告："我们的烤饼卖得像'野马'一样快。"

"野马"汽车诞生一周年时，风行整个美国，各地还纷纷成立了"野马"车会。

案例思考　（1）T型汽车体现了福特汽车公司当时的什么营销观念？为什么后来会失败？

（2）"野马"汽车为什么成功，体现了什么营销观念？

1.3.1　市场营销学的发展

1. 市场营销学的产生

市场营销学产生于20世纪初（它的形成阶段为1900—1930年），创建于美国，在实践中得到了不断完善和发展。

人类的市场经营活动，从市场出现就开始了，但直到20世纪之前，市场营销尚未形成一门独立的学科。19世纪末20世纪初，美国开始从自由资本主义向垄断资本主义过渡，社会环境发生了深刻变化：工业生产飞速发展，专业化程度日益提高，人口急剧增长，个人收入上升，日益扩大的新市场为创新提供了良好机会，产业界对市场的态度开始发生变化。所有这些变化因素都有力地促进了市场营销思想的产生和市场营销理论的发展。

1902—1905年，密歇根、加利福尼亚、伊利诺伊和俄亥俄等大学相继开设了市场营销课程。1910年，执教于威斯康星大学的巴特勒教授正式出版了《市场营销方法》一书，首先使用Marketing作为学科名称。但是此时的市场营销学，讲授的还只是推销、广告等知识，真正的市场营销管理哲学还没有形成。

1929—1933年，资本主义国家发生了震惊世界的经济危机，生产严重相对过剩，产品销售困难，直接威胁着企业的生存。从 20 世纪 30 年代开始，主要资本主义国家市场明显进入供过于求的买方市场。此时，市场营销学有了很大发展，学术著作日渐增多，理论体系逐步建立。但是真正的现代市场营销学是在第二次世界大战后的 50 年代开始形成的。

2．市场营销学的革命

第二次世界大战后，市场营销学从概念到内容都发生了深刻变化。一方面，战后的和平条件和现代科技的进步，促进了生产力的高速发展，社会产品数量剧增，花色品种日新月异，买方市场全面形成。另一方面，西方国家政府先后推行所谓高工资、高福利、高消费的政策，并且缩短了工作时间，大大刺激了市场需求，使市场需求在数量与质量方面都得到了很大提高。在这种情况下，传统的市场营销学不能继续适应企业市场经营的需要，需要进行重大变革。于是，营销理论出现了重大突破，现代市场营销管理哲学及一整套现代企业的营销战略、策略和方法应运而生。在西方国家，有人把这一变化称为“营销革命”，甚至把它与产业革命相提并论。

3．市场营销学的蓬勃发展

20 世纪 50 年代以后，各种营销学理论层出不穷，各种营销学著作如雨后春笋纷纷出版，市场营销的地位得到空前提高，在实践中取得显著效果，受到社会各界的普遍重视。与此同时，美国的市场营销学又先后传入日本、西欧等国家与地区。可以说，市场经济越发达，市场营销学越盛行。

1.3.2　市场营销学在中国的传播

1．1949 年之前

20 世纪三四十年代，市场营销学在中国已有零星的传播。现存最早的教材是丁馨伯编译的《市场学》，由复旦大学于 1933 年出版。当时，一些大学的商学院也开设了市场学课程，其教师主要是欧美留学归来的学者。

2．1949 年至改革开放开始

1949 年之后一直到改革开放以前，由于西方的封锁和中国实行高度集权的计划经济体制，所以商品经济受到了一定的限制，市场营销学在中国的研究进展非常缓慢。

3．20 世纪 80 年代以后

20 世纪 80 年代以来，为了适应中国市场经济建设的需要，西方国家一些较为成熟的市场营销理论，以美国西北大学教授菲利普・科特勒的营销理论为主流，被逐渐引进。随着中国社会主义市场经济体制建设的日益深入，买方市场全面形成，中国经济与世界经济一体化速度加快，中国企业面临着空前激烈的市场竞争。由于这种环境变化所带来的压力，市场营销理论的学习、市场营销战略和策略的运用日益受到中国企业的重视，如许多企业运用市场营销原理、技术和方法改进了经营方法，提升或增强了竞争实力，取得了显著效果。但是不可否认的是，许多企业对市场营销的认识和运用还很不完善，常常只注重片面营销，而不注重整体营销；抓住了个别环节却忽略了整个过程；学会了某种形式却背弃了市场营销的灵魂，最终导致营销活动事倍功半，甚至适得其反。

改革开放三十多年后，尤其是进入 21 世纪，中国营销学界一方面密切关注国外市场营销研究的最新进展，广泛吸收中国市场经济建设中既需要又可行的前沿理论和观点，另一方面也密切关注国内市场营销理论与实践的新发展，积极吸纳市场营销新成果，努力形成既具有中国特色、能解决中国本土问题，又适应国际市场竞争要求的中国市场营销理论，逐步实现了市场营销理论研究和实践应用的国际化与本土化的完美结合。

1.3.3 营销观念

1. 生产观念

生产观念认为消费者喜欢那些随处可买到的价格低廉的产品，生产导向组织的经理会致力于追求更高的生产效率和更广泛的分销范围。

生产观念认为生产是最重要的，只要生产出有用的产品，就一定有人要；顾客关心的主要是产品价格低廉和可以随处购得等，因此经营者的主要注意力集中在追求生产率和建立广阔的销售网络上。

在产品供不应求的卖方市场时代，这种大量生产、降低价格的思想尚有其生命力，但如今大多数商品已经供过于求，厂商竞争激烈，这种经营导向无疑已严重过时。

举例：亨利·福特去参观屠宰场，看见一整头猪被分解成各个部分，分别出售给不同的消费群体。受此影响，在他的脑海中产生了灵感，为什么不能把汽车的制造反过来，使汽车的生产像屠宰场的挂钩流水线一样，把零部件逐一安装起来，就可组装成整车。亨利·福特把他的想法付诸实践，将原来单件小批量的生产转变成大批量生产，使得生产效率大幅度提高，产量大大增长，其财富也高度积聚。

2. 产品观念

产品观念认为顾客最喜欢那些高质量、多功能和具有某些特色的产品。在产品导向型组织里，管理层总是致力于生产优质产品，并不断改进产品，使之日臻完善。

产品观念是以产品为中心的企业经营指导思想。产品观念认为产品是最重要的因素，消费者总是喜欢质量最优、性能最好的产品。因此，产品导向企业致力于制造优质产品，并经常改进。

产品观念导致“营销近视症”即过分重视产品质量，看不到市场需求及其变动，只知责怪顾客不识货，而不反省自己是否根据需求提供了顾客真正想要的产品。

举例：一家办公用公文柜的生产商过分迷恋自己的产品质量与追求精美。其生产经理认为，他们生产的公文柜是全世界质量最好的，从四楼扔下来也不会损坏。但当他们的产品被拿到展销会上推销时，却遇到了强大的销售阻力，这使得生产经理难以理解，他觉得产品质量好的公文柜理应获得顾客的青睐。销售经理告诉他，顾客需要的是适合他们工作环境和条件的产品，没有哪位顾客打算把他的公文柜从四楼扔下来。

3. 推销观念

推销观念认为如果对消费者置之不理，他们便不会大量购买本组织的商品，因此组织必须主动推销和积极促销。

推销观念（或称销售观念）是许多厂商向市场进军的另一种普遍的观念，是以销售为中心的企业经营指导思想。推销观念认为消费者通常有购买迟钝或抗拒购买的表现，如果顺其自然，消费者便不会购买本企业太多的产品。因此，企业必须大力开展推销和促销活动，刺激消费者购买。

推销观念产生于现代工业高度发展的时期，此时，生产能力已增长到使大多数市场成为买方市场。目前，我国推销观念泛滥，潜在的顾客受到电视广告、报刊广告、DM、推销访问等的围攻，到处都有人试图推销某种东西给他，这反而招致顾客的反感和抵触，使推销活动往往事倍功半——推销也就进入了“怪圈”。

举例：顾客到汽车样车陈列室，推销员对顾客进行心理分析。例如，顾客对正在展销的样车产生兴趣，推销员就会告诉顾客已经有人想购买它了，促使顾客立即做出购买决策；如果顾客认为价格太高，推销员就接着请示经理可否降价，顾客等了 10 分钟后，推销员会告诉顾客“老板本不想降价，但我已说服他同意了”。

4．市场营销观念

市场营销观念认为达到企业目标的关键在于正确确定目标市场的需要和欲望，比竞争对手更有效、更有利地传送目标市场所期望满足的东西。它的四项要素是：

（1）目标市场，以市场为出发点；

（2）顾客需求，以顾客为中心；

（3）整合市场营销；

（4）赢利能力。

市场营销观念与前三种观念最大的区别在于：前三种观念以卖方需要为中心，市场营销观念则以买方需要为中心；推销出于卖方满脑子要把产品换成现金的需要，营销则是通过帮助消费者满足其需要而获得应有的报酬。

第二次世界大战以前，福特汽车公司依靠亨利・福特的黑色 T 型汽车获得了辉煌成就，但亨利・福特过分相信自己的经营哲学，而不管市场环境的变化及需求的变动。而通用汽车公司的创始人斯隆，觉察到战争给全世界人民所带来的灾难，特别是从战场回来的青年人，厌倦了战争的恐怖与血腥，期望充分地享乐，珍惜生命，因此他们不再只满足于单调的黑色 T 型汽车，而是希望得到款式多样、色彩鲜艳、驾驶灵活、体现个性、流线型的汽车。通用汽车公司抓住这一需求变革的时机，推出了适应市场需要的汽车，很快占领了市场，把亨利・福特从汽车大王的位置上拉了下来，取而代之成了新的汽车大王。

5．社会营销观念

市场营销组织的任务是确定目标市场的需求、欲望和利益，并以保护或提高消费者利益和社会福利的方式，比竞争者更有效、更有利地向目标市场提供其所期待的满足。

社会营销观念是对市场营销观念的发展和延伸，强调企业向市场提供的产品和劳务，不仅满足消费者个别的、眼前的需要，而且要更加合理地兼顾消费者总体和整个社会的长远利益。企业要正确处理消费者欲望、企业利润和社会整体利益之间的矛盾，统筹兼顾，求得三者之间的平衡与协调。

各种营销观念的对照如表 1-1 所示。

表 1-1 各种营销观念的对照

营销观念		市场背景					经营重点	口号与态度	经营程序	经营手段	经营目的
		生产力	科技	供求	市场	竞争					
传统营销观念	生产观念	低下	缓慢发展	供<求	卖方市场	买方间进行	产品	生产为中心 我生产什么，我卖什么	产品—市场	提高劳动生产率，增加产量	增加产量 获取利润
	产品观念	发展	加快发展	供≤求	卖方市场	卖方中已有	产品	生产为中心 只要产品好，不愁没销路	产品—市场	改进与提高产品质量，提高劳动生产率	增加产量 获取利润
	推销观念	较大发展	加快发展	供≥求	卖方市场过渡买方市场	卖方间进行	产品	生产为中心 我卖什么，你买什么	产品—市场	推销 广告	增加销量 获取利润
现代营销观念	市场营销观念	高度发展	迅速发展	供>求	买方市场	卖方间竞争激烈	顾客	以需定产 顾客是上帝	市场—产品—市场	整体营销	满足需求 获取利润
	社会营销观念	高度发展	迅速发展	供>求	买方市场	卖方间竞争激烈	顾客 社会利益	以需定产 满足需求、增进社会公共利益	市场—产品—市场	整体营销	满足顾客需求，增进社会利益，企业获取利润

1.3.4 现代市场营销观念

1. 整合营销观念

营销者的任务是设计营销计划和整合营销活动，为消费者创造、传播和传递价值。营销计划中包括大量的通过营销活动而增值的决策。营销组合是描述营销活动的术语，指企业用来达成其营销目标的一整套营销工具。这些工具概括为四类，称为4P：Product（产品）、Price（价格）、Place（地点即分销渠道）和Promotion（促销）。整合营销就是指企业准备了一个产品、服务和价格的供给组合，利用广告、销售促进、人员推销和公共关系的促销组合，把它们送到分销渠道和目标消费者手中。

2. 大市场营销观念

大市场营销是对传统市场营销组合的发展。菲利普·科特勒指出，企业为了进入特定市场，并在那里从事业务经营，在策略上应协调运用经济、心理、政治、公共关系等手段，以博得产品所在地各方面的合作与支持，从而达到预期的目的。这里所讲的特定市场，主要是指贸易壁垒很高的封闭型市场或保护型市场。在这种市场上，已经存在的参与者和批准者往往会设置种种障碍，使得那些能够提供类似产品，甚至能够提供更好的产品和服务的企业难以进入，无法开展经营业务。大市场营销在 4P 的基础上加上 2P 即 Power（权力）和 Public Relations（公共关系），从而把营销理论进一步扩展了。

3. 整体营销观念

1992 年，菲利普・科特勒提出了跨世纪的营销新观念——整体营销（Total Marketing）。所谓“整体营销”，就是企业营销活动应该囊括内、外部环境的所有重要行为者，包括供应商、中间商、最终消费者、员工、竞争者和公众等。整体营销强调的是营销活动不要仅局限于外部营销，还要强调内部营销。

内部营销（Internal Marketing）是指通过满足雇员需求来吸引、发展、刺激、保留能够胜任工作的员工。内部营销的核心是培养对员工的顾客服务意识。在把产品和服务通过营销活动推向外部市场之前，应先对内部员工进行营销，向内部人员提供良好的服务和加强与内部人员的互动关系，以便一致对外地开展外部的服务营销。

4. 关系营销观念

关系营销旨在与消费者、供应商、分销商、竞争者和公众等建立和发展长期稳定的相互关系，以赢得和维持业务。

关系营销观念以系统论为基本指导思想，认为企业是社会经济系统中的一个子单位，应将企业置身于社会经济大环境中来考察企业的市场营销活动，即企业营销是一个与消费者、供应商、分销商、竞争者和公众发生互动作用的过程，正确处理与这些个人或组织的关系是企业的营销核心，是企业成功的关键。

5. 文化营销观念

文化营销，简单地说，就是利用文化力进行营销，是指企业营销人员及其他相关人员在企业核心价值观念的影响下，所形成的营销理念及所塑造出的营销形象在具体的市场运作过程中所形成的一种营销模式。

麦当劳卖的仅是面包加火腿吗？答案是否定的，它卖的是快捷时尚个性化的饮食文化。柯达公司卖的仅是照相机吗？不是，它卖的是让人们留住永恒的纪念。总之，在产品的深处包含着一种隐性的东西——文化。企业向消费者推销的不仅仅是单一的产品，产品在满足消费者物质需求的同时还应满足消费者精神上的需求，给消费者文化上的享受，满足他们的高品位消费需求。

6. 全面营销观念

全面营销（Holistic Marketing）观念的基础是营销计划、过程及活动各自具有宽广度且相互依赖。全面营销理论认为营销应该贯穿“事情的各个方面”，而且要有宽阔的、统一的视野。全面营销涉及四个方面：关系营销、整合营销、内部营销和社会市场营销，如图 1-9 所示。全面营销理论试图认识和协调市场活动的宽广度与复杂性。

7. 4C、4R 和 4S

随着市场竞争的日趋激烈，媒介传播速度越来越快，以 4P 理论来指导企业营销实践显得似乎“过时”。1990 年，美国营销专家劳特朋教授针对 4P 理论存在的问题提出了 4C 理论。4C 理论以消费者需求为导向，重新设定了市场营销组合的四个基本要素，即消费者

（Consumer）、成本（Cost）、便利（Convenience）和沟通（Communication）。它强调企业首先应该把追求顾客满意放在第一位，其次要努力降低顾客的购买成本，然后要充分注意到顾客购买过程中的便利性，而不是从企业的角度来决定销售渠道策略，最后还应以消费者为中心实施有效的营销沟通。与产品导向的4P理论相比，4C理论有了很大的进步和发展，它重视顾客导向，以追求顾客满意为目标，这实际上是当今消费者在营销中越来越占据主动地位的市场对企业的必然要求。

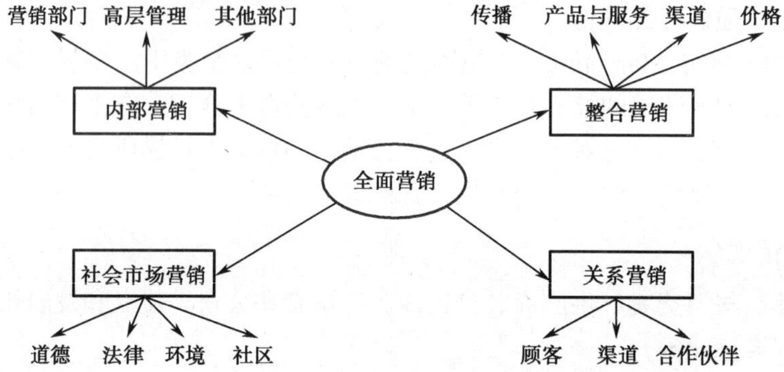

图1-9　全面营销

在4C理论的基础上，艾略特·艾登伯格提出了4R理论。4R理论以关系营销为核心，重在建立顾客的忠诚度。它阐述了四个全新的营销组合要素，即关联（Relativity）、反应（Reaction）、关系（Relation）和回报（Retribution）。4R理论强调企业与顾客在市场变化的动态中应建立长久互动的关系，以防止顾客流失，赢得长期而稳定的市场；面对迅速变化的顾客需求，企业应学会倾听顾客的意见，及时寻找、发现和挖掘顾客的渴望与不满及其可能发生的演变，同时建立快速反应机制以对市场变化迅速做出反应；企业与顾客之间应建立长期而稳定的朋友关系，从实现销售转变为实现对顾客的责任与承诺，以维持顾客的再次购买和忠诚度；企业应追求市场回报，并将市场回报当作企业进一步发展和保持与市场建立联系的动力与源泉。

4S理论阐述了四个全新的营销组合要素，即满意（Satisfaction）、服务（Service）、速度（Speed）、诚意（Sincerity）。4S强调从消费者需求出发，打破企业传统的市场占有率推销模式，建立一种全新的“消费者占有”的营销导向。要求企业对产品、服务、品牌不断进行定期定量，以及综合性消费者满意指数和消费者满意度的测评与改进，以使服务品质最优化，使消费者满意度最大化，进而达到消费者忠诚的“知名度”同时强化了企业的抵御市场风险、经营管理创新和持续稳定增效的“三大能力”。4S要求企业营销人员实行“温馨人情”的用户管理策略，用体贴入微的服务来感动用户，向用户提供“售前服务”敬献诚心，向用户提供“现场服务”表示爱心，向用户提供“事后服务”以送谢心。

1.3.5　机电产品市场营销的概念与特点

机电产品市场营销是市场营销的一个重要分支，接近于工业品营销的范畴，但与工业品营销又有区别，它不包括工业品（包括初级产品和工业制成品）范围中的初级产品（主要是原材料，如矿产品、钢材、建材、纺织纤维等）的营销。

机电产品市场营销是制造商（企业）对制造商（企业）、组织、政府等市场间的营销，也可以称为制造商（企业）间的营销。制造商（企业）间的营销概念于 20 世纪 30 年代提出，但国际上开始对制造商（企业）间的营销进行研究始于 20 世纪 70 年代。舒尔茨于 1973 年提出了 OBB（Organization Buying Behavior）理论，在企业购买概念、企业购买模型和经验实证方面提出了比较完整的理论体系；随后，威恩德和卡多佐于 1974 年提出了宏观—微观两层分析法；1994 年，格雷夫和波尔创立了五步分析法。20 世纪 90 年代中期以后，对制造商（企业）间的营销的研究侧重于国际企业间的合作、并购、联盟及依赖关系等全球化课题。中国由于长期对机电产品实行计划经济，以国家调控为主，所以机电产品生产企业对外开放的步伐较晚也较慢。当中国加入世界贸易组织（World Trade Organization，WTO）后，由于竞争加剧，到 21 世纪初才开始对制造商（企业）间的营销进行深入研究。

机电产品市场营销具有以下特点。

1．顾客（用户）数量相对较少，但比较集中，单次购买量大

机电产品的顾客主要是制造商（企业）、机构、组织、政府等，因此，顾客数量与消费品的消费大众相比少得多，而目标顾客就更少了。例如，一个新建的设备生产线，购置各种配套生产设备动辄需要几千万元人民币，因此，机电产品生产企业往往做广告时不像消费品企业那样“铺天盖地”，做“大众情人”，而是必须树立品牌，锁定目标顾客进行重点突击，有的放矢。

2．专业、理性购买，购买决策复杂

机电产品往往是大宗产品，单次购买费用高，购买次数少，因此，顾客在购买机电产品时一般都比较谨慎、小心，担心性能、参数不对或价格高了，而且在购买过程中会有多个部门、较多的核心人员参与，属于专业、理性购买。例如，在购买一套机械设备时，会由采购部、工程部、技术部、财务部及公司高层等组成采购小组，对所购产品的企业、产品本身的性能参数及售后服务等进行层层考核。

3．通常采取直接购买的方式

由于机电产品往往成交金额比较大，所以顾客往往会直接与制造企业联系，实地考察，亲自考核，实施直接购买。而制造企业为了将企业形象、产品信息更好地传达、展示给目标顾客，会采取直接销售的模式组建自己的直销队伍，面对面地与顾客沟通，并通过对产品知识熟悉、形象颇佳的企业直销人员树立企业的良好形象，博得顾客的信任。当然，制造企业也可能挑选、培训一批实力、能力比较强的代理商或其他中间商。

4．定制采购，注重服务

机电产品往往技术含量比较高，加上顾客对产品的特殊要求，因此许多顾客会选择通过招标、投标的形式提出自己的技术要求和相关条件，供应商则根据顾客的需求组织技术队伍进行产品定制化设计，以满足顾客的要求。这样，供应商要与顾客签订《机电产品买卖合同》，约定双方的权利与业务、违约责任等，一般还会要求顾客给付一定的定金。机电产品是再生产产品，对顾客来讲，服务（包括售前、售中、售后服务等）尤其重要。

5．派生需求，缺乏弹性

机电产品市场可以说是派生市场，机电产品市场的需求也可以说是派生的需求，是顾客对消费品的需求而派生出来的需求。没有顾客对消费品的需求，就不会有制造企业对设备等的需求。正是因为机电产品市场的需求是派生的需求，所以只要消费品的需求存在，机电产品的需求就必然存在，不会因消费品市场的波动而受到太大的影响。因为机电产品市场的需求取决于生产过程、生产特征，所以只要企业不改变生产方式或产品种类，需求就会存在。例如，彩电生产企业不会因为显像管的涨价而少买或放弃购买显像管；汽车生产企业也不会因为轮胎价格的下跌而大量采购轮胎。

实训检测1　说出你所知道的机电产品

1．任务形式

以游戏的方式完成任务。

2．任务内容

每个同学准备5分钟，按前面所讲的内容列出自己所知道的机电产品；然后按学号或随机让一个同学说出一至三种机电产品，其他同学判定是否符合，看全班最后能说出多少种机电产品。或者每四人为一组，全班进行比赛，看哪一组列出的机电产品种类多且正确，哪组就获得胜利。

3．任务考核

教师根据同学或小组的表现给予表扬或指正，并强调本任务的成绩考核基于学生的学习过程，即各个任务的完成情况如何。

具体考核如表1-2所示。

表1-2　认知机电产品任务考核表

考核项目	考核内容	分数	得分
工作态度	按时完成任务	5分	
	格式符合要求	5分	
任务内容	机电产品定性准确	30分	
	能说出的机电产品品种多	35分	
团队合作精神	团队有较强的凝聚力	5分	
	同学间有良好的协作精神	5分	
	同学间有相互的服务意识	5分	
团队间互评	认为该团队较好地完成了本任务	10分	

课后练习 1

1. 填空题

（1）机电产品的特征主要有________、________、________和________。

（2）机电产品一般由________、________、________、________和________组成。

（3）市场主要由________、________和________构成。

（4）营销观念主要有________、________、________、________、________。

（5）整合营销的 4P 是指________、________、________和________。

2. 思考题

（1）什么叫机电产品？机电产品的范围包括哪些？

（2）什么叫市场营销？市场营销涉及的概念有哪些？

（3）市场营销观念是如何发展的？现代市场营销理念有哪些？

（4）机电产品市场营销的内涵是什么？其有何特点？

3. 实训项目

分组调查、了解一家机电产品生产企业的市场营销方面的信息（包括企业基本情况、产品特性、营销在企业中的地位、经营团队的营销理念等），提交一篇 1 000 字以上的调查报告。

第2单元 寻找机电产品的市场机会

学习目标

1. 熟悉机电产品市场调查的方法与分析。

2. 理解机电产品市场细分、市场定位的基本含义。

3. 掌握市场细分的标准及寻找理想目标市场的方法，运用适当的目标市场策略进入目标市场。

4. 能在目标市场上对企业和产品进行市场定位。

引例 2　市场细分：指引蓝海航线的罗盘

S 企业是一家生产工业电气自动化产品的企业，它的技术和服务可以满足很多细分市场上的顾客需求，几乎涵盖了所有生产型的工业企业。创业初期，S 企业对市场需求有了初步的了解后，决定将市场定位于电力、钢铁、石化、港口、建材、煤炭等重工业部门。

在接下来的市场推广过程中，虽然该企业四面出击，却在各个行业屡屡遭到竞争对手的强烈打击，均无功而返。经过一番研究，它不得不接受这样一个事实：各个行业对产品的基本需求相同，但附加功能方面的价值需求千差万别，只有对行业设备与工艺情况、行业标准有深入了解后，才能满足顾客的独特价值需求。此前的屡战屡败正是由于它对市场的细分过于粗浅。

经过分析后，S 企业决定在“诸侯割据”的市场中重新寻找属于自己的市场生存空间，不求最大，只求能够适应自己的生存。通过对市场的进一步分析，它发现自己的产品功能最能满足火力发电厂对控制方面的需求，而这个细分市场上的竞争对手无论是在企业规模还是产品质量上都无法与自己相比。于是，S 企业果断放弃了其他行业的机会，集中一切资源开拓火力发电企业这个细分市场。通过一番努力，如今 S 企业生产的产品在火力发电企业这个细分市场上已经占据了 75%的市场份额，成为当之无愧的市场领袖。

引例解读　虽然机电产品的市场机会很多，但对某一企业而言，它不可能占有所有市场。S 企业在走了一段弯路后，进行市场细分，准确定位，终于成为市场的强者。

任务 2.1　机电产品市场调查

案例 3　某公司洗碗机的市场调查

当某公司将自动洗碗机投向市场时，销售情况格外惨淡。尔后，公司的营销策划专家寄希望于广告媒体，在各种报纸、杂志、广播和电视上反复广而告之“洗碗机比用手洗更卫生，因为可以用高温水来杀死细菌”。同时，还宣传自动洗碗机清洗餐具的能力，在电视广告里示范表演了清洗因烘烤食品而被弄得一塌糊涂的盘子的过程。努力之后消费者对洗碗机仍是敬而远之。

自动洗碗机的设计构思和生产质量都是无可挑剔的，但为什么一上市就遭此冷遇呢？消费者究竟是怎样想的呢？

经过分析发现洗碗机遭到冷遇的原因有以下几个方面。第一，传统价值观念的作祟，消费者对新东西的偏见，技术上的无知，消费者的风险和消费能力的差距，使自动洗碗机难以成为畅销产品。持传统观念的消费者认为，男人和十几岁的孩子都能洗碗，自动洗碗机在家庭中几乎没有什么用处，即使使用它也不见得比人洗得好。家庭主妇则认为，自动洗碗机这种华而不实的玩意儿，有损勤劳能干的家庭主妇的形象。并且，在现实生活中，大多数家庭有三四口人，吃顿饭不过洗七八个碗和盘子而已，你让他花上千元买台耗电数百瓦的洗碗机去省那点举手之劳，消费者怎么算怎么划不来。

第二，有些追赶潮流的消费者虽然愿意买洗碗机以换取生活方便，但是机器洗碗事先要做许多准备工作，这样会费时费事又增添了不少麻烦，到最后还不如手洗来得快。并且很多家庭厨房窄小，安装困难也使消费者望“机”兴叹！另外，一些消费者虽然欣赏洗碗机，但难以接受它的价值。

第三，自动洗碗机单一的功能、复杂的结构、较多的耗电量和较高的价格也是它不能市场化、大众化的原因之一。

案例思考　市场调查对这家公司的产品有何意义？

2.1.1　市场调查的含义、特点与方法

1. 市场调查的含义

市场调查是以提高营销效益为目的，有计划地收集、整理和分析市场的信息资料，提出解决问题的建议的一种科学方法。市场调查也是一种以顾客为中心的研究活动。

2. 市场调查的特点

市场调查具有五大主要特点，不同特点有不同表现，如表2-1所示。

表2-1　市场调查的五大主要特点

特点	表　　现
系统性	（1）市场调查为一个系统。调查活动是一个系统，包括编制调查计划、设计调查、抽取样本、访问、收集资料、整理资料、分析资料和撰写分析报告等。 （2）影响市场调查的因素也是一个系统，诸多因素互联构成一个整体
目的性	任何一种调查都应有明确的目的，并围绕目的进行具体的调查，提高预测和决策的科学性
社会性	（1）调查主体与对象具有社会性。调查的主体是具有丰富知识的专业人员。调查的对象是具有丰富内涵的社会人。 （2）市场调查内容具有社会性
科学性	（1）科学的方法。 （2）科学的技术手段。 （3）科学的分析结论
不稳定性	市场调查受多种因素影响，其中很多影响因素本身都是不确定性的

3. 市场调查的方法

1）文案调查法

文案调查法，又称间接调查法，是指通过查阅、收集历史和现实的各种信息、情报资料，并结合甄别、统计分析得到调查者想要得到的各种资料的一种调查方法。在对某产品市场进行调查分析时，若市场资料有限，但已有一些可靠的文案资料时就可以使用文案调查法。

文案调查资料的来源有企业内、外部资料的收集，互联网和在线数据库资料的收集。

企业内部资料包括企业业务资料、统计资料、财务资料和其他资料。

企业外部资料的收集主要有以下几个渠道：各统计部门与各级政府主管部门公布的有关资料，各种专业信息咨询机构、经济信息中心、行业协会和研究院所提供的市场信息和行情发展报告，国内外公开或内部发行的出版物，各地电视台和广播提供的市场信息，各种国际组织、外国使馆、驻外使馆和商会所提供的国际市场信息，各类研究机构、科研院校提供的研究论文集、调查报告，各类专业组织提供的调查报告、研究报告、统计报告及其他相关资

料，国内外各种博览会、展销会、交易会和订货会。

互联网和在线数据库资料的收集：通过互联网和在线数据库，调查员可以收集到世界各国、各地区和各类企业甚至个人的相关信息和资料，资料形式包括文章、报告、统计资料、各种记录等，其主要内容涉及与调查课题相关的环境资料，各国家或地区宏观层面的资料，各国家或地区、企业、个人微观层面的资料和数据等。由于具有容易进入、查询速度快、数据容量大等优点，互联网和在线数据库已经成为人们进行市场调查和学术研究获取数据的重要来源。

实施文案调查的方法最常用的有以下几种：参考文献查找法、检索工具查找法、咨询法和其他一些常用方法。其中检索工具查找法是利用已有的检索工具查找文献资料的方法，按照检索工具的不同，可分为手工检索和计算机检索。

实施文案调查一般包括以下几个步骤：确定需求信息，确定资料收集的范围和内容，确定资料的来源和渠道，确定收集资料的方法，收集与分析评价，资料的整理。

使用文案调查法进行市场调查时调查人员只需花较少费用和时间就可以获得有用的信息资料，收集资料的范围广泛不受时间空间的限制。而且由于收集的资料多为书面形式，信息的内容较为真实客观，不易受调查人员主观因素的干扰。但是文案调查法所得到资料的时间大多与调查时间有一些间隔，不能很好地反映新情况、新问题；并且这些资料的内容不能完全符合调查要求，需要进行加工处理，这就要求调查人员有一定的专业技能和理论知识，因此也限制了这种方法的使用。

2）访问调查法

访问调查法是指调查员以直接访谈询问的方式，或者通过邮寄、电话、问卷、座谈及个别访问形式，向被调查者收集市场资料的一种方法，是基于问答模式获取和收集信息的方法。

按访问形式和内容传递方式的不同，可以将访问调查法分为面谈调查法、电话调查法、邮寄调查法、留置问卷调查法、日记调查法和网上访谈法等。

（1）面谈调查法是指调查员根据调查提纲直接访问被调查者，当面询问有关问题。面谈调查法能够获得较高的回答率，所获得信息的可靠性较高，具有针对性。该方法调查时间长、成本高，对调查人员的素质要求较高，样本的选取受时空约束较强。

（2）电话调查法是指由调查人员通过打电话询问，向被调查者了解有关信息的一种调查方法。电话调查法可以快速获得市场信息，可以节省大量的调查费用和时间；调查的覆盖面也较广，受地理区域的限制较小。

（3）邮政调查法又称邮寄调查法，是指将调查问卷邮寄给被调查者，由被调查者根据调查问卷的填写要求填写好后再寄回的一种调查方法。其调查区域不受限制，调查成本较低，资料可靠性较高；但调查的周期较长，也无法判断资料的可靠程度。

（4）留置问卷调查法是指调查员当面将调查表格或问卷交给被调查者，在告知调查意图和要求后，由被调查者自行填写回答，然后再由调查员按约定日期收回表格或问卷的一种调查方法。这种调查方法形式灵活、回收率高、费用较低、答卷时间长，从而使得信息可靠性高，同时调查周期相对较长、缺乏互动性。

（5）日记调查法是指对固定样本连续调查的单位发放登记簿或账本，由被调查者逐日逐项记录，再由调查员定期加以整理汇总的一种调查方法。这种调查方法适用于研究动态规律，成本费用低，资料来源可靠，数据全面系统；但周期长、样本量相对较少，对数据处理水平要求较高。

（6）网上访谈法也称网络访谈法或联机访谈法，是借助互联网与被调查者交流的方法，其具体方法为根据调查的目的选择调查对象，通过事先邀请，告诉被调查者所要进行的调查内容，让其在指定时间同时登录网站，进行访谈交流，获得市场调查资料。网上访谈法具有经济、快速和方便的特点，可以节省大量的时间和各种费用，尤其是随着网络的普及，调查费用会越来越低；同时，网上访谈法不用考虑时间和空间的限制，可以进行 24 小时的全天候调查，各地方的人都可以在一起匿名交流，从而能在最大范围内获得相对真实可靠的信息。

3）观察调查法

观察调查法是指调查员通过直接跟踪，记录所感兴趣的人和事物的行为轨迹，来获得所需资料的一种方法。观察调查法是市场调查中使用较多的一种调查方法，主要凭借调查员的感官和各种记录工具，深入调查现场，在不惊动被调查者的情况下，通过直接观察并记录其行为，达到收集市场信息和资料的目的。

观察调查法的应用：观察顾客的行为、商品资源和商品销售前景、营业状况。

观察调查法的基本类型：直接观察法和间接观察法，根据调查双方接触程度的不同，可以将观察调查法分为直接观察法和间接观察法；完全参与性观察、非参与性观察和不完全参与性观察，这种分类方法主要基于调查人员参与被调查对象的活动的程度。

观察调查法的优点：及时性、适用性较强，方式灵活多样、获得的资料相对真实可靠。观察调查法的缺点：观察者的调查活动往往受时空条件的影响，很难深入了解被调查者内心世界的活动，因此应用观察法时必须扬长避短，尽量减少观察误差；观察活动受时空限制性较强，无论是观察者还是被观察者都有可能受到环境和情绪的影响，从而导致调查结果的可靠性下降。

4）实验调查法

实验调查法也称试验调查法，就是实验者按照一定实验假设、通过改变某些实验环境的时间活动来认识实验对象的本质及其发展规律的调查方法。

实验调查法的基本要素是：（1）实验者，即实验调查的有目的、有意识的活动主体，都以一定的实验假设来指导自己的实验活动；（2）实验对象，即实验调查者所要认识的客体，往往被分成实验组和对照组两类对象；（3）实验环境，即实验对象所处的各种社会条件的总和，可以分为人工实验环境和自然实验环境；（4）实验活动，即改变实验对象所处社会条件的各种实验活动，在实验调查中被称为“实验激发”；（5）实验检测，即在实验过程中对实验对象所做的检查或测定，可以分为实验激发前的检测和实验激发后的检测。

5）网络调查法

网络调查法又称网络调研法或网上调查法，是企业利用互联网收集和掌握市场信息的一种重要调查方法。网络调查法是通过网络有计划、有组织、系统地收集、调查、记录、整理和分析相关市场信息，为客观地测定及评价当前市场及潜在市场提供依据的调查方法。它的具体操作过程为：将问卷发布在网上——访问者答卷——数据处理（由计算机自动完成）——获得相关信息。

互联网作为一种信息沟通渠道和工具，具有其他信息收集工具不具有的许多特点：成本低廉、方式快捷、结果客观真实、回馈信息翔实。

网络调查法的应用范围：产品消费调查、社会民情民意调查、广告效果调查、企业生产经营情况调查、竞争对手研究调查。

按照调查资料的来源和性质的不同，可以将网络调查法分为直接调查、间接调查。

直接调查即网上直接调查法，是利用互联网直接进行问卷调查或互动交流，收集一手资料的方法。常用的直接调查法有访谈法、邮件调查法、站点法、委托合作市场调查法、随机 IP 法。

间接调查即网上间接调查法，主要针对二手资料进行收集，是指利用互联网收集与企业营销相关的市场、供需、竞争者及宏观环境等信息的方法。

网络调查法与传统的市场调查法一样，为了保证调查质量，一般采用以下步骤：明确问题与确定调查目标，根据调查目的选择合适的搜索引擎；确定调查对象，如企业产品的顾客或企业的竞争者；制订调查计划，在做完第一步和第二步的工作后，就可以制订详细的调查计划，确定调查的方式和内容了；对调查对象进行调查，收集信息；对信息进行加工、整理、分析和运用；撰写调查报告。

使用网络调查法应注意的问题：认真设计在线调查问卷、重点保护个人信息、吸引尽可能多的网民参与调查、采用最优组合模式。

市场调查要求将重点放在顾客需求方面，从而把握市场现状。要时刻心系市场需求、顾客购买行为和营销综合因素这三项重要内容。在进行实际市场调查工作时，要根据自己调查的目的、时间和经济效益确定调查方法，从而选择最合适的调查方法。调查员既可以选择某种调查方法，也可以根据具体调查目的和需要、被调查人群的不同结构分布，结合各种调查方法的特点，采取多种调查方法组合应用的方式。

2.1.2　机电产品市场的调查方案

调查方案就是根据调查研究的目标，确定合适的调查对象、调查内容，选择合适的调查方法，确定调查时间，进行经费预算，并制订具体的调查组织计划。也就是在调查实施之前，调查机构及其工作人员依据调查研究的目的和调查对象的实际情况，对调查工作的各个方面和全部过程做出总体安排，以提出具体的调查步骤，制定合理的工作流程。

一份完整的市场调查方案可由以下几部分构成：确定调查目的，确定调查内容，确定数据来源和调查方法，设计测量工具，确定调查对象、抽样框，进行抽样设计，确定数据分析的方法，确定调查的经费、进度安排等。

调查目的与研究意义中主要回答以下四个问题：（1）决策者需要解决什么决策问题？（2）与该决策问题相关的现状怎样？（3）目前的状况下解决该决策问题存在何种困难？（4）解决此决策问题有何意义？

市场调查设计思路如图2-1所示。

干什么? → 怎么样? → 怎么办? → 什么用?

图2-1　市场调查设计思路

1. 确定市场调查问题

根据项目任务的要求收集市场调查资料，分析问题的背景，与决策者沟通交流的注意事项，进一步明确调查问题，设计市场调查方案。

1）明确调查意图

（1）与企业决策者进行沟通交流。选择恰当时机和方式，对企业决策者进行访问，对问题进行初步分析，找出导致企业必须采取行动、进行决策转变的事件，如企业销售在短期内突然出现市场份额的下降。针对以上事件，分析最可能的影响因素，以及决策者可以选择的不同措施。企业决策者希望的市场情况是什么？评价有关新措施的不同选择标准。

（2）与产业专家进行沟通交流。选择合适的人选，寻找有效的接触渠道，提供必要的背景资料、合理的报酬与要求。

2）分析问题的背景

（1）了解企业概况：了解企业历史资料和未来预测，了解企业销售、市场份额、营利性、技术、人口和生活方式有关的历史资料及趋势预测，能够帮助调查人员理解潜在的营销调查问题。了解企业可利用资源和调查面临的限制条件。

（2）了解企业的环境：了解企业所处的法制环境，包括公共政策、法律、政府代理机构。重要的法律领域包括专利、商标、特许使用权、交易合同、税收、关税等，法律对营销的每个组成部分都有影响。了解企业所处的经济环境，包括购买力、收入总额、可支配收入、储蓄及总的经济形势。了解企业的营销手段（4P），包括产品包装、品牌忠诚度、品牌价值、产品生命周期、新产品市场前景、产品售后服务等。

（3）了解竞争对手。对竞争对手的一般性调查，如不同企业的市场占有率、经营特征、竞争方式、同行业竞争结构和变化趋势等。针对某一具体对手的调查，如竞争对手的业务范围、资金状况、经营规模、人员构成、组织结构、产品品牌、价格、性能和渠道等。

3）确定调查问题

现在要进一步明确市场调查的问题。在调查问题确定的过程中，调查者先应限定调查的范围，找出企业最需要了解和解决的问题，再分析现有的与调查问题有关的资料。在此基础上明确本次调查需要重点收集的资料，最后写出调查目标和问题说明。调查目标可以先用比较宽泛的、一般性的术语来陈述。另外，还可以通过多种方式对市场调查目标进行修正，如建立市场调查假设，先给出调查观点，再寻找材料加以说明；或者组织试调查，在小范围内按照假定问题组织调查。

2. 撰写市场调查方案

1）前言（方案的开头部分）

应该简明扼要地介绍整个调查出台的背景原因。

2）调查目的

确定调查目的，也就是要明确在调查中应解决哪些问题，通过调查要获得哪些资料，并说明用什么途径取得这些资料等。

3）调查内容

调查内容是依据我们所要解决的调查问题和目的所必需的信息资料来确定的。

4）市场调查对象和调查范围

市场调查的对象一般为用户、机电产品经销商（零售商和批发商）。

调查范围应与企业产品的销售市场范围基本一致。

5）调查所采用的方法

确定调查方法是一份完整的调查方案必不可少的组成部分。

（1）根据调查表的内容和要求确定调查方法。在调查时，采用哪种调查方法收集资料主要取决于调查对象和调查内容。主要的调查方法有普查、重点调查、典型调查和抽样调查等。

（2）确定具体的调查方法，包括面访调查、电话调查、实验调查、观察调查、文案调查、网络调查等。

6）资料分析的方法

明确资料分析的方法和分析结果表达的形式等。

7）说明调查时间进度安排

尽早完成调查活动，保证时效性，同时也节省费用，保证调查的准确性、真实性和时效性。一般情况下，可对调查进度做预定的安排，如第一周准备：与顾客商讨、确认计划书，进行二手资料的收集，了解行情，设计问卷。第二周试调查：视情况修改、确定问卷等。第三周具体实施调查。第四周进行数据处理并撰写调查报告。

8）说明经费预算开支情况

调查费用根据调查工作的种类、范围不同而不同。通常情况下，在调查的前期——计划准备阶段的费用应占总预算费用的 20%左右；具体实施调查阶段的费用应占总预算费用的 40%左右；而后期分析报告阶段的费用应占总预算费用的 40%左右。因此，必须通盘考虑各个不同阶段的费用支出，以便顺利地完成调查任务。调查经费开支表如表 2-2 所示。

表 2-2　调查经费开支表

费用支出项目	数量	单价	金额	备注
调查方案设计，实施费用				
抽样设计，实施费用				
问卷设计费				
问卷印刷装订费				
试调查费				
调查员劳务费				

续表

费用支出项目	数量	单价	金额	备注
督导员劳务费				
受访者礼品费				
异地实施差旅费				
交通费				
数据录入费				
统计分析费				
报告制作费				
资料费、复印费				
服务费				
杂费				
管理费				
总计				
[附注]1.交款方式：合同一经签订，请付定金 %；2.完成日期： 年 月 日				

9）说明市场调查结果的表达形式

确定市场调查结果的表达形式，如最终报告是书面报告还是口头报告，是否有阶段性报告等。

10）附录部分

列出课题负责人及主要参加者的名单，并可扼要介绍团队成员的专长和分工情况。

只有内容全面完整的调查方案，才能为调查提供全方位的指导，以保证顺利完成调查任务。调查方案的制定必须建立在对调查课题背景的深刻认识上。只有清楚地认识了调查课题的背景，才能为调查指明方向，才能帮助我们抓住问题的关键，正确地确定调查目的和内容。调查方案应尽量做到科学性与经济性相结合。调查方案的格式可以灵活，不一定要采用固定格式。调查方案的书面报告是非常重要的一项工作。

2.1.3 市场调查问卷的设计

问卷又叫调查表或询问表，是调查人员依据调查目的和要求，以一定的理论假设为基础提出来的，它由一系列“问题”和备选“答案”及其他辅助内容所组成。

根据调查者对问卷的控制程度分为结构型问卷，包括封闭式问卷、开放式问卷、半封闭式问卷；非结构型问卷，即事先不准备标准表格、提问方式和标准化备选答案，只是规定调查方向和询问内容，由调查者和被调查者自由交谈的问卷。

1．问卷设计的原则

1）目的性原则

问卷调查是通过向被调查者询问问题来进行的，因此，询问的问题必须与调查主题有密切关联。这就要求在设计问卷时，重点突出，避免可有可无的问题，并把主题分解为更详细的细目，即把它分别做成具体的询问形式供被调查者回答。

2）可接受性原则

调查表的设计要比较容易让被调查者接受。由于被调查者对是否参加调查有着绝对的自由，调查对他们来说是一种额外负担，他们既可以采取合作的态度，接受调查；也可以采取对抗行为，拒答。因此，请求合作就成为问卷设计中一个十分重要的问题。应在问卷说明词中，将调查目的明确告诉被调查者，让对方知道该项调查的意义和自身回答对整个调查结果的重要性。问卷说明让人感到亲切和温和，提问部分要自然、有礼貌和有趣味，必要时可采用一些物质鼓励，并替被调查者保密，以消除其某种心理压力，使被调查者自愿参与，认真填好问卷。此外，还应使用适合被调查者身份、水平的用语，尽量避免列入一些会令被调查者难堪或反感的问题。

3）顺序性原则

顺序性原则是指在设计问卷时，要讲究问卷的排列顺序，使问卷条理清楚，顺理成章，以提高回答问题的效果。问卷中的问题一般可按下列顺序排列。

（1）容易回答的问答（如行为性问题）放在前面，较难回答的问题（如态度性问题）放在中间，敏感性问题（如动机性、涉及隐私等问题）放在后面，关于个人情况的事实性问题放在末尾。

（2）封闭性问题放在前面，开放性问题放在后面。这是由于封闭性问题已由设计者列出备选的全部答案，较易回答，而开放性问题需要被调查者花费一些时间考虑，放在前面易使被调查者产生为难情绪。

（3）要注意问题的逻辑顺序，如可按时间顺序、类别顺序等合理排列。

4）简明性原则

（1）调查内容要简明。没有价值或无关紧要的问题不要列入，同时要避免出现重复，力求以最少的项目设计必要的、完整的信息资料。

（2）调查时间要简短，问题和整个问卷都不宜过长。设计问卷时，不能单纯从调查者角度出发，而要为回答者着想。调查内容过多，调查时间过长，都会招致被调查者的反感。通常调查的场合一般都在路上、店内或居民家中，应答者行色匆匆，或者不愿让调查者在家中久留等，而有些问卷多达几十页，会让被调查者望而生畏，一时勉强作答也只有草率应付。根据经验，一般问卷回答时间应控制在 30 分钟左右。

（3）问卷设计的形式要简明、易懂、易读。

5）匹配性原则

匹配性原则是指要使被调查者的回答便于进行检查、数据处理和分析。所提问题都应事先考虑到能对问题结果做适当分类和解释，使所得资料便于做交叉分析。

2. 问卷的结构

一份完整的问卷一般是由封面、甄别问卷、主体问卷、背景问卷等几个部分组成的。

1）封面

（1）项目名称，即问卷标题，概括说明调查研究的主题，简明扼要引起消费者的兴趣，不要简单采用“问卷调查”这样的标题。

（2）介绍语。说明调查的目的和意义，说明填答问卷（表）须知、交表时间、地点及其他说明事项。问卷说明的形式可采取比较简洁、开门见山的方式，也可进行一定的宣传，引起重视，提出谢意。

（3）访问情况记录。在任务完成时为便于审核和继续跟踪，内容应包括调查员的姓名、访问日期、时间和地点，被调查者的姓名、单位或家庭住址、电话。

（4）指导语。指导语又称填表说明，主要说明问卷如何填写，注意什么问题，一般用于自填问卷。

2）甄别问卷

甄别问卷主要用来将不符合项目访问要求的被访者剔掉，找出真正符合项目要求的合格被访者。可以作为甄别被访者的内容包括：被访者所在行业的要求、年龄的要求、收入的要求、职务的要求；被访者对产品的经验要求、决策权的要求。

3）主体问卷

主体问卷是整个问卷的核心，所有要调查的内容都可以转化为经过精心设计的问题与答案，有逻辑地排列在主体问卷中。为便于数据处理，有时要将问题与备选答案统一编码。问卷设计是否合理，能否达到调查目的，关键就在于主体问卷的设计水平和质量。

4）背景问卷

背景问卷包括被访者的职业、年龄、家庭成员数量、个人及家庭收入、教育程度、职位调查。

3. 问卷设计的步骤

1）调查问题的设计

（1）问题的类型。按问题的形式分为：开放式问题、封闭式问题、半封闭式问题；按问题的内容分为事实性问题、态度性问题；按问题的作用分为前导性问题、过滤性问题、试探和启发性问题、背景性问题、实质性问题；按提问的内容分为行为性问题、动机性问题、态度性问题；按提问的方式分为直接性问题、间接性问题和假设性问题。

（2）问题的筛选和排序。问题的筛选主要考虑问卷中问题本身的必要性和问题细分的必要性。问题的排序：同类组合；先易后难；封闭式问题放前面，开放式问题放后面。

（3）问题设计应注意的事项。避免使用贬义词，避免用词含混不清，避免一个问题包含两问，避免使用冗长复杂的句子，避免问题提法中包含没有根据的假设，避免使用引导性和倾向性问题，避免直接提出困窘性问题。

2）答案的设计

（1）答案设计的类型。按排列的方式分，可以分为行式排列式、列式排列式、矩阵式排列式三种；按后续问题的类型分，可分为框架式和说明式；按答案的类型分，可分为等级评定、数字评定、评语评定和是非评定。

（2）答案设计的原则。互斥性原则，是指同一问题的若干个答案之间的关系是互相排斥的，不能有重叠、交叉、包含等情况。完备性原则，是指所排列出的答案应包括问题的全部表现，不能有遗漏。

（3）答案选择应注意的事项：注意答案顺序的排列、注意数量问题答案的设计、注意敏感性问题答案的设计。

2.1.4　市场调查资料的整理、分析，以及机电产品市场预测分析

1．市场调查资料的整理

在机电产品市场调查资料整理过程中首先要设计和编制资料整理方案，然后对原始资料进行审核，综合汇总表的项目，最后对整理好的资料再进行一次审核。资料的审核必须遵守资料整理的一般要求，着重审核资料的真实性、准确性和完整性。审核应注意的问题：对于在调查中已发现并经过认真核实后确认的错误，可以由调查者代为更正。

市场调查的资料整理一般使用统计分组法。统计分组法是指根据社会调查的目的和要求，按照一定标志，将所研究的事物或现象区分为不同的类型或组别的一种整理资料的方法。分组可以找出总体内部各个部分之间的差异，可以深入了解现象总体的内部结构，可以显示社会现象之间的依存关系。

另外，还要选择合适的分组标志。分组标志是指反映事物属性或特征的名称。根据分组标志的数量分为简单分组和复合分组两类；根据所使用分组标志的性质分为品质标志分组和数量标志分组。要正确分组必须遵守以下原则：根据调查研究的目的和任务选择分组标志；选择能够反映被研究对象本质的标志；对于同一个样本来说，分组标志的选择并不是唯一的，应从多角度考虑选择分组标志。

2．市场调查资料的分析

1）定性分析

定性分析是与定量分析相对而言的，它是对不能量化的现象进行的系统化理性认识，其依据是科学的哲学观点、逻辑判断及推理，其结论是对事物的本质、趋势及规律的性质方面的认识。

定性分析应遵循以下原则：坚持用正确的理论指导；分析只能以调查资料为基础，并且分析出的结果必须用调查资料来验证；要从调查资料的全部事实出发，不能简单地从个别事实出发。

常用的定性分析方法：归纳分析法，分为完全归纳法和不完全归纳法，后者又分为简单枚举法和科学归纳法；演绎分析法；比较分析法，是把两个或两类事物的调查资料相对比，从而确定它们之间的相同点和不同点的逻辑方法；结构分析法，是在市场调查的定性分析中，通过调查资料，分析某现象的结构及其各组成部分的功能，进而认识这一现象本质的方法。

2）动态分析

动态分析是对市场变动的实际过程所进行的分析，其中包括分析有关市场变量在一定时间过程中的变动，这些市场变量在变动过程中的相互影响和彼此制约的关系等。任何一个动态数列，均由两个基本要素构成：一个是现象所属的时间，另一个是反映现象所属时间的发

展水平，即统计指标数值。

3．机电产品市场预测分析

市场预测活动是指在市场营销调查基础上，分析研究各种数据、资料和信息，运用科学方法技术，探讨供求趋势，预报和推测未来一定时期内供求关系变化的前景，从而为企业的营销决策提供科学依据。市场预测是管理决策职能的重要组成部分；可以预见市场未来发展趋势，为企业确定生产经营方向提供有参考意义的依据；可以预见消费者对商品具体需求变化的趋向及竞争对手供货变化的趋向，有利于企业改进产品设计、增强产品适销对路的能力。

市场预测的内容包括社会商品购买力预测、产品经济生命周期及新产品投放市场适销性预测、商品资源预测、企业市场占有率和购销预测。

市场预测的基本原理：①连续性原理，利用过去和现在的资料，找出市场未来情况的信息；②系统性原理，必须对企业内、外部因素做系统分析，避免片面性；③类推性原理，借用已知规律性来推测它在不同条件下发展的规律性；④近似性原理，依据相近事物的发展变化情况和状态来估计预测对象的未来趋势。

市场预测的方法主要有定性预测方法和定量预测方法。其中，定性预测方法又包括购买者意向调查法、销售人员意见综合法、专家意见法、市场试销法；定量预测方法包括一元回归预测、多元回归预测和自回归预测。

任务2.2 机电产品市场细分

案例4 本田巧取美国市场

1960年以前，美国摩托车市场主要由英国BSA公司、胜利公司、诺顿公司，意大利古伊公司，美国哈莱—大卫森公司所垄断。例如，在小型摩托车市场上，美国产库什曼摩托车占据了市场份额的85%。但是美国摩托车市场的规模相对来说非常小，主要由警察、军人、摩托车爱好者，以及“地狱天使”和“魔鬼信徒”这样的不良分子所组成。对此，美国一家咨询公司在一份报告中曾建议英国人完全放弃这一个极小的市场，而转向投资其他行业。

然而，日本的本田公司却没有退出这一市场，它决定重新开创摩托车事业，创造一个崭新的市场。本田公司销售的对象并不是那些已经拥有摩托车的人，而是那些以前从未想过要购买摩托车的广大消费者。于是，本田公司开始向美国大众出售一种带有自动离合器、三速变速器和电启动装置的体积小、质量轻的摩托车。这种摩托车操作简便，有着简洁又讨人喜欢的外观，甚至在女士车上还装有踏脚板。本田公司努力提高产品质量，就连那些对机械性能不熟悉的人，也认为购买这种摩托车比较安全。在推销上，本田公司针对一般家庭和新生的休闲阶层，采用较低的价格和“骑上本田你最帅”的广告大做宣传。

对小型摩托车需求的剧增，使本田公司创造和控制了一个极大的新市场。通过不断推出新产品，经常改进产品的设计和外观，改进售后服务，本田公司在原来的基础上更加壮大，并使得美国和欧洲的许多公司先后被挤出了市场。

20世纪90年代以来，技术的迅速发展、竞争者的参与、风险资本的投入，加上贸易自由化的浪潮，都使得市场竞争更加激烈。与今天相比，未来的顾客将更加挑剔，他们将要求更多、更快、更好和更便宜的产品和服务，并将根据自己的要求进行选购。如果顾客过高的要求在你那里得不到满足，他们便将从其他地方得到满足，因为他们的选择越来越多。在这种压力极大的状态下，小心翼翼和仿效他人的策略是注定要失败的，因此，本田公司认为突出产品的个性更为重要，应通过不断改进现有产品和服务，让顾客感到更方便、新颖、有价值和实用。

案例思考　（1）本田公司与其他企业的区别在哪里?

（2）是什么使本田公司在市场上独领风骚?

（3）本田公司以什么样的方式向顾客提供了其他企业没有提供的价值?

（4）本田公司将采取什么样的措施来确保自己在未来不同于其他企业?

市场细分是指营销者通过市场调查，依据顾客的需要和欲望、购买行为和购买习惯等方面的差异，把某一产品的市场整体划分为若干消费者群的市场分类过程。每个消费者群就是一个细分市场，每个细分市场都是由具有类似需求倾向的顾客构成的群体。

机电产品的市场细分与其产品形态——重大技术装备、动力机械、工作母机、仪表仪器、电工电子机械、通用机械、专用机械、基础零件等有密不可分的关系。而作为配套或服务于下游产品及最终产品的机电产品，其市场细分与定位绝不可能脱离下游产品及最终产品的市场状况，而仅依靠专注于某机电产品自身的竞争情况来确定。与一般消费品相似的是，制造企业在进行其生产的机电产品的营销前，会对该产品进行精确的市场定位、价格定位、顾客定位等，以为营销业绩的提高打下坚实的基础。

2.2.1　机电产品市场细分的作用

在一般情况下，一个企业不可能满足所有消费者的需求，尤其是在激烈的市场竞争中，企业更应集中力量，有效地选择市场，取得竞争优势。市场细分对于机电企业来讲，有以下作用。

1．有助于机电企业深刻地认识市场和寻找市场机会

如何认识市场?如果不对市场进行细分研究，市场将始终是一个“混沌的总体”，这是因为任何用户（消费者）都是集多种特征于一身的，而且整个机电产品的市场范围很大，品种很多，呈现高度的复杂性。市场细分可以把机电产品市场丰富的内部结构一层层地抽象出来，发现其中的规律，使企业可以深入、全面地把握各类产品市场需求的特征。

另外，市场需求是已经出现在市场但尚未得到满足的购买力，在这些需求中有相当一部分是潜在需求，一般不易发现。企业运用市场细分的手段往往可以了解机电产品用户存在的需求和满足程度，从而寻找、发现市场机会。同时，企业可以通过分析和比较不同细分市场中竞争者的营销策略，选择那些需求尚未满足或满足程度不够，而竞争对手无力占领或不屑占领的细分市场作为自己的目标市场，结合自身条件制定出最佳的市场营销策略。

2．有利于机电企业确定经营方向，有针对性地开展营销活动

机电市场营销策略组合是由机电产品策略、价格策略、促销策略、分销策略、权力营销策略、公共关系策略组成的。当机电企业通过市场细分确定自己所要满足的目标市场，找到自己的资源条件和客观需求的最佳结合点后，便可以集中人力、物力、财力，有针对性地采取不同的营销策略，从而获得投入少、产出多的良好经济效益。

3．有利于机电企业研究潜在需要，开发新产品

一旦确定了自己的细分市场后，机电企业便能很好地把握目标市场需求，分析潜在需求，发展新产品及开拓新市场。

4．有利于机电企业创造好的社会效益

市场细分不仅可以给机电企业带来良好的经济效益，还可以创造良好的社会效益。一方面，市场细分可以使不同消费者的不同需求得到满足，提高他们的生活水平；另一方面，市场细分有利于同类企业的合理化分工，在行业内形成较为合理的专业化分工体系，使各类企业各得其所、各显其长。

2.2.2　最终产品的市场细分

最终产品（消费品）市场的细分标准，因企业不同而各具特色，但是其中有一些标准是共同的，即地理环境、人口状态、消费心理及行为因素，它们各自又包含一系列的细分因素。

1．地理环境

以地理环境为标准细分市场，就是按消费者所在的不同地理位置划分市场。该标准是大多数企业采取的主要标准之一，这是因为它相对于其他因素而言表现得较为稳定，也较容易分析。地理环境主要包括区域、地形、气候、城镇大小、交通条件等。由于不同地理环境、社会风俗等因素的影响，同一地区内的消费者需求具有一定的相似性，不同地区的消费需求则具有明显的差异。

按照国家/地区、南方/北方、城市/农村、沿海/内地、热带/寒带等标准来细分市场是必需的，但是地理环境是一种静态因素，处在同一地理位置的消费者仍然存在很大差异，因此，企业还必须采取其他标准来进一步细分市场。

2．人口状态

人口状态是市场细分惯用的和最主要的标准，它与消费需求及许多产品的销售有着密切联系，而且这些因素又往往容易被辨认和衡量。

3．消费心理

在地理环境和人口状态相同的条件下，消费者之间存在截然不同的消费习惯和特点，这往往是由于消费者的不同消费心理的差异所导致的。尤其是在比较富裕的社会中，顾客购物已不限于满足基本生活需要，因此消费心理对市场需求的影响更大。这样，消费心理也就成为市场细分的又一重要标准。它主要考虑生活方式、性格和品牌忠诚程度。

4．行为因素

行为因素是细分市场的重要标准，特别是在商品经济发达阶段和广大消费者的收入水平提高的条件下，这一细分标准越来越显示出其重要地位。不过，这一标准比其他标准要复杂得多，而且也难掌握。它主要考虑：购买习惯，如购买时间的习惯标准，就是根据消费者产生需要购买或使用产品的时间来细分市场的；寻找利益，运用利益细分法，首先必须了解消费者购买某种产品所寻找的主要利益是什么，其次要了解寻求某种利益的消费者是哪些人，最后要调查市场上的竞争品牌各满足哪些利益，以及哪些利益还没有得到满足。通过上述分

析，企业能更明确市场竞争格局，挖掘新的市场机会。

2.2.3　机电企业常用的市场细分

制造商（企业）市场的细分标准，有许多与最终产品（消费品）市场细分的标准相同，如用户所追求的利益、用户情况、对品牌的忠实程度等。但是制造商（企业）市场有着不同的特点，因此，企业的管理者还要用一些其他标准来细分制造商（企业）市场。

1．最终使用者

在制造商（企业）市场上，不同的最终用户对同一种用品的市场营销组合往往有不同的要求。例如，飞机制造商所需轮胎必须达到的全部标准比农用拖拉机制造商所需轮胎必须达到的全部标准高得多，豪华汽车制造商比一般汽车制造商需要更优质的轮胎。因此，企业管理者对不同的用户要相应地运用不同的市场营销组合，采取不同的市场营销措施。

2．用户规模

用户规模是细分制造商（企业）市场的一个重要标准。例如，美国一家办公室用具制造商按照用户规模，将用户分为两类：一类是大客户，如国际商用机器公司、标准石油公司等，由该公司的全国顾客经理负责联系；另一类是小客户，由外勤推销人员负责联系。

3．产品用途

由于一种产品有若干个用途，所以可以按产品的不同用途细分市场。机电产品一般分为重大技术装备、动力机械、工作母机、仪表仪器、电工电子机械、通用机械、专用机械、基础零件等。不同类型的机电产品，其顾客也不一样。

4．采购对象

在某一目标行业与用户规模之下，制造商（企业）还可以根据不同的采购对象来细分市场。

一是从不同的顾客追求不同的利益来看，有的关注价格，有的注重服务，有的更重视质量。例如，政府实验室、大学实验室、工业实验室，在采购仪器设备时的标准是不同的：政府实验室关注的是价格和服务契约；大学实验室注重的是连续性服务；工业实验室更重视仪器设备的质量。

二是从一般采购政策来看，可以把市场细分为租赁企业、签订服务契约企业、系统采购企业或招标采购企业等。

三是从现行关系来看，可以把市场细分为关系密切的企业和待开拓业务关系的企业，或者分为高忠诚度企业和低忠诚度企业。

四是从购买企业的特征来看，市场可细分为承担风险的用户和逃避风险的用户。

5．用户的地理位置

用户的地理位置与企业合理组织销售力量，选择适当的分销渠道及有效地安排货物运输关系紧密，而且不同地区用户对生产资料的要求往往各有特色。因此，用户的地理位置也是细分市场的依据之一。

阅读材料 1　铝制品公司的市场细分

铝制品公司首先进行宏观细分，包括三个步骤：第一，公司按照最终使用者这个标准把铝制品市场细分为汽车制造业、住宅建筑业和饮料容器制造业三个子市场，然后决定选择其中一个本公司能服务得最好的目标市场，即住宅建筑业；第二，按照这家公司的产品用途标准进一步把住宅建筑业市场细分为半成品、建筑部件和铝制活动房屋三个子市场，然后选择建筑部件市场为目标市场；第三，按用户规模这个变数把建筑部件市场进一步细分为大客户、中客户和小客户三个子市场，然后选择大客户建筑部件市场为目标市场。

铝制品公司还要在大客户建筑部件市场的范围内进行微观细分，即按大客户的不同要求，如质量、价格、服务等来细分市场。

任务 2.3　目标市场选择

案例 5　丰田向山姆大叔挑战

丰田的成功之路至今闪烁着经典的光芒。“车到山前必有路，有路必有丰田车”。然而，丰田车原本是没有路的，路是靠丰田人一步步走出来的。1958 年，丰田车首次进入美国市场，年销量仅为 288 辆，如今，丰田车似潮水般地涌进美国，抢走了美国汽车市场 20%的份额。丰田的成功从市场开拓方面可概括为“人无我有”。

20 世纪 60 年代以前，MIJ（日本制造）往往是“质次价低”的代名词，此间首次进军美国市场的丰田车，同样难逃厄运。丰田人不得不卧薪尝胆，重新制定策略，投入大量人力和资金，有组织地收集市场信息，在市场分析的基础上捕捉市场机会，选准目标市场。其具体策略如下。

一是钻对手的空子。要进入通用、福特独霸的美国汽车市场，对初出茅庐的丰田来说，无异于以卵击石。但通过调查，丰田发现美国的汽车市场并非不可进入，随着经济的发展和国民生活水平的提高，美国人的消费观念、消费方式正在发生变化，那种把汽车视为地位象征的传统观念正逐渐削弱，作为一种交通工具，人们更重视汽车的实用性、舒适性、经济性和便利性。而美国一些大公司却无视这些信号，继续大批量生产大型豪华车，完全被忽视的顾客需求给丰田提供了可乘之机。

二是找对手的缺点。丰田定位于美国小型车市场，但在该市场它也并非没有对手，德国大众公司的小型车就很畅销。丰田雇用美国的调查公司对大众汽车的用户进行了详尽的调查，充分掌握了对手的优劣：除了车型满足消费者渴求之外，其高效、优质的服务打消了美国人对外国车维修困难的疑虑；暖气设备不好、后座间小、内部装饰差是众多用户对大众汽车的抱怨。对手的空子就是自己的机会，对手的缺点就是自己的目标。在市场调查的基础上，丰田精确地勾画出一个按人口统计和心理因素划分的目标市场，设计出满足美国顾客需求的美式日制小轿车“花冠”（CORNA）。该轿车以其外形小巧、经济实惠、舒适平稳、维修方便的优势敲开了美国市场的大门，使丰田步入成功之路。

案例思考　丰田是如何对其目标市场上的顾客需要什么及满足顾客等问题进行彻底的研究，同时也研究其他汽车制造商在美国的业务活动，从中找到市场缺口，并以“人无我有”的避强定位策略，抓住市场机会的？

所谓目标市场，就是企业决定要进入的那个市场，即企业在市场细分的基础上，根据自身特长意欲为之服务的那部分顾客群体。具体而言，目标市场是指企业在市场细分的基础上，根据市场潜力、竞争对手状况、企业自身特点所选定和进入的市场。市场细分的目的在于正确地选择目标市场，如果说市场细分显示了企业所面临的市场机会，那么目标市场选择便是企业通过评价各种市场机会，决定为多少个细分市场服务的重要营销策略。

在进行市场细分的基础上，选择企业准备进入的目标市场，必须准确地进行目标市场的评估，在充分分析目标市场的竞争态势后，确定目标市场的定位策略与营销策略。

2.3.1　评价细分市场

评价细分市场是进行目标市场选择的基础。一个企业可从以下四方面对细分市场做出评价。

1．细分市场的需求潜量

细分市场的需求潜量是指在一定时期内，各细分市场中的用户对某种产品的最大需求量。首先，细分市场应该有足够大的需求潜量，如果某一细分市场的需求潜量太小，则意味着该市场狭小，没有足够的发掘潜力，企业进入后发展前景黯淡；其次，细分市场的需求潜量规模应恰当，对小企业来说，需求潜量过大并不利，一则需要大量的投入，二则对大企业的吸引力过于强烈。只有拥有对企业发展有利的需求潜量规模的市场才是具有吸引力的细分市场。要正确估测和评价一个市场的需求潜量，不可忽视顾客（用户）数量和他们的购买力水平这两个因素中的任何一个。

2．细分市场内的竞争状况

对于某一细分市场，进入的企业可能有很多，从而可能导致市场内的竞争。这种竞争既可能来自市场中已有的同类企业，也可能来自即将进入市场的其他企业。企业在市场中可能占据的竞争地位是评价细分市场的主要方面之一。很显然，竞争对手实力越雄厚，企业进入的成本和风险越大；而那些竞争者数量较少、竞争者实力较弱或市场地位不稳固的细分市场更有吸引力。可能加入的新竞争者是企业的潜在对手，他们会增加生产能力并争夺市场份额。但问题的关键是新的竞争者能否轻易地进入这个细分市场。根据行业利润的观点，最有吸引力的细分市场是进入壁垒高、退出壁垒低的市场。此外，是否存在具有竞争力的替代品也是评价细分市场的主要方面之一。替代品的存在会限制细分市场内价格和利润的增长，因此已存在替代品或即将出现替代品的细分市场的吸引力会降低。当然，企业自身的竞争实力也决定了其对细分市场的选择。竞争实力强，对细分市场选择的自由度就大一些，反之，受到的制约程度就高一些。

3．细分市场所具有的特征与资源优势的吻合程度

企业进行市场细分的根本目的就是要发现与自己的资源优势能够达到最佳结合的市场需求。企业的资源优势表现在其资金实力、技术开发能力、生产规模、经营管理能力、交通地理位置等方面。既然是优势，则必须是胜过竞争者的。消费需求的特点如果能促进企业资源优势的发挥将是企业的良机，否则会出现事倍功半的情况，这对企业来说是资源的浪费，严重时，甚至会造成很大的损失。

4. 细分市场的投资回报水平

企业十分关心细分市场提供的赢利水平。高投资回报率是企业所追求的，因此必须对细分市场的投资回报能力做出正确的估测和评价。

2.3.2 目标市场选择策略

目标市场选择策略即企业为哪个或哪几个细分市场服务的决定，通常有以下五种供选择。

1. 市场集中化

市场集中化是指企业选择一个细分市场，集中力量为之服务。较小的企业一般采取这种措施来专门填补市场的某一部分。集中营销可使企业深刻了解该细分市场的需求特点，采用有针对性的产品、价格、渠道和促销策略，从而获得强有力的市场地位和良好的声誉，但它同时隐含较大的经营风险。

2. 产品专门化

产品专门化是指企业集中生产一种产品，并向所有顾客销售这种产品。例如，某刀具厂商专门制造各种铣刀，为不同的铣削加工提供不同类型的铣刀和服务，而不生产其他类型的刀具。这样，该企业在铣刀方面树立了很高声誉，但一旦出现其他品牌的替代品或用户的偏好转移，它将面临巨大威胁。

3. 市场专门化

市场专门化是指企业专门服务于某一特定用户群，尽力满足他们的各种需求。例如，某企业专门为中小企业生产经济类数控机床。该企业专门为这个用户群服务，能建立良好的声誉。但一旦这个用户群的需求潜量和特点发生突然变化，它就将承担较大风险。

4. 有选择的专门化

有选择的专门化是指企业选择几个细分市场，每个细分市场对企业的目标和资源利用都有一定的吸引力，但各细分市场彼此之间很少或根本没有任何联系。这种策略能分散企业的经营风险，即使其中某个细分市场失去了吸引力，企业还能在其他细分市场赢利。

5. 完全市场覆盖

完全市场覆盖是指企业力图用各种产品满足各种顾客群体的需求，即以所有的细分市场作为目标市场，如生产各种类型、各种档次的机床。一般只有实力强大的大企业才能采用这种策略。例如，德国博世公司在机械制造行业生产各类产品，满足各种用户的需求。

2.3.3 目标市场营销策略

当目标市场选择好之后，企业必须决定如何为已确定的目标市场设计营销组合，即采取怎样的方式，使自己的营销力量到达市场并影响目标市场。这时，可以有以下不同的考虑：通过无差异市场营销和差异市场营销策略，达到覆盖整个市场；借助集中市场营销策略，占领部分细分市场。

1. 无差异市场营销

所谓无差异市场营销策略，就是将整个市场视为一个整体，不考虑用户对某种产品需求的差别。它致力于顾客需求的相同之处而忽略了不同之处。为此，企业会设计一种产品，实施一种营销组合计划来迎合大多数的购买者。企业凭借单一的产品，统一的包装、价格、品牌，广泛的销售渠道和大规模的广告宣传，树立该产品长期稳定的市场形象。可口可乐公司的营销活动就是无差异市场营销的典型例子。面对世界各地的用户，可口可乐都保持同一的口味、包装，甚至连广告语也统一为“请喝可口可乐”。

无差异市场营销策略曾被当作“制造业中的标准化生产和大批量生产在营销方面的化身”。其最大的优点在于成本的经济性：单一的产品降低了生产、存货和运输的成本；统一的广告促销节约了市场开发费用。这种目标市场覆盖策略的缺点也十分明显，它只停留在大众市场的表层，无法满足用户各种不同的需要，面对市场的频繁变化显得缺乏弹性。

2. 差异市场营销

差异市场营销策略与无差异市场营销策略截然相反，它充分肯定用户需求的不同，并针对不同的细分市场分别从事营销活动。采取差异市场营销策略的企业会根据不同的用户推出多种产品并配合多种促销手段，力图满足各种用户不同的偏好和需要。

差异市场营销策略的优点很明显，企业同时为多个细分市场服务，有较高的适应能力和应变能力，经营风险也得到分散和减少；由于针对用户的特色开展营销，能够更好地满足市场深层次的需求，从而有利于市场的发掘、销售总量的提高。这种策略的不足之处在于目标市场多，经营品种多，管理复杂，成本大，还可能造成企业的经营资源和注意力分散，顾此失彼。差异市场营销示意如图 2-2 所示。

市场营销组合 A	子市场 A
市场营销组合 B	子市场 B
市场营销组合 C	子市场 C

图 2-2　差异市场营销示意

3. 集中市场营销

集中市场营销策略是指企业集中所有力量，在某一细分市场上实行专业生产和销售，力图在该细分市场上拥有较大的市场占有率。企业运用此策略时遵循“与其四面出击，不如一点突破”的原则，如德国的大众汽车公司集中于小型汽车市场的开拓和经营，美国的惠普公司专攻高价的计算机市场，这些都是集中市场营销的成功范例。集中市场营销的优点：服务对象比较专一，企业对其特定的目标市场有较深刻的了解，可以深入地发掘用户的潜在需要；企业将其资源集中于较小的范围，进行“精耕细作”，有利于形成积聚力量，建立竞争优势，可获得较高的投资收益率。但这种策略的风险较大，一旦企业选择的细分市场发生突然变化，如用户偏好转移或竞争者的策略改变等，企业将缺少回旋余地。

2.3.4　选择目标市场策略应考虑的因素

企业在进行决策时要具体分析产品、市场状况和企业本身的特点。影响企业选择目标市场策略的因素主要有企业资源、产品特点、市场特点和竞争对手的策略四类。

1．企业资源

资源雄厚的企业，如果拥有大规模的生产能力、广泛的分销渠道、程度很高的产品标准化、好的内在质量和品牌信誉等，则可以考虑采用无差异市场营销策略；如果企业拥有雄厚的设计能力和优秀的管理素质，则可以考虑采用差异市场营销策略；而对实力较弱的中小企业来说，适合集中力量进行集中市场营销。

企业初次进入市场时，往往采用集中市场营销策略，等积累了一定的成功经验后再采用差异市场营销策略或无差异市场营销策略，以扩大市场份额。

2．产品特点

产品的同质性表明了产品在性能、特点等方面的差异性的大小，是企业选择目标市场时不可不考虑的因素之一。一般对于同质性高的产品（如食盐等），宜实施无差异市场营销；对于同质性低或异质性产品，差异市场营销或集中市场营销是恰当选择。

此外，产品因所处的生命周期的阶段不同而表现出的不同特点也不容忽视。当产品处于导入期和成长初期时，用户刚刚接触新产品，对它的了解还停留在较浅的层次，竞争尚不激烈，这时企业的营销重点是挖掘市场对产品的基本需求，此时往往采用无差异市场营销策略。等产品进入成长后期和成熟期时，用户已经熟悉产品的特性，需求向深层次发展，表现出多样性和不同的个性来，竞争空前激烈，企业应适时地转变营销为差异市场营销或集中市场营销。

3．市场特点

供与求是市场中的两大基本力量，它们的变化趋势往往是决定市场发展方向的根本原因。当供不应求时，企业重在扩大供给，无暇考虑需求差异，因此宜采用无差异市场营销策略；当供过于求时，企业为刺激需求、扩大市场份额，多采用差异市场营销或集中市场营销策略。

从市场需求的角度来看，如果用户对某产品的需求偏好、购买行为相似，则称该市场为同质市场，可采用无差异市场营销策略；反之，市场为异质市场，差异市场营销策略和集中市场营销策略更合适。

4．竞争对手的策略

企业可与竞争对手选择不同的目标市场覆盖策略。例如，竞争对手采用无差异市场营销策略时，企业选用差异市场营销策略或集中市场营销策略更容易发挥优势。

企业的目标市场策略应慎重选择，一旦确定，应该有相对的稳定，不能朝令夕改。但其灵活性也不容忽视，因为没有永恒正确的策略，一定要密切注意市场需求的变化和竞争动态。

2.3.5 最终产品行业选择

制造商（企业）向市场所提供的机电产品不同，该机电产品所对应的下游产品也各有差异，即利用机电产品再生产的下游产品，直至最终产品——消费品千差万别。最终产品市场需求的繁荣与萧条，导致对上游产品需求的波动，并依次向上游纵向牵动，对机电产品的市场需求起着决定性的影响。例如，当服装市场销售增长时，伴随而来的不单是服装辅料市场需求的旺盛，同时也可能带来工业缝纫机需求的增长；近年来家用轿车消费的快速发展，不但带动了汽车配件产业的全面繁荣，也带动了配件制造业所需的各种机床需求的高速增长，同时也带动了动力机械、仪表仪器、电工电子机械、基础零件等需求的高速增长。

1．最终产品行业选择应考虑的因素

机电企业在进行机电产品的市场细分和市场定位时，不仅要考虑机电产品自身这个环节的市场竞争态势，而且要对其下游产品，甚至最终产品的市场前景进行研究、分析、预测和把握。只有选择将自己的产品服务于最有市场前景的最终产品或下游产品行业，服务于最终产品或下游产品最有竞争力的优秀制造商（企业），机电企业才能不断发展和壮大。

最终产品行业选择有时并不以企业自身的意愿为转移，这主要是因为在机电产品的生产过程中并不能随心所欲地转换产品的品种和类型。生产过程中的工艺技术设备、工艺技术及管理人员和技术岗位操作人员的知识经验等使得生产的产品转换不容易克服成本上的困难。有时即使找到了最有吸引力的行业，也可能因为新的一次性投资或技术难题而使企业难下决心上新产品。

2．最终产品行业选择的原则

（1）该行业所需的机电产品是本企业的优势产品。

（2）重新生产该行业所需产品的转换成本不高，且本企业具备一定优势条件。

（3）该行业关系国计民生，是永远的朝阳行业。

（4）由于技术、经济发展和人们收入水平的提高，该行业全面繁荣的时机接近成熟或已经成熟，市场前景看好。

（5）该行业属于新的朝阳行业，目前利润空间大，将来即使竞争加剧也有较好的利润前景。

（6）该行业内部产业结构合理、产业内战略集团分布相对稳定，竞争比较有序。

（7）本企业的产品被该行业国际竞争主导企业认可，符合行业国际标准，有进入全球采购体系或加入国际产业分工合作体系的前景。

（8）本企业已经建立了稳定的产业链战略合作关系。

任务 2.4　机电产品目标市场定位

案例 6　某车辆配件厂的目标市场定位

某车辆配件厂是 1992 年才挂牌宣告成立的一家乡镇企业。工厂成立之初，可以说是一穷二白：政府没有投资，是靠自己东拼西凑的两万元作为启动资金的。至于市场销路、技术力量就更谈不上了。可是，就是这样一家企业，经过短短几年的努力，至 1995 年年底，已拥有固定资产 220 万元，产值由建厂初的 42 万元发展到 1 486 万元，成为当地一家明星企业，令人刮目相看。

该厂成功的秘诀就是“细分市场，洞悉市场，把握机会，正确定位，满足需求，抓住市场”。“像我们这样的企业，如果找不好一个最佳的市场切入点，与其他企业一样，搞一些大路货的东西，那么我们在激烈的市场竞争中根本不可能得到生存权，更谈不上什么发展了。”

他们在建厂之初，就进行了深入细致的市场细分。在市场细分中，他们了解到随着我国农业的发展，农民收入水平的提高，我国农用车的需求量在急速升温。由此他们在进一步调查的基础上发现，这一市场的具体情况是，整车生产厂家的大部分零部件都是通过外部加工

来完成的。如果能打进这个圈子，就等于打进了这一市场。根据本厂生产技术与生产能力，他们把经营方向定位在生产适销对路的车辆钢圈上。选准了这一市场切入点之后，该厂与我国当时最大的农用车生产厂家——南京农用车总厂签订了一年期、为数不小的订单。

市场细分，洞悉市场，把握机会，正确定位之后，他们努力研究和满足南京农用车总厂对钢圈质量方面的要求，努力研究和满足南京农用车总厂对服务的需求。其一流质量和优良的服务，赢得了南京农用车总厂对其质量与服务的认可，得到了用户的肯定与好评。就这样，该车辆配件厂成了南京农用车总厂的主要钢圈配套厂家，牢牢抓住了市场。

该车辆配件厂不是那种小富即安的企业，他们并不满足于一个市场领域中所取得的成就。为了在激烈的市场竞争中站稳脚跟，就必须在发展中求生存。因此，他们达成共识，即仍然从市场细分入手，寻找发展的目标市场和机会。1995 年年初，他们在细分市场的基础上，在对细分市场广泛深入地了解后，发现国内摩托车市场容量很大，生产摩托车钢圈将具有良好的市场前景，进军、占领这一目标市场将使企业有一个较大的发展前景。于是，1996 年，投入生产摩托车钢圈，立即使该车辆配件厂成为春兰集团“春兰虎”与“春兰豹”系列摩托车钢圈配套定点生产企业，一片新的营销空间又被他们打开并占领了……

案例思考 中、小型企业是否也需要市场定位?

“定位”这个词是由艾·里斯和杰克·劳特于 1972 年提出来的，他们说“定位并非对产品本身采取什么行动，而是针对潜在顾客的心理进行创造性活动。也就是说，给产品在潜在顾客的心目中确定一个适当的位置”。通常，用户对市场上的产品有着自己的认识和价值判断，提到一类产品，他们会在内心按自己认为重要的产品属性对市场上他们所知的该类产品进行描述和排序。例如，提到汽车，凯迪拉克以其豪华、宝马以其功能、沃尔沃以其安全性而著称。随着市场上的商品越来越丰富，与竞争者雷同、毫无个性的产品，很可能“泯然众人矣”，无法吸引用户的注意。为使自己的产品获得竞争优势，企业必须在用户心目中确立自己产品相对于竞争者产品而言独特的品牌利益和鲜明的差异性。简单来说，就是要使用户感到自己的产品与众不同，即与竞争者有差异，并且偏爱这种差异。从这个意义上来说，目标市场定位又是一种竞争性定位。

2.4.1 认知市场定位

市场定位是指企业根据竞争对手产品在市场中的位置，针对用户对产品特征和属性的重视程度，强力塑造出本企业产品与众不同的特色，并把此特色传递给用户，从而使自己的产品在市场占有一席之地。它是企业确定产品在目标市场上的特色、形象和位置的过程。市场定位主要研究的是本企业产品在目标市场的地位，以及它以怎样的姿态进入目标市场，因此市场定位又叫产品定位。同时，定位就是要设法建立一种竞争优势，因此，市场定位又叫竞争定位。

市场定位从各方面为企业和产品创造一定的特色，塑造并树立一定的市场形象，以求在目标顾客心目中形成一种特殊的偏爱。这种特色和形象既可通过产品的实体方面体现出来，如形状、构造、成分等；也可以从消费者心理上反映出来，如舒服、典雅、豪华、朴素、时髦等；或者由两方面共同作用而表现出来，如价廉、优质、服务周到、技术先进等。

市场定位实际上是在已有市场细分和目标市场选择的基础上深一层次的细分和选择，即从产品特征出发对目标市场进行进一步细分，进而在按消费者需求确定的目标市场内选择企业的目标市场。

2.4.2　企业取得竞争优势的途径

竞争优势是一个相对概念，当一个企业通过提供较低的价格或较高的利益使用户获得更大的价值时，它就具备了竞争优势。某产品（品牌）的“地位”取决于与竞争者产品（品牌）相比较后用户的认知、印象和情感等复杂因素。因此，企业要辨别目标市场上现存竞争对手及其产品的特色和地位，并决定自己产品的发展方向。

为获得竞争优势而进行的目标市场定位包括以下主要任务：首先确定企业可以从哪些方面寻求差异化；其次找到企业产品独特的卖点；最后明确产品的价值方案。

1．寻求差异化

差异化是指为使企业的产品与竞争者产品相区别而设计的一系列有意义的差异化行动。根据迈克•波特的理论，企业的竞争优势来源于两个主要方面：成本领先和差异化。实际上，为了向消费者提供更多的价值，企业产品定位就是从差异化开始的。而与顾客接触的全过程都可以进行差异化。通常，可以从以下五方面着手进行差异化。

1）产品差异化

实体产品的差异化可以体现在产品的诸多方面，如下所示。

（1）形式，即产品在外观设计、尺寸、形状、结构等方面的新颖别致。例如，对闹钟的外形进行不同的卡通形象设计。

（2）特色，即对产品基本功能的某些增补。率先推出某些有价值的新特色无疑是最有效的竞争手段之一。例如，为汽车增加“电动驾驶”功能、为某种食品增加防潮包装、为牙刷增加更换提示功能、为台灯增加护眼功能等。企业往往要在用高成本为顾客定制特色组合，还是使产品更加标准化而降低成本之间进行决策。

（3）性能质量，即产品的主要特点在运用中的不同水平（可分为低、平均、高和超级等）。

（4）一致性，即产品的设计和使用与预定标准的吻合程度的高低。一致性越高，则意味着买主可以实现预定的性能指标。

（5）耐用性，即产品在自然或苛刻的条件下预期的使用寿命。对于技术更新不快的产品，耐用性高，无疑增加了产品的价值。

（6）可靠性，即在一段时间内产品保持良好状态的可能性。许多企业通过减少产品缺陷来提高可靠性。

（7）可维修性，即产品一旦出现故障后进行维修的容易程度。标准化的零部件、一定的维修支持等都会使产品更受欢迎。

（8）风格，即产品给予消费者的视觉和感觉效果。独特的风格往往使产品引人注目，有别于乏味、平淡的产品。

综合以上各个要素，企业应从顾客的要求出发，确定影响产品外观和性能的全部特征的组合，提供一种最强有力的设计使产品（服务）差异化。

2）服务差异化

竞争的激烈和技术的进步，使在实体产品上建立和维持差异化变得越来越困难，于是，竞争的关键点逐渐向增值服务上转移。服务差异化日益重要，主要体现在订货（方便）、交货（及时和安全）、安装、顾客培训与咨询、维修养护等方面。例如，通用电气公司不仅仅向医院出售昂贵的X光设备并负责安装，还对设备的使用者进行认真培训，并提供长期服务支持。

3）渠道差异化

通过设计分销渠道的覆盖面、建立分销优势和提高效率，企业可以取得渠道差异化优势。例如，戴尔电脑、雅芳化妆品，就是通过开发和管理高质量的直接营销渠道而获得差异化的。

4）人员差异化

培养训练有素的人员，是一些企业，尤其是服务性行业中的企业取得强大竞争优势的关键。例如，迪士尼乐园的雇员都精神饱满、麦当劳的人员都彬彬有礼、IBM的员工给人专业的印象……

5）形象差异化

形象是公众对企业及其产品的认识与看法。企业或品牌形象可以对目标顾客产生强大的吸引力和感染力，促使其形成独特的感受。有效的形象差异化需要做到：建立一种产品的特点和价值方案，并通过一种与众不同的途径传递这一特点；借助可以利用的一切传播手段和品牌接触（如标志、文字、媒体、气氛、事件和员工行为等），传达触动顾客内心感受的信息。例如，耐克因其卓越的形象，在变幻莫测的青年市场始终保持了吸引力。

2．寻求独特的“卖点”

任何产品都可以进行各种程度的差异化。然而，并非所有产品的差异化都是有效或有价值的。有效的差异化应该能够为产品创造一个独特的“卖点”，给消费者一个鲜明的购买理由。有效的差异化必须遵循以下基本原则。

（1）重要性。该差异化能使目标顾客感受让渡价值较高带来的利益。

（2）独特性。该差异化竞争者并不提供，或者本企业以一种与众不同的方式提供。

（3）优越性。该差异化明显优于消费者通过其他途径获得的相似利益。

（4）可传播性。该差异化能被消费者看到、理解并传播。

（5）排他性。竞争者难以模仿该差异化。

（6）可承担性。消费者有能力为该差异化付款。

（7）营利性。企业将通过该差异化获得利润。

值得注意的是，企业在进行产品定位时应该尽量避免以下常犯错误。

（1）定位不足：企业差异化设计与沟通不足，使消费者对企业产品难以形成清晰的印象和独特的感受，认为它与其他产品相比没有什么独到之处，甚至不容易被消费者识别和记住。

（2）定位过分：企业对自己的产品定位过于狭窄，不能使消费者全面地认识自己的产品。例如，一家同时生产高、低价位产品的企业使消费者误以为它只能提供高档产品。定位过分限制了消费者对企业及其产品的了解，同样不利于企业实现营销目标。

（3）定位模糊：由于企业设计和宣传的差异化主题太多，或者定位变换太频繁，致使消费者对产品的印象模糊不清。混乱的定位使得无法在消费者心目中确立产品鲜明、稳定的位置，必定会造成失败。

3．确定价值方案，开发总体定位战略

顾客会根据自身的价值判断进行购买决策，因此确定价值方案就成为企业总体定位战略的核心内容。所谓价值方案就是指企业定位所依赖的所有利益组合与价格的比较。消费者往往以此作为价值判断的依据。例如，沃尔沃的定位以安全性为基础，尽管其售价高昂，但与由可靠、宽敞、有风格等特点构成的价值相比仍使人感到物有所值。

通常，企业可以从以下五种价值方案中选择一种进行总体定位：优质优价；优质平价；价廉物美；利益相同，价格较低；利益较低，价格更低。

2.4.3　目标市场定位策略

市场定位作为一种竞争战略，显示了一种产品或一家企业与类似的产品或企业之间的竞争关系。定位方式不同，竞争态势也不同。

1．差异性定位策略

企业一旦选定了目标市场，就要在目标市场上为其产品确定一个适当的市场位置和特殊印象。但在营销实际中，经常会出现这样一种情况，即在同一市场上出现许多相同的产品，但这些产品往往很难给顾客留下深刻的印象。因此，企业要想使产品获得稳定的销路，就应该使其与众不同、独具特色，从而获得一种竞争优势。差异性定位包含以下几方面的内容：产品实体差异化、服务差异化、形象差异化。

在实施差异性定位的过程中，应掌握如下要点。

（1）从顾客价值提升角度来定位。产品差异化的基础是消费需求的差异化，顾客也因此为各种产品或服务所吸引。而消费需求是产品差异化的前提，没有前者也就没有后者。因此，企业不能为了差异化而差异化，对于每个差异化定位首先要考虑消费者是否认可，是否使用本企业产品所获得的价值高于其他产品。

（2）从同类企业特点的差异性来定位。在同行企业中，每个企业都有它的特殊性，当一个企业的特点是其他企业所不具备的，这一差异性即可成为定位的依据，如市场上的轿车种类很多，但为什么市场占有率有很大的反差呢?上汽为什么能独占鳌头?关键是上汽有一个全国性的销售网络和服务网络。因而，“便利”就成为上汽公司产品定位的要点之一。

（3）差异化的特点。差异化应该是可以沟通的，是顾客能够感受到的，有能力购买到的，否则，任何差异都是没有意义的。差异不能太多，当某一产品强调特色过多时，反而会失去特色，也不易获得顾客的认同。

2．重新定位策略

1）因产品变化而重新定位

因产品变化而重新定位，这种定位是因对产品进行了改良或发现了产品的新用途，为改变顾客心目中原有的产品形象而采取的再次定位。

（1）因产品改良而重新定位。有的产品因市场竞争等原因，须不断地被改良。当改良产品出现后，其形象、特色等定位也随之改变。

（2）因发现产品新功能而重新定位。许多产品在投入使用过程中会超出发明者当初的设

想而发现一些新用途。此时，为了完善产品的形象，扩大市场，就需要对产品进行重新定位。

2）因市场需求变化而重新定位

由于时代及社会条件的变化及顾客需求的变化，产品定位也需要重新考虑。例如，人们生活富裕了，要养生，要保健减肥，因而希望食品中的糖分尽量少些。又如，某一品牌的空调在 20 世纪 80～90 年代针对消费者的喜好强调省电，进入 21 世纪则强调静音和环保，正好迎合人们“与自然和谐共处”的心理。

3）因扩展市场而重新定位

市场定位常因竞争双方的状态变化、市场扩展等而变化。例如，美国约翰逊公司生产的一种洗发剂，由于不含碱性、不会刺激皮肤和眼睛而将市场定位于“婴幼儿的洗发剂”。后来，随着美国人口出生率的降低，婴幼儿市场日趋缩小，该公司便改变了定位，强调这种洗发剂能使头发柔软，富有色泽，没有刺激性。

3．比附定位策略

比附定位是处于市场第二位、第三位产品使用的一种定位方法。当市场竞争对手已稳坐领先者交椅时，与其撞得头破血流，不如把自己的产品比附于领先者，以守为攻。

2.4.4 机电产品市场定位的途径

机电产品市场定位的一般途径如下。

1．确定机电产品的类别

确定机电产品的类别是进行市场定位的前提。不同的机电产品，其产品特征和属性不同；相同的机电产品，在使用过程中其表现出的特点也有差异。对于常规备件或建设新厂所需的产品，以及用于紧急更换在用设备的零部件的产品，也有必要进行区别对待。例如，有一家钢管配件供应商把紧急备件作为自己的主要市场，它的顾客往往愿意付较高的价格给为自己提供应用工程服务，具备灵活的制造能力及安装能力的企业。

机电产品的用途也会对供应商的选择产生重大影响。例如，一台电机用于间隙工作或连续工作时，顾客关注的产品性能的重点便有所不同。订单的大小也可以作为选择市场时的依据。例如，设备自动化程度很高的公司可能希望生产批量很大的产品。

另外，机电产品市场还存在一个特殊的产品，即“解决方案”，这是一个广泛存在的、适用于多行业领域的普遍概念。任何机电产品都有可能成为“解决方案”。对产业营销者来说，出售产品和出售“解决方案”的结果是不一样的。“解决方案”应当是在顾客的参与下完成的、根据顾客的需要设计的、符合顾客特殊要求的、超越产品功能利益的个性化服务整合体。这个整合体包含三方面的利益要素组合：产品或服务固有的“功能利益”及延伸功能利益；产品或服务获得过程的“程序利益”；交易双方缔结的“关系利益”。顾客的参与使得“解决方案”的利益要素相互融合，形成了相互支持、互为补充的整合关系，从而保证了“解决方案”得以形成有效的价值体系。

机电企业在选定供应或配套服务的最终产品行业及最终产品线后，应根据最终产品的工业生产链及企业自身的优势环节，分析、确定企业开发、生产的产品的品种类别，进行具体的产品定位。针对不同的品种类别，在市场定位中需要采取不同的策略，在满足用户需求的基础上，准确把握自身产品的特点，形成与其他产品的差异。

2．确定技术层次和质量档次

机电企业在定位了自身生产、供应给市场（或下游环节）的产品的品种类别后，下一步就要确定自身产品的技术层次和质量档次。

确定机电产品的技术层次和质量档次之后，反过来要求企业进行相关生产工艺、技术、设备的改造，以满足既定的产品档次的需要。而机电企业的生产技术在很大程度上影响和决定了下游环节的采购需要。当机电企业的先进工艺和生产设备在同业中享有声望时，其产品的信誉度会在无意中得到下游企业的信赖，这样它在真正使用之前就能够比较容易地得到合作的机会或订单。例如，苏打粉可以用两种不同的方法生产，其所使用的设备和原料也不相同。这两种方法生产的苏打粉各受不同偏好的下游顾客的青睐。这样，由于某种产品或品牌的用户具有使用或经历上的共性，从而使得产品和品牌的使用状态也成为一种简单易行的细分方法。机电企业的营销人员如果细致了解用户的运营、技术、财务等方面的优劣及偏好，定位就会更准确。

3．确定产品服务界线

确定机电产品的类别、技术层次和质量档次后，接下来就要确定机电企业对下游环节或下游企业的产品服务界线。要确定是产品出厂裸卖，还是外加包装运输；是按产品形态交接，还是继续负责下游企业使用者的培训及产品试加工或设备的安装调试等；是否参与下游企业或最终产品企业的顾客服务环节。

工业生产链的相互紧密的战略合作依赖关系，使得纯粹的机电产品出厂裸卖几乎不可能。然而，若是机电产品服务界线深入参与最终产品的顾客服务环节，又会大大增加机电企业的责任，并且难以预测和把握由此引发的成本。过度模糊的机电产品服务界线及过度深入地参与最终产品顾客服务环节有时并不利于机电企业的专心致志，不仅可能耗损机电企业的专业化分工优势，还有可能损害整个最终产品工业生产链系统的有序性和效率。合理的机电产品服务界线应该以次级紧密层的下游环节或下游企业为限，以保证下游企业获得满意的技术服务、人员培训、试验应用及设备调试，甚至实现“交钥匙”。

确定机电产品服务界线，有时要考虑顾客的采购方式。顾客的采购方式容易被忽略但又很有价值。根据顾客的采购方式和公司理念，可以给机电产品市场定位提供参考。这时要考虑的因素包括采购部门的组织结构、权力结构、买卖关系的性质、总体采购政策及采购标准等。采购人员的个性有时也会成为确定机电产品服务界线的影响因素。采购人员的动机、个人观念、风险管理策略与习惯等会导致对机电产品服务界线的不同需求，进而影响机电产品服务界线。

总结：市场细分、目标市场选择和目标市场定位是进行目标市场营销的三个步骤。市场细分是一种把整体市场划分成不同购买者群体的方法。企业进行市场细分的目的在于选择目标市场。企业的目标市场营销策略有三种：无差异市场营销策略、差异市场营销策略、集中市场营销策略。这三种战略各有利弊，选择时要受到企业实力、产品差异性、市场差异性、产品生命周期、竞争者战略等因素的影响。市场定位作为一种竞争战略，显示了一种产品或一家企业与类似的产品或企业之间的竞争关系，定位方式不同，竞争态势也不同。目标市场定位有很多种，如差异性定位策略定位、重新定位策略定位、比附定位策略定位。目标市场的定位核心是将自己的目标市场界定在一个可持续发展的领域，而且宏观上必须是竞争对手无法超越的。

阅读材料 2 “最安全的车”

一个企业、一个品牌要想获得长久的竞争优势，就必须给自己进行明确清晰的定位。在汽车行业，Volvo 的定位是“安全”。它的目标就是“制造世界上最安全的汽车”。在“最安全的汽车”这个领域，Volvo 是绝对的领导品牌，Volvo 认为安全不只反映在单一的零部件上，而是整车在行驶中的总体表现。一旦发生碰撞，Volvo 将对人身及生命安全提供最大限度的保护，并把伤害、危险降到最低。Volvo 汽车的整个车身和内部装置是在频繁的撞车实验后为顾客精心设计的。这一点，无论是在造车的观念上还是企业的技术实力上，都是竞争对手无法超越的。正是因为如此，70 多年来，Volvo 的汽车款式不断推陈出新，但是始终坚持行车安全的理念，始终如一。而“最安全的汽车”使得 Volvo 的这个观念深入人心。

实训检测 2 某机电产品的市场调查与分析

1. 任务形式

以小组为单位，小组规模一般为 3～5 人，每小组选举小组长协调小组的各项工作，教师提出必要的指导和建议，组织学生进行经验交流，并针对共性问题在课堂上组织讨论和专门讲解。

2. 任务内容

每小组从教师处领取不同的机电产品（备选机电产品：①齿轮；②轴承；③车刀；④钻床；⑤数控车床；⑥时间继电器；⑦液压泵；⑧卧式铣床；⑨三坐标测量仪等）完成产品的市场调查任务。

通过多种途径收集相关机电产品的数据、资料等，利用有关预测方法，预测该机电产品市场。

3. 任务考核

每小组由组长代表本组汇报任务完成情况，同学互评，教师点评，然后综合评定各小组本次任务的实训成绩。

具体考核如表 2-3 所示。

表 2-3 机电产品市场预测任务考核表

考核项目	考核内容	分数	得分
工作态度	按时完成任务	5 分	
	格式符合要求	5 分	
任务内容	收集相关机电产品的数据、资料	20 分	
	选择合适的预测方法	20 分	
	能做出合理的市场预测	10 分	
团队合作精神	团队有较强的凝聚力	10 分	

续表

考核项目	考核内容	分数	得分
	同学间有良好的协作精神	10 分	
	同学间有相互的服务意识	10 分	
团队间互评	认为该团队较好地完成了本任务	10 分	

实训检测 3　某机电产品的市场细分

1. 任务形式

以小组为单位，小组规模一般 3～5 人，每小组选举小组长协调小组的各项工作，教师提出必要的指导和建议，组织学生进行经验交流，并针对共性问题在课堂上组织讨论和专门讲解。

2. 任务内容

东北某机床厂决定在华东地区开营销分公司，请为该厂做市场细分调查。其他每组根据不同的机电产品（备选机电产品：①叉车；②轴承；③机床配件；④钻床；⑤加工中心；⑥机床刀具；⑦液压泵；⑧卧式铣床；⑨PLC 等），对其进行市场细分。

各组对所选定的机电产品的产品特性、使用场合、应用市场、细分方法等进行深入的调查与分析，小组进行充分讨论，根据分析结果，提交本组机电产品细分方案。

3. 任务考核

每小组由组长代表本组汇报任务完成情况，同学互评，教师点评，然后综合评定各小组本次任务的实训成绩。

具体考核如表 2-4 所示。

表 2-4　市场细分任务考核表

考核项目	考核内容	分数	得分
工作态度	按时完成任务	5 分	
	格式符合要求	5 分	
任务内容	产品特性调查分析到位	15 分	
	产品使用场合定位准确	15 分	
	应用市场分析准确	15 分	
	细分方法合理	10 分	
	结论符合市场实际情况	10 分	
团队合作精神	团队有较强的凝聚力	5 分	
	同学间有良好的协作精神	5 分	
	同学间有相互的服务意识	5 分	
团队间互评	认为该团队较好地完成了本任务	10 分	

课后练习2

1. 填空题

（1）市场调查的设计思路有________、________、________和________。

（2）机电产品市场调查资料收集按信息来源不同分为________、________；按获取资料过程不同分为________和________。

（3）市场调查定性预测方法有________、________、________和________。

（4）市场细分的条件是________、________、________、________。

（5）机电产品细分的方法有________ 、________、________和________。

（6）目标市场选择的方法有________、________、________、________和________。

2. 思考题

（1）机电产品进行市场细分有何作用？机电企业常用的市场细分标准有哪些？

（2）机电企业常用的目标市场选择策略有哪些？

（3）什么是市场定位？企业取得竞争优势的途径有哪些？

（4）机电产品是怎样进行市场定位的？

第3单元 机电产品的市场分析

学习目标

1. 熟悉机电产品营销环境分析。
2. 理解机电产品市场的特点。
3. 理解机电产品组织市场，熟悉机电产品组织市场的购买过程。
4. 掌握机电产品营销的步骤。

引例3　英格索兰，专业工具拓展DIY市场

美国的英格索兰公司（Ingersoll-Rand）成立于1871年，至今已经有130多年的历史，它主要向汽车行业、建筑业、能源业和一般工业提供各种空气及气体压缩机、矿山机械、气动工具、泵浦机械和设备，是一家名列前茅的跨国工业企业。英格索兰公司在世界各地共拥有100多座工厂，在120多个国家均有极为成功的销售与服务。它连续3年被美国《工业周刊》杂志评为“最佳管理”公司，其雇员遍布于世界各地，总数已超过55 000人。英格索兰公司有超过120家分部，同时这个数字还在不断增长。

气动工具的好坏对技师们的工作质量及效率起到至关重要的作用，因此技师们对设备的质量、耐用性和可靠性要求都非常高。英格索兰公司生产的气动工具凭借多年来的专业性占据了1/3以上的专业市场，是最受专业技师信赖的品牌，并且在这个质量决定一切的市场上，只有英格索兰、施耐宝（Snap-On）、Mac、Chicago Pneumatic和Craftsman Professional几家公司能够生存。然而，在这个市场占有率优势的花环下也隐藏着一个很大的缺点——市场成长潜力有限。由于该专业市场较为成熟和稳定，所以要想扩张市场份额就变得极为困难。若打价格战会导致两败俱伤，这将是大家都不愿意看到的局面，不如采取其他手段。那么，如何才能使公司的市场有较大的发展呢？

英格索兰公司在仔细研究了气动工具市场后发现，公司虽然在专业市场上已经是气动工具销售的龙头老大，但是在DIY工具的市场上却几乎无声无息。

DIY，英文Do It Yourself的缩写，意思是“自己动手做”。DIY市场在迅速发展，但市面上的DIY气动工具走得都是功能简单、价格低廉的路线，缺乏属于DIY用户的质量好、专业性强的高端领先品牌。如果英格索兰公司将DIY业务也纳入自己的业务范围内，就可以大大扩展公司的气动工具业务并使其快速增长。

然而，作为一家非常专业的机电产品品牌公司，插手非专业领域产品有很大的风险。

首先，这个策略有可能破坏英格索兰公司作为专业品牌龙头老大的口碑。因为DIY用户和专业用户在购买方式及购买价格上的观念完全不同：专业用户都是在专卖店购买工具，DIY用户则是在超市等零售商店购买工具；专业人员愿意付出最高价格来购买最高档的产品，而DIY用户却对价格非常敏感。英格索兰公司做的一项市场调查表明，一把专业人员使用的空气棘轮工具的价格是89～250美元，但是DIY用户对同样产品可以接受的价格只有25～85美元。另外，专业和DIY两个市场都要求高质量、可靠性和耐用性，开发一个新的DIY工具系列，既可能损害公司在专业人员心目中的地位、价值和信誉，而且还不一定能保证可以得到新市场中多大的份额。

其次，除了品牌的问题外，竞争对手的涌入也是令人担心的问题之一。英格索兰公司一旦将气动工具市场扩大，其他品牌（如Craftsman、Campbell Hausfeld、德威必士、Porter Cable和科勒曼等）就会涌入，导致竞争者的数目翻一倍都不止。此时的英格索兰公司很难保证自己在气动工具市场中的绝对领导者地位，有可能得不偿失。

决心要进入新的市场，但又不能让DIY等级的工具破坏品牌在专业人员中的地位。怎么做才好呢？为了保护已建立的市场地位和份额，英格索兰公司的DIY品牌需要跟公司的专业工具品牌拉开距离。同时，为了在DIY用户心目中建立一定的信誉，建立DIY品牌与英格索兰公司的联系也是必不可少的。于是，英格索兰公司决定为DIY产品系列起用一个从未问

世的品牌——PowerForce。英格索兰公司的市场调查表明，PowerForce 本身在消费者心目中的价值近乎为零，在 DIY 经销渠道中也几乎毫无议价地位，但是从英格索兰公司的品牌来看，在 DIY 工具消费者心目中的知名度却排名第二，仅次于 Craftsman。

英格索兰公司从 PowerForce 上市开始就将其定位为 DIY 市场的高端品牌，并将“专业性”作为 PowerForce 的主要体现方式。根据市场调查机构的调查显示，大部分 DIY 消费者都希望“自己非常专业”，这种思想甚至导致了近年来 DIY 工具市场和专业工具市场的一些重叠——很多 DIY 消费者愿意花钱购买更加专业的工具。PowerForce 的定位正好满足了消费者的这种心理。同时，英格索兰公司借助专业气动工具与三届温斯顿杯冠军车队队长 Ray Evernham 有长期合作的关系，在 PowerForce 工具的包装盒上特地印上了 Evernham 赛车车队维修保养人员在赛车场上工作的画面，以增加其专业性。作为著名汽车杂志《NASCAR 画报》1999 年度的“明星人物”，Evernham 无疑成为 PowerForce 理想的品牌代言人。

为了方便消费者使用，在 PowerForce 工具的外包装上，都比较详细地印上了简单清晰的“该工具应如何使用”的照片，让那些并不熟悉气动工具使用方法的用户一目了然。并且，由于 PowerForce 是在超市等连锁店销售的，会出现在专业工具经销网络中不存在的顾客“顺手牵羊”的新问题，所以英格索兰对 PowerForce 外包装盒的形状和尺寸进行了大幅度的改动，这种做法在一定程度上既解决了问题，也保证了销售商的利益，使他们愿意销售 PowerForce 产品。

为了打造品牌的知名度，英格索兰公司还为 PowerForce 设计了一个含有英格索兰 IR 符号的新商标，并将其拿到专业技师和 DIY 用户中间进行测试。测试结果非常不错：DIY 用户认出了代表专业的 IR 标志，而专业技师们则表示不会去买这个产品。这表明 PowerForce 不会对英格索兰公司的专业销售造成太大的损害。为了增加 DIY 用户对 PowerForce 的品牌偏爱度和忠诚度，英格索兰公司通过互联网进行了一系列的营销活动，包括 2003 年父亲节的促销，安排赛车和汽车专业技师通过网络社区向 DIY 爱好者讲解汽配知识等。通过这些“数字直效营销”活动，PowerForce 上市不到半年，销量增加了 112%。

英格索兰公司在 DIY 市场的迅速扩展，与其品牌在普通消费者中强大的声誉及谨慎地组织市场规划和品牌管理是密不可分的，这样他们才能在成功利用品牌知名度的同时保证 IR 工具在专业技师核心市场上的高档身价。

2003 年，英格索兰公司将 PowerForce 产品系列转移到了中国大陆和中国台湾地区生产，再次降低了 DIY 产品的价格，赢得了更多消费者的青睐。但这也进一步造成一些专业用户觉得 PowerForce 产品价格合理，功能专业，转而开始购买 PowerForce 产品这种情况的出现，这是英格索兰将要开始研究的另一个新问题。

引例解读：英格索兰公司的百年发展史说明企业的营销要根据自身的市场环境变化及时地调整营销策略，不断地开拓新市场，这样才能在市场竞争中把握先机。

市场是企业经营活动的生命线，也是企业营销活动的出发点和立脚点，企业市场营销的目的就是通过满足用户现实的和潜在的需求来实现企业的经营目标的。企业要想完成自身的经营目标，必须认真研究产品用户，研究购买者的行为。

任务 3.1 分析机电企业的营销环境

3.1.1 机电企业营销环境的特征

营销环境是指直接或间接影响企业营销投入、产出活动的外部力量，是企业营销职能外部的不可控制的因素和力量，如竞争、经济、政治、法律规定、技术和社会文化因素。

机电企业营销环境的特征如下。

（1）客观性：具有不可控制性和强制性，企业可以适应环境的变化和要求，适应“物竞天择，适者生存”的规律。

（2）差异性：不同的企业受不同环境的影响，同一环境对不同企业的影响不相同。

（3）复杂性：各种因素之间经常存在矛盾关系。

（4）多变性：市场营销环境是个动态系统。

（5）相关性：营销环境因素之间是相互影响和相互制约的。

（6）动态性：营销环境总是处在不断变化过程中。

营销环境的特征决定了它对企业的生存与发展、营销活动及决策过程产生着有利的或不利的影响，产生着不同的制约作用和效果。一方面，它为企业提供了市场营销机会；另一方面，市场营销环境也会给企业造成某种威胁。

企业的市场营销环境主要分两类。一是微观环境营销环境（直接营销环境）。与企业紧密相连，直接影响其营销能力的各种参与者，包括供应商、营销中介和服务商、目标顾客、竞争者及公众和影响营销管理决策的企业内部各个部门。二是宏观营销环境（间接营销环境）。影响企业微观环境的巨大社会力量，包括人口、经济、自然、政治法律、科学技术及社会文化等多方面的环境因素。

3.1.2 企业微观营销环境

企业微观营销环境又称直接营销环境，是指那些对市场营销直接产生影响与制约作用的环境因素。它对企业营销的影响迅速而直接。微观营销环境的内涵如图 3-1 所示。

图 3-1 微观营销环境的内涵

1. 供应商

供应商是向企业提供生产产品和服务所需资源的企业或个人。供应商是微观营销环境的重要因素。供应商对企业营销活动的影响主要体现在以下几个方面。

1）供货的及时性和稳定性

现代市场经济中，市场需求千变万化且变化迅速，企业必须针对瞬息万变的市场及时调整计划，而这一调整又需要及时地提供相应的生产资料，否则，这一调整只是一句空话。企业为了在时间上和连续性上保证得到适当的货源，就应该和供应商保持良好的关系。

2）供货的质量水平

任何企业生产的产品质量，除了严格的管理以外，与供应商供应的生产资料本身的质量好坏有密切的联系。当然，供货的质量还包括各种服务，尤其是一些机器设备的供应，如果没有配套的服务(如装备、调试、零部件供应等)，供货的质量就成了空话。

3）供货的价格水平

供货的价格直接影响产品的成本，最终影响产品在市场上的竞争能力。企业在营销中应密切注意供货价格变动的趋势，特别要密切注意对构成产品重要部分的原材料和零部件的变化，使企业应变自如，不至于措手不及。

2. 营销中介和服务商

营销中介是指协助企业推广、销售产品给最终购买者，融通资金、提供各种营销服务的企业和个人。它包括商人中间商、代理中间商、营销服务机构和金融机构。

任何企业的营销活动都离不开营销中介，有了营销中介提供的服务才使企业的产品顺利地到达目标顾客手中，所以营销中介对企业营销活动产生直接的影响。

服务商包括各种运输公司、仓储公司和配送中心，以及市场营销服务机构。

3. 目标顾客

企业的所有营销活动都是以满足顾客的需要为中心的。目标顾客是企业最重要的微观环境因素。对于一个企业而言，顾客就是营销活动的核心目标，其影响程度巨大，因为失去了顾客就意味着失去了市场，赢得了顾客就赢得了市场。

企业的顾客一般来自以下五个市场。

（1）制造商市场；

（2）中间商市场；

（3）消费者市场；

（4）非营利组织市场；

（5）国际市场。

4. 公众

公众的态度是企业营销的另一个重要环境因素，而政府从实质上来讲代表了公众的利益，同时它也是行政管理机构，企业应清楚如何处理与政府的关系。

1）经常沟通信息

政府作为行政管理机构，对企业一般不实行直接管理，但也需要掌握各企业的动态，以便归纳出带有普遍倾向性的问题，为宏观调控打下基础。因而，企业在举行庆典、产品投产、联谊活动、周年庆祝等活动时，应邀请政府有关方面的官员参加，加强企业与政府公众在感情上的沟通，并经常上门汇报企业动态。

2）争取良好的经济效益

企业是以赢利为目的的经济组织，它是国家、企业、个人三者利益的交织点，企业只有取得良好的经济效益，国家才能以利税形式取得管理国民经济所需的经费；企业职工的生活水平提高有了保障，企业本身也能得到更大发展。因而，经济效益好的企业往往能备受政府的重视。

3）良好的社会表现

企业热心公益事业，积极参与社区事务，以企业利益服从国家利益等，均有助于政府对其产生良好的印象。

5. 竞争者

竞争者是指在同一目标市场争夺顾客群体的其他企业或类似的组织。竞争是商品经济的必然现象。在商品经济条件下，任何企业在目标市场进行营销活动时，不可避免地会遇到竞争者的挑战。在健全的市场环境中，一个企业不可能长期垄断一个市场。因而，竞争者的营销策略及营销活动（如价格、广告宣传、促销手段变化、新产品开发、销售服务等）都将直接对企业造成威胁。为此，企业不能放松对竞争者的观察分析，并及时采取相应的对策。

企业面临四类竞争：①欲望竞争者，顾客想要满足的各种欲望之间的可替代性；②行业竞争者，提供能满足同一种需求的不同竞争者；③产品形式竞争者，顾客在满足同一需求的产品中要进一步决定购买某类产品；④品牌竞争，也称企业竞争，是指在质量、特色、价格、服务、外观等方面所展开的竞争。

3.1.3 宏观营销环境（间接营销环境）

企业必须适应宏观环境。宏观环境的影响力主要来自六个方面：政治法律环境、人口环境、经济环境、社会/文化环境、自然环境和技术环境。

1. 政治法律环境

政治法律环境包括国内、国际环境。企业的市场营销活动是受一定的政治环境制约的。具体体现为执政党的路线、方针政策的制定和调整对企业营销活动产生的深远影响。这主要包括政府的有关经济方针政策（人口政策、产业政策、能源政策、财政政策、金融货币政策等），政府颁布的各项经济法令法规及群众团体诉求（这是指为了维护某一部分社会成员的利益而组织起来的，旨在影响立法、政策和舆论的各种社会团体。）

2. 人口环境

公司要监视的第一个因素是人口，因为市场是由人组成的。令营销人员深感兴趣的是：

（1）在不同城市、地区和国家的人口规模和增长率；

（2）年龄分布和种族组合；

（3）教育水平；

（4）家庭类型；

（5）地区特征和运动。

人口迅速增长、人口老龄化日趋严重、家庭规模日趋小型化、人口教育程度提高、人口的地理分布及区间流动对企业营销的影响、妇女就业水平提高，这些因素都会影响企业的营销活动。

3. 经济环境

1）经济结构类型

各个国家或地区在收入水平和分配上有很大的差异。一个主要的决定性因素是这些国家或地区的产业结构。四种产业结构为：①自给型经济；②原料出口型经济；③工业化进程中的经济；④工业化经济。

2）收入分配

收入因素是影响社会购买力的主要因素。

（1）国内生产总值是指一个国家或一个地区（所有常住单位）在一定时期内所生产和提供的以市场价格计算的最终产品与劳务的市场价值总和。它反映一定时期内生产活动的最终成果。国内生产总值的增长率很大程度上决定了一个国家或地区的个人收入水平、就业率、消费结构、投资规模等，市场受此影响非常大。

（2）人均国民收入是指一定范围内每个公民收入的平均值。

（3）个人可支配收入是指扣除消费者个人缴纳的各种费用（保险、公积金等）和交给政府的非商业性开支（如个人所得税等）之后用于消费或储蓄的所得。

（4）个人可任意支配收入。在可支配收入中再减去消费者用于购买生活必需品的支出和固定支出（如房租、保险费、分期付款、抵押借款等）后所余下的才是个人可任意支配收入，这是影响消费需求变化的最活跃因素。

（5）储蓄、债务、信贷的适用性。指消费者的支出还受消费者储蓄、债务和信贷适用性的影响，以及消费者储蓄和信贷情况的变化。

4. 社会/文化环境

社会/文化环境是指由价值观念、生活方式、宗教信仰、职业与教育程度、相关群体、风俗习惯、社会道德风尚等因素构成的环境。各国各地区各民族的文化背景不同，风俗习惯、教育水平、语言文字、宗教信仰、价值观念等差异均很大，这种环境不像其他营销环境那样显而易见和易于理解，但对消费者的市场需求和购买行为会产生强烈而持续的影响，进而影响企业的市场营销活动。

5. 自然环境

企业在市场营销研究中涉及的自然环境，主要是指企业本身的资源环境，如气候、地形、自然资源等对市场经营活动发生直接或间接的影响。对企业营销者来说，要研究和分析自然环境趋势给市场营销带来的威胁与机会，主要涉及以下几个方面：自然资源的日益短缺；资源成本不稳定；环境污染严重；政府对环境保护干预的加强。

6. 技术环境

科技发展速度快慢对市场经营有显著的、多方面的影响。可以说，对人类生活最有影响力的是科学技术，人类历史上的每次技术革命，都会改变社会经济生活。作为营销环境的一部分，技术环境不仅直接影响企业内部的生产与经营，还同时与其他环境因素互相依赖，互相作用。

3.1.4 企业综合营销环境分析

企业内外情况是相互联系的，将外部环境所提供的有利条件（机会）和不利条件（威胁）与企业内部条件形成的优势与劣势结合起来分析，有利于制定正确的经营战略。

1. 环境威胁与市场机会

企业所处的环境基本上有两种发展变化趋势：环境威胁与环境机会。企业进行分析的目的就是要寻找机会规避威胁。

1）环境威胁

环境威胁是指环境中不利于企业营销活动甚至限制企业营销活动发展的因素，对企业已经形成挑战，如果置之不理会对企业的市场地位造成伤害。环境威胁主要有三个方面：一是直接威胁着企业生产经营；二是企业的目标与任务或企业资源与环境因素相矛盾；三是来自国际经济形势的变化。

威胁矩阵如图3-2所示。图中，1为严重或关键性威胁，2、3为密切关注的威胁， 4为不必考虑的威胁。

企业面对威胁有以下三种可选择的对策。

（1）反抗：试图抵制或扭转环境因素的发展。

（2）减轻：通过调整经营策略来适应环境的变化，以减轻环境威胁的严重性。

（3）转移：决定转向其他能获利的业务或市场。

2）市场机会

市场机会是指对环境中出现有利条件，企业通过努力可能获得赢利的需求领域。

市场机会分析的思路：一是考虑机会给企业带来的潜在利益的大小；二是考虑机会出现的概率的大小。

机会矩阵如图3-3所示。图中，1为最佳机会，2、3为密切关注的机会，4为不必考虑的机会。

评价市场机会的步骤：①从环境中挑选出公司的机会群；②从公司机会群中挑选出可以发展的市场机会；③对入选的市场机会制定发展策略。

企业面对机会有三种可选择的对策：①利用机会。要求企业具备利用该机会的能力和资源，具有或能够培育核心竞争力和竞争优势。②等待观望。等待最佳的时机。③放弃机会。

通过评价该环境机会，若认为不能成为企业机会的，则应放弃。

影响程度 \ 出现概率	高	低
大	1 高度重视	2 监控关注
小	3 注意应变	4 观察发展

图 3-2　威胁矩阵

潜在利益 \ 出现概率	高	低
大	1	2
小	3	4

图 3-3　机会矩阵

2. 优势与劣势

企业内部环境的分析就是要了解企业的优势和劣势，预测现有资源和能力与环境机会的适应程度或匹配程度。企业内部分析最重要的是企业能力分析。企业能力是指企业能够把资源加以统筹整合以完成预期任务和达到目标的技能。企业能力主要包括市场营销能力、财务能力、制造能力和组织能力等。

企业能力分析的步骤：

（1）明确利用机会所需要的能力结构，找出反映这种能力的具体因素，并判断每个因素的相对重要性；

（2）分析现有能力的实际情况，找出经营该业务的优势和劣势；

（3）进行评价和制定措施。

3. SWOT 分析法

在国际上，通用的营销环境分析方法为 SWOT 法（优势——Strength、劣势——Weak、机会——Opportunity、威胁——Threat）。

SWOT 矩阵如图 3-4 所示。SO 组合：利用企业内部的长处去抓住外部机会，是最佳组合。WO 组合：如何弥补自身资源或能力的不足，以抓住机会。如果自身资源能力得不到改进，机会只能让给竞争对手。ST 组合：巧妙利用企业自身优势来对付环境中的威胁，降低威胁可能产生的不利影响，不是上策。WT 组合：应尽可能避免。如果企业一旦处于这样的位置，在制定战略时就要设法降低环境因素对企业的冲击，使损失减少到最小。

外部环境 \ 内部资源条件	优势S	劣势W
机会O	SO组合	WO组合
威胁T	ST组合	WT组合

图 3-4　SWOT 矩阵

任务 3.2　了解机电产品市场的购买行为

案例 7　对中间商推销失败的原因分析

某推销员王军销售一种家庭用的食品加工机，虽然工作努力却收效甚微。以下是他的一些推销经历，试分析失败的原因。

（1）王军连续数次去一家百货商场推销，采购经理每次都详细了解产品的性能、质量、价格、维修和各项保证，但是拖了月余仍不表态是否购买，总是说“再等等，再等等”。王军认为采购经理无购买诚意，就放弃了努力。

（2）王军经过事先调查，了解到某超级市场的购买决策者是该店的采购经理和商品经理。他先找到采购经理做工作，采购经理详细了解产品的性能、质量、价格和服务后同意购买。轻松地过了这一关，王军很高兴，又找到商品经理介绍产品。商品经理听后沉吟未决，王军为了尽快促成交易，就告诉他，采购经理已经同意购买。不料商品经理一听这话就说：“既然采购经理已经同意，就不用再找我了。”这笔眼看就要成功的生意又泡了汤。

（3）某大型商场采购部经理张先生是一位大学毕业生，从事采购工作多年，业务精通，擅长计算，头脑清楚，反应敏锐，总是从公司利益出发去考虑问题，多次受到商场领导的表扬，有望升为商场副总经理。王军通过耐心地介绍产品和谈判交易条件，终于使他成为顾客，并保持了数年的关系。这数年间，王军在征得公司同意的情况下满足了张先生提出的许多要求，如保证交货时间、次品退换、延长保修期、指导营业员掌握产品使用方法和销售技巧、开展合作广告等；还注意加强感情投资，经常与张先生交流沟通，并在张先生和妻子、孩子生日时送上鲜花和纪念品，双方的关系日益密切。可是，有一天张先生突然通知王军，停止购进他的产品，因为另一家企业提供了性能更加优异的、改进型的同类产品。王军听了十分生气，认为张先生一点不讲感情，办事不留余地，是个不可交的人，从此断绝了与张先生的联系，也断绝了与该商场的生意关系。

案例解读

（1）该商场以前未经营过这种产品，要对该产品的价格、服务、市场需求和市场风险等因素进行全面分析和预测后才能做出决定。王军不了解中间商采购新产品的过程较为复杂，操之过急而丧失了机会。

（2）推销员应当了解中间商内部参与购买过程的各种角色的职务、地位和相互关系对购买行为的影响。该店的采购经理与商品经理之间存在关系不协调的现象，王军虽然通过调查探悉该店的购买决策者有哪些人，但是未能进一步了解他们相互之间的关系，未能在推销过程中利用有利关系和回避不利关系，从而使商品经理产生了抵触情绪。

（3）推销员应当注意分析采购人员的购买风格，以制定有针对性的推销策略。加强感情投资最适用于“忠实的采购者”或“情感型的采购者”，而对其他类型采购者的效用则有局限性。张先生是一个“最佳交易采购者”，一旦发现产品或交易条件更佳的供应商就立刻转换购买行为，其购买行为的理智性强，不太受感情因素支配。对于这类采购者，供应商仅仅依靠感情投资难以奏效，必须密切关注竞争者的动向和市场需求变化，随时调整营销策略和交易条件，提供比竞争者更多的利益。王军片面地以为感情投资可以解决一切问题，忽视分析不同购买者的购买风格，忽视提高产品、服务和交易条件的竞争力，采取了意气用事的错误做法。正确的做法是继续与张先生保持良好的关系并及时向本公司反映竞争者的动向，改进产品后再重新进入该商场。

按照顾客市场的性质不同，可以把其分为消费者市场和组织市场两大类。其中消费者市场由为了满足个人或家庭需要而购买产品和服务的顾客组成；组织市场则由那些为了生产、销售、维持组织运作或履行组织职能而购买产品或服务的用户（制造商、中间商、政府、组织机构等）组成。购买的目的是用于再生产，或转售，或开展公益事业等。组织市场又分为制造商（企业）市场、中间商市场、政府市场和非政府组织市场，机电产品的市场主要是组织市场，尤其是制造商（企业）市场和中间商市场。

3.2.1　机电产品市场的特点

1. 市场需求的本质

1）需求的派生性

组织市场的顾客购买机电产品或服务是为了给自己的服务对象提供所需的商品和服务。制造商（企业）的需求取决于用户的相应需求，也就是说，没有用户的相应需求，就不会有制造商（企业）的需求。例如，全自动洗衣机制造商需要某工程公司生产的电动机，这就是组织市场，然而需求电动机的数量取决于未来消费者需求数量的预测。这种衍生需求在供应链上离最终消费者越远的组织，越需要预测未来的需求。

2）需求缺乏价格弹性

组织市场对产品和服务的需求总量受价格变动的影响较小。制造商（企业）需求的派生性决定了它的需求缺乏价格弹性。决定制造商（企业）需求量变化的主要因素是用户相应需求的变化。制造商（企业）需求对价格的敏感程度较弱，除非原材料成本成为影响企业经营的极重要因素，企业需要考虑成本控制时才会在意价格的变动。

3）需求波动大

组织市场需求的波动幅度大于消费者市场需求的波动幅度，一些新企业和新设备尤其如此。由于制造商（企业）市场与消费者市场的时空差异，制造商（企业）的需求变化要滞后于消费者相应需求的变化。另外，制造商（企业）需求的变动幅度要大于消费者相应需求的波动幅度。有资料表明，消费者相应需求增加 10%，就有可能使下一阶段制造商（企业）的需求增加 200%；市场需求下降 10%，就可能导致工业需求全面暴跌。

4）联合需求

某个组织市场的需求通常与其他组织市场的需求紧密相关。例如，对普通车床主轴箱壳体的需求与可以使用的各变速齿轮有关，如果各个变速齿轮的供应有问题或推迟，生产机床的公司可能不得不暂时停止购买主轴箱壳体。这就说明买方需要与许多供应商协调产品进度，而不是仅与一个供应商进行协调。

2. 市场需求的结构

1）购买者少，但购买数量和金额都很大

组织市场的行业比较集中，通常易于辨认目标顾客。制造商（企业）市场上购买者的数量比消费者市场上的购买者少很多，如发电设备制造商（企业）的顾客是各地极其有限的发电厂。由于制造商（企业）购买的目的是再生产，所以每次的购买数量都比较大，有时一位买主就能买下一个企业较长时期内的全部产量。

2）产业市场的购买者在地理区域上相对集中

一些行业具有比较强的地理位置的依赖性，产业市场集中有利于降低销售和运输成本，便于企业间协作。例如，我国长三角地区已成为中国乃至世界制造业的集中区，而广东的顺德等地现在已成为世界的小家电生产基地。地域集中通常意味着为产品和服务提供了显而易见的机会。

3. 机电产品购买过程的特殊性

1）专业人员购买

制造商（企业）的购买通常由专业人员完成。大多数企业有专门的采购中心，重要的采购决策往往由技术专家和高层管理人员共同做出，其他人也直接或间接地参与进来。另外，专业采购者经过专门的专业训练，具有丰富的产品及购买知识，清楚地了解产品的性能、质量、规格和有关技术要求。这样，供货方应当向他们提供详细的技术资料和特殊的服务。

2）直接采购

由于购买规模大，所以购买者往往向供货方直接采购，而不经过中间环节，价格昂贵或技术复杂的项目更是如此。

3）以租代买

制造商（企业）市场的许多产品有可能通过租赁方式取得。例如，制造商（企业）市场的购买者在需要一些价格昂贵的机械设备、设施时，若无力购买，为了节约成本便会采用租赁的方式。

4）供需双方关系密切

由于制造商（企业）市场购买者的上述特性，以及购买的连续性，要求制造商（企业）市场的买卖双方建立密切的合作关系。买卖双方通过有效的合作，可满足各自的需要，实现各自的目标。

3.2.2 机电产品市场的用户与普通消费品用户的主要差异

由于组织市场和消费者市场的特点不同，使得二者的购买行为也有所不同。

1. 采购差异

（1）组织市场的用户的采购是为了进一步生产、经营使用或转卖他人；而消费者市场的消费者的采购则是为了供个人、家人或居家使用。

（2）组织市场的用户通常采购设备、原材料或半成品；而消费者市场的消费者一般采购日常用品。

（3）组织市场的用户的采购要参考规格、技术参数；而消费者市场的消费者一般参考的是产品使用说明、时尚和风格等。

（4）组织市场的用户比消费者市场的消费者更经常采用多重采购，且多依据小组决策。

（5）组织市场的用户比消费者市场的消费者更注重使用价值和卖家的技术分析。

（6）组织市场的用户比消费者市场的消费者更经常地租赁设备。

（7）组织市场的用户比消费者市场的消费者更频繁地使用竞争性招标和谈判。

2. 市场差异

（1）组织市场更多的是从最终消费者身上获得衍生需求。

（2）组织市场的需求比消费者市场的需求更容易有周期性波动。

（3）组织市场与消费者市场相比，数量更少，地理位置更集中。

（4）组织市场通常雇有采购专家。

（5）组织市场与消费者市场的营销相比，要求较短的分销渠道。

（6）组织市场可能要求与卖家有特殊的关系。

（7）与消费者市场相比，组织市场更有可能自己生产和承担服务，以替代采购物品和服务。

3. 营销差异

与消费者市场相比，组织市场的购买行为更加理性、更加专业，参与购买决策的人更多。组织市场与消费者市场的营销差异如表 3-1 所示。

表 3-1　组织市场与消费者市场的营销差异

	组织市场	消费者市场
产品	产品更专业	标准化形式、服务因素重要
价格	多采用招标方式决定	按标价销售
分销渠道	较短、多通过市场直接决定	多通过中间商接触
促销	强调人员销售	强调广告
顾客关系	长久而复杂	较少接触、关系浅
决策过程	多采用群体决策	各人或家庭决策

任务 3.3　熟悉机电产品市场的购买行为

案例 8　某公司业务员推销失败的原因分析

推销员李宾销售一种安装在发电设备上的仪表。他工作非常努力，不辞劳苦地四处奔波，但是收效甚微。你能从他的推销过程找出原因吗？

（1）李宾得悉某发电厂需要仪表，就找到该厂的采购部人员详细介绍产品，并经常请他们共同进餐和娱乐，双方关系相当融洽，采购人员也答应购买，却总是一拖再拖，始终不见付诸行动。李宾很灰心，却不知原因何在。

（2）在一次推销中，李宾向发电厂的技术人员介绍说，这是一种新发明的先进仪表。技术人员请他提供详细技术资料并与现有同类产品做一个对比。可是他所带资料不全，只是根据记忆大致做了介绍，而且他对现有同类产品和竞争者的情况也不太清楚。

（3）李宾向发电厂的采购部经理介绍现有的各种仪表，采购部经理认为都不太适合本厂使用，说如果能在性能方面做一些小的改进就有可能购买。但是李宾反复强调本厂的仪表性能优异，认为对方提出的问题无关紧要，劝说对方立刻购买。

（4）某发电厂是李宾所在公司的长期顾客，需购仪表时就直接发传真通知送货。该发电厂原先由别的推销员负责销售业务，后来转由李宾负责。李宾接手后采用许多办法与该公司的采购人员和技术人员建立了密切关系。一次，发电厂的技术人员反映有一台新购的仪表有质量问题，要求给予调换。李宾当时正在忙于与另一个重要的顾客洽谈业务，拖了几天才处理这件事情。他认为凭着双方的密切关系，发电厂的技术人员不会介意。可是那家发电厂以后购买仪表时，又转向了其他供应商。

（5）李宾去一家小型发电厂推销一种受到较多用户欢迎的优质高价仪表，可是说破了嘴皮，对方依然不为所动。

（6）某发电厂同时购买了李宾公司的仪表和另一品牌的仪表，技术人员、采购人员和使用人员在使用两年以后对两种品牌进行了绩效评价，列举事实说明李宾公司的仪表耐用性不如那个竞争性品牌。李宾听后认为事实如此，无话可说，听凭该发电厂终止了与本公司的生意关系而转向竞争者购买仪表。

案例解读：

（1）许多产业用品的购买决策者是工厂的工程师、总工程师等技术人员，采购部门的职责只是根据技术人员的购买决策购买产品。也就是说，他们只是购买者而非决策者。

（2）制造商市场的采购人员大都具有丰富的专业知识，供应方应当提供详细的技术资料，说明本企业产品优于同类产品之处。

（3）推销员应当经常与顾客沟通，重视顾客对产品的品种规格、性能、质量等方面的要求，及时向公司反馈，并且在可能情况下按照顾客要求予以改进。

（4）被列入直接重购名单的供应商应当保持产品的质量和服务质量，提高买方的满意程度，否则买方将重新选择供应商。

（5）该发电厂资金有限，其经营目标是总成本降低，因此它只愿意购买低价实用的仪表。李宾因为没有事先了解该厂的经营目标而碰了壁。

（6）推销员必须关注该产品的使用者和购买者在绩效评价中是否使用同一标准。李宾所在公司的仪表功能多，结构复杂，易于损坏；而竞争性品牌的功能少，结构简单，不易损坏。该发电厂在绩效评价中未注意到这个差别，得出的结论有片面性。李宾未认识到该发电厂在绩效评价中使用了不同标准，使本公司产品蒙受“委屈”并丧失了销售机会。

机电产品市场在购买决策方面的参与者较多，尤其是在一些重要项目中更是如此。这些参与者代表不同的部门，所应用的决策标准也不尽相同。采购人员必须遵守其组织所制定的各种政策、规定和要求。制造商（企业）应用的采购工具，如报价、建议书、购买合同等都是一般消费者在采购过程中鲜见的。

3.3.1　机电产品市场的购买行为

1. 机电产品市场的购买类型

1）新购

新购是指购买者首次购买某种产品或服务。由于是第一次购买，购买者没有以前的经验作基础，购买具有不确定性和风险性，所以在购买决策前，购买者需要花费很多的精力去收集大量的信息。新购花费的成本越高，风险就越大。新购是所有供应商的机会，因此供应商要采取措施，影响能够做出新购决策的中心人物，争取获得新购订单。

2）修正重购

修正重购是指购买者由于想改变产品的规格、价格、交货条件等购买要素，调整或修订采购方案的购买类型。修正重购比直接重购需要花费更多的时间和精力，通常扩大了采购决策参与者的人数，它主要用于了解购买的需求和潜在的供应商。对于这样的购买类型，原有的供应商要清醒地认识自己所面临的挑战，积极改进产品规格和提高服务质量，大力提高生产率，降低成本，以维护现有的顾客。修正重购名单外的供应商则应把修正重购看成一次机会，积极开拓市场，以获得相应的业务。

3）直接重购

直接重购是一种在供应商、购买对象、购买方式都不变的情况下，购买者购买以前曾经购买过的产品的购买类型。直接重购的采购项目都是企业顾客定期所需的。当供应不足时，买主会按照“供应商名单”再次与同样的供应商续签订单。对于这种类型的采购，名单内的供应商不必重复推销，而应努力使产品的质量和服务保持原有的水平，争取与购买者保持稳定的关系；而对于没有合作关系的“供应商名单”以外的供应商来说，获得销售机会的可能性极小，但他们可以通过提供新产品或开展某种令人满意的服务，努力促使购买者转移或部分转移购买。

不同购买决策类型对应的时间、供应商数量和购买决策的复杂程度是不同的，具体如表 3-2 所示。

表 3-2　制造商购买决策类型

购买决策类型	复 杂 程 度	时　　间	供应商数量
直接重购	简单	短	一个
修正重购	中等	中等	少
新购	复杂	长	多

2. 机电产品市场的购买对象

1）设备

设备往往决定了一个制造商的生产和制造规模。设备一般分为轻型设备和重型设备。轻型设备一般是标准设备，其成本相对较低，价格、运送、售后服务是影响其购买的重要因素。制造商一般利用各种经销商销售此类产品。重型设备一般需要按照用户的特殊需求单独设计，属于非标准产品，用户比较关注此类产品的制造商的设计能力。

2）系统

系统是指复杂、多功能的资产性商品，如生产系统、控制系统、液压气动系统、通信系统等。系统能提高效率，增进生产的灵活性及改进产品和服务的质量。

由于系统具有成本高、技术复杂、一般按用户特殊要求进行单独设计的特点，所以对系统的购买多通过谈判的方式进行。买卖双方人员的接触是多层次的，既有卖方营销人员与买方工程技术人员之间的沟通，又有卖方设计人员与买方工程技术人员之间的接触。买方更注重卖方的设计能力、系统的稳定性及设计的合理性。

3）零部件

零部件是指直接组装进入产品内或略做加工后进入产品的部件，如齿轮、液压与气动元件、标准件、发动机、变速器等。零部件具有易损耗的特点，有些零部件还比较复杂，具有较高的技术含量。这就是零部件受到制造商和使用者重视的原因。

4）辅助材料

辅助材料是指易耗品，或维护、修理、使用产品时的辅助产品，如焊条、润滑油、研磨剂等。辅助材料一般具有成本低、采购频率高、容易在生产和使用中消耗等特点。由于很多辅助材料是无差异的，所以其价格是买方关注的重点。

5）工业服务

工业服务是指为销售而进行的活动，以使用户在购买中得到利益和满足，如购买数控加工中心后的操作人员培训，购买 PLC 后的编程人员培训。如果制造商在定价时将服务连同产品一起提供给用户，则应该让用户清楚了解产品的真正价值，只有这样才能保证由于附加服务而提高了价格的产品更具有竞争力。

3. 购买行为的特点

1）购买过程的特点

购买过程的特点：供求谈判时间长；购买次数少；产品服务要求高；产品质量和供货时间有特殊要求；制造商（企业）购买决策复杂。

2）购买行为的特点

购买行为的特点：购买目的性强；购买理智性强；购买组织复杂；参与购买决策者多；购买影响因素多（制造商购买机电产品时受当时的经济环境、技术环境、政治环境、竞争环境等影响）。

4. 影响机电产品市场购买行为的主要因素

1）环境因素

环境因素主要是指一些宏观环境因素，包括市场需求水平、经济环境、技术环境、政治法律环境和文化环境等，其中经济环境是最主要的。当经济不景气时，投资就会缩减，制造商就会减少采购，压缩零部件的备件库存；当经济前景颇佳时，制造商为了赶订单，就会增加采购，加大零部件的备件库存。

2）组织因素

组织因素是指机电企业自身的有关因素，包括营销目标、采购政策、工作程序、组织结构和管理机制等。营销人员应了解生产企业内部的采购部门在企业中的地位，即它是一般的参谋部门，还是专业职能部门；了解参加购买决策过程的人员构成，购买决策权是集中决定还是分散决定，采购者的购买活动受到的具体约束等（如购买金额超过一定限度是否要经过上级部门的审批，每种产品是否至少向两个供应商采购等）。这些组织因素都将不同程度地影响制造商（企业）的购买行为。营销人员只有对这些问题做到心中有数，才能使自己的营销工作有的放矢，达到应有的效果。

3）人际因素

通常机电企业的设备购买决定是由公司各个部门和各个不同层次的人员组成的“采购中心”做出的。企业内部的人际关系，包括采购中心不同角色的职权、地位、态度、利益及他们相互之间的关系对购买决策都有较大影响。营销人员必须了解购买决策主要由谁做出、他们的决策方式和评价标准如何，以及采购中心成员间相互影响的程度等，以便采取有效的营销措施，促使顾客做出购买决策。

4）个人因素

制造商的购买行为虽是理性活动，但做出购买决策的仍然是具体的人。参与购买决策的个人，在购买决策中又不可避免地受其年龄、收入、受教育程度、职位和个人特性等影响。因此，营销人员应了解具体决策的参加者，而不应当笼统地将其看成一个企业，以便采取因人而异的营销措施。

影响制造商（企业）市场购买过程的因素如图 3-5 所示。

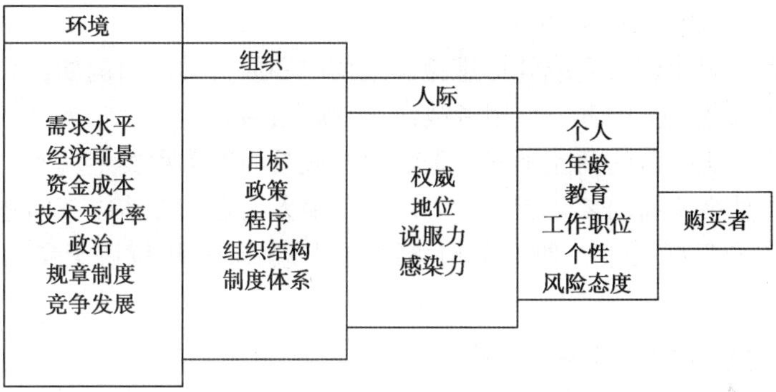

图 3-5　影响制造商（企业）市场购买过程的因素

3.3.2　制造商（企业）市场购买行为的分析

1. 制造商（企业）市场购买过程的参与者

到底由谁来购买制造商（企业）所需的价值巨大的商品和劳务呢？在直接重购和修正重购中，采购代理人的影响作用最大，而在新购过程中，其他部门的人员将更具影响力。在进行产品的选择决策时，通常工程技术人员的影响最具效力，但采购代理人却控制着选择供应商的决策权。这就说明，在新购中，产业营销人员必须首先向工程技术人员通报产品信息，而在采购与供应商选择时期，则应主要由采购代理人进行联系。

各企业的采购组织不同，小企业只有几个采购人员，大公司却有很大的采购部门，并由一位副总裁主管。有些公司的采购经理有权决定采购什么规格的产品、由谁供应，而有些公司的采购经理只负责把订货单交给供应商。通常，采购经理只对小量或小额的机电产品有决策权，至于主要设备或金额较大的产品采购，采购经理只能按决策者或招投标小组的意见办事。企业的“采购中心”一般由下列五种人组成。

1）使用者

使用者是指那些将要使用产品的人。在多数情况下，使用者首先提出购买建议，并协助决定产品价格。

2）影响者

影响者是指那些影响购买决策的人。他们可协助决定产品规格，并提供活动所需的评价信息。技术人员是特别重要的影响者。

3）采购者

采购者是指有正式的权利来选择供应商并商定购买条件的人。采购者对产品规格的决定有一定辅助作用，但他们最主要的职能是选择供应商及和供应商进行谈判。在许多复杂的购买活动中，甚至有高层次的经理充当购买者参与谈判的情况。

4）决定者

决定者是指那些有权决定产品需求及供应商的人。在通常的采购工作中，采购者就是决定者；而在复杂的采购工作中，决定者通常是公司主管。

5）控制者（把门者、信息控制者）

控制者是指有权阻止销售商或其信息流向采购中心成员的人。例如，采购代理商、技术人员、秘书等都可以阻止推销者与使用者或决策者的联系。

在任何组织内，所采购的商品不同，采购中心成员的数量和类型就不同。购买一台计算机要比购买一个文件夹所需的参与者更多。产业营销人员必须弄清以下问题：谁是主要的决策参与者？他们影响哪些决策？他们影响决策的程度如何？每位决策参与者使用什么样的评价标准？

2. 制造商（企业）的购买决策过程

制造商（企业）做出购买决策的过程有八个阶段：提出需要、确定需要、说明需要、寻找供应商、征求供应建议书、选择供应商、签订订单和绩效评价。在直接重购这种最简单的购买情况下，购买过程的阶段较少；在修正重购的情况下，购买过程的阶段少一些；而在新购这种最复杂的情况下，购买过程的阶段最多，一般要经历八个阶段。

1）提出需要

生产企业内部的某些成员认识到要购买某种产品，以满足某种需要，这是购买决策的开始。需要的提出，既可能出于企业内部的原因，也可以是受到外部的刺激。内部原因：制造商（企业）决定生产新产品，需要采购新的设备和原材料；原有的供应商的价格、技术指标和售后服务不能令人满意，制造商希望能够寻求替代的供应商；一些机器发生故障或损坏报废，需要购买某些零部件或新的机器设备等。外部刺激有产品广告、产品展览会，或采购者发现了市场上质量更好、价格更低的产品等。

2）确定需要

需要提出后，采购者就要确定所需项目的总特征和需要的数量。对于标准或常规项目的采购，一般都由采购者直接决定；而对于复杂项目的采购，则应由使用者和工程技术人员及相关负责人共同决定。确定需要包括确定需要产品的种类、特征和数量。

3）说明需要

总体需要确定后，还要由专业技术人员对所需产品的规格、型号、功能等技术指标进行具体分析，并做出详细说明，供采购者参考。对于供应商来说，它也要向其产品的潜在购买者说明其产品的良好特性和规格、型号。供应商的营销人员尽早地介入制造商的购买决策过程，并且通过与有关人员的充分交流来使其做出的购买决策朝着有利于自身的方向发展是至关重要的。

4）寻找供应商

采购者根据产品规格要求，通过各种途径，如采购档案、其他部门的信息和采购指南、广告、推销员的电话访问和亲自访问等，寻找服务周到、产品质量高、声誉好的供应商。为此，供应商应通过各种方式，努力提高企业在市场上的知名度，以争取进入采购者的备选范围。

5）征求供应建议书

如果购买的产品不需要较高的信息量，则“寻找供应商”和“征求供应建议书”两个阶段会同时发生。当所购买的产品很复杂时，就存在许多经济、交易和技术上的问题。此时，购买者会邀请供应商提交供应建议书，并对他们的建议进行分析评价。对经过筛选后留下的供应商，购买者会要求他们写出正式的产品说明。因此，供应商的营销人员必须擅长调查研究、撰写报告等工作。

阅读材料 3　施乐的供应商队伍

施乐公司要求其供应商必须通过 ISO 9000 质量标准。为了赢得施乐公司的最高授权——施乐供应商证书，供应商首先要通过“施乐跨国供应商质量调查”。这个调查要求供应商提交一个质量保证手册，其内容包括不断改进原则和对有效改进系统的论证。当供应商被审查合格后，它必须参加“施乐供应商连续参与”过程，这时，施乐公司和供应商将一起工作以创立对质量、成本、交货时间和处理能力的标准。最后，供应商必须进行严格的质量培训，并通过与美国马尔科姆·鲍德里奇国家质量奖相同的标准。全世界只有 176 家供应商达到了施乐供应商证书 95%的要求，也就不足为奇了。

6）选择供应商

在收到多个供应商的有关资料后，采购者将根据资料选择比较满意的供应商。在选择供应商时，采购者考虑的主要因素包括产品质量、性能、产量、技术能力、产品价格、企业信誉与历史背景、服务、交货能力及企业的地理位置等，各因素的重要性随着购买类型的不同而不同。在最后确定供应商之前，采购者有时还要和供应商面谈，以争取更优惠的条件。采购者选择供应商的数量一般为 2～3 家。

7）签订订单

当供应商选定后，采购者便向他们发出正式的订货单，其中应包括所需产品的规格、数量、付款方式、交货日期与地点、退货、保修、运输及保证等方面的内容。对于复杂的采购项目，需要考虑保养、维护和技术服务等内容。采购人员越来越多地倾向于签订长期合同以代替短期购买订单。

8）绩效评价

产品购进后，制造商（企业）会在使用中了解所购买的产品是否起到了应有的作用，以此来确定合同履行情况的评价，并成为再采购、修改或取消与对方合作的依据。这一过程不仅仅涉及采购部门，也涉及营销、生产部门。

机电产品的购买过程如图3-6所示。

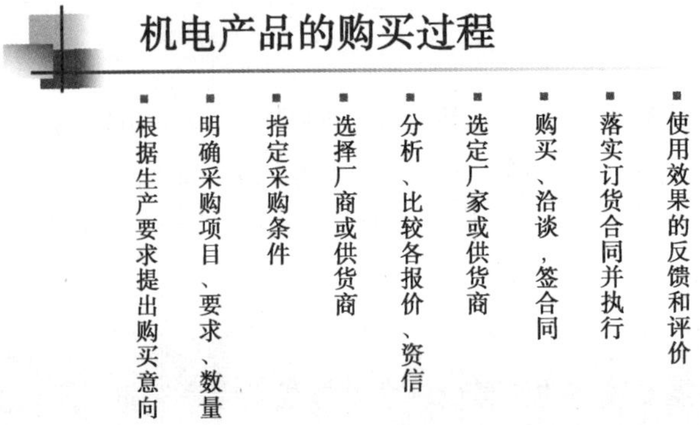

图3-6　机电产品的购买过程

制造商购买决策的八个阶段并非适用于所有购买类型，应根据不同类型的采购业务和决策进行取舍。一般来说，上述过程主要适用于新购，对其他类型的购买可省去其中的某些步骤，如表3-3所示。

表3-3　不同购买行为情况下的购买过程

购买类型 / 购买阶段	新　购	修正重购	直接重购
（1）提出需要	需要	可能需要	不需要
（2）确定需要	需要	可能需要	不需要
（3）说明需要	需要	需要	需要
（4）寻找供应商	需要	可能需要	不需要
（5）征求供应建议书	需要	可能需要	不需要
（6）选择供应商	需要	可能需要	不需要
（7）签订订单	需要	需要	需要
（8）绩效评价	需要	需要	需要

阅读材料4　采购组织的发展趋势

机电企业的营销人员应当意识到，采购组织有如下发展趋势。

（1）采购部门升级。尽管采购部门控制着公司半数以上的费用，但就管理层次而言，它们所处的地位很低。近年来由于竞争的加剧，许多公司都提高了采购部门的级别，将采购部门的领导任命为主要管理者之一。这样，采购部门的主要职能已经从以前流行的以最低成本购买材料，演变成现在的“采办部门”，即其任务是从少而优的供应商那里采购价值最高的材料。一些跨国公司已经专门将采购部门升级为“战略原料部门”，负责从全球采购资源并与其他战略伙伴进行合作。在卡特比勒公司，一些不同的职能部门（如采购部门、存货控制部门、生产计划部门、交通部门）已经合并成一个高级部门。还有不少公司都在高薪招揽最优秀的采购人员。这意味着产业营销人员将相应地提高级别，从而与产业采购者的能力相匹配。

（2）集中采购。在设有多个事业部的公司里，由于各部门所需各异，所以采购权通常由各部门分别行使。近年来，许多公司开始把部分采购权集中起来，由总部确定各部门所需的原材料，然后统一集中采购，这样公司可因此节省大量费用。当然，如果各部门有更好的采购途径，也可以分别进行。但是总的来说，对于产业营销人员来说，这种变化意味着与他们打交道的采购人员减少了，但其级别更高了。

（3）长期合同。产业采购者越来越乐于与可信赖的供应商签订长期合同。制造商们倾向于在他们的工厂附近选择少数能够提供优质产品的供应商。除此之外，产业营销人员也可向顾客提供电子订货自动转换系统，顾客只要把订单直接输入计算机，订单就可以自动输送给供应商。

（4）采购绩效评估。越来越多的公司设立了奖励制度，以奖励采购绩效卓著的采购经理人员。这种办法类似于推销人员因销售业绩突出而获得奖金。这种制度将引导产业采购者为争取最佳交易条件向卖方施加更大的压力。

3.3.3　中间商市场购买行为的分析

中间商市场也称为转卖者市场，由购买是为了直接转卖而赢利的买主组成。中间商市场的顾客，主要是各种商业中间商（买卖中间商）和代理中间商。它们介于制造商（企业）和消费者、用户之间，是商品流通的中介，由此获取赢利。

中间商用户的需求，主要也是消费者市场引申或派生的需求，且多带有组织购买的性质，与制造商（企业）市场有较多的相似特征。

1. 中间商市场的特点

（1）衍生需求与原生需求的一致性。中间商对商品的需求是衍生需求，但中间商购买是为了直接转卖。因此，中间商的需求和制造商的需求是一致的、统一的。

（2）以“好卖”作为主要购买的决策标准。制造商的购买关注的是产品质量、技术参数及适销对路，而中间商只关心购买的商品是否“好卖”。它们关心商品的质量与款式也是从是否“好卖”的角度来考虑的。

（3）时间、地点的限制性强。中间商主要负责产品的物流配送、信息传递、供需对接。中间商市场需求的时间应该与原始需求的时间保持某种一致性，以避免库存积压和失去时效；中间商所在地点与所购商品的原生市场区域相一致，因为它们的专卖对象主要是本地或附近地区的某些顾客。

（4）购买时要求产品花色品种丰富、齐全、配套，只有这样才能使顾客有广泛的选择性，并且增强吸引力，扩大营业额。一般中间商同时与多个供应商保持业务关系，以保持产品花色品种的齐全。

（5）购买者地区分布的规律性强。中间商市场的购买者，其数目多于制造商而少于消费者，其地理位置分布也比制造商分散而比消费者集中。需要注意的是，这些购买者的地域分布很有规律。

（6）中间商需要供应商提供配合和协助。中间商往往因为财力等因素无法对各种产品进行推广，常常需要生产厂家协助其做产品推广，帮助其销售。另外，中间商因为不制造产品，对产品技术不擅长，所以一般需要供应商协助其为用户提供技术服务、产品维修服务和退货服务。

2. 中间商市场的购买类型

1）新产品采购

新产品采购是指中间商对是否购进及向谁购进以前未经营过的某一新产品做出决策，即首先考虑“买”与“不买”，其次考虑“向谁购买”。

2）最佳供应商选择

最佳供应商选择是指中间商已经确定需要购进的产品，正在寻找最合适的供应商。这种购买一般是因为各种品牌货源充裕或中间商打算自创品牌销售产品，选择愿意为自己定制品牌产品的生产企业。

3）改善交易条件的采购

改善交易条件的采购是指中间商希望现有供应商在原交易条件上再做一些让步，使自己得到更多利益。如果同类产品的供应商增多或其他供应商提出了更有诱惑力的价格或条件，中间商就会要求现有供应商加大折扣、给予优惠信贷等。

4）直接重购

直接重购是指中间商的采购部门按照过去的订货目录和交易条件继续向原先的供应商购买产品。中间商会对以往供应商进行评估，选择满意的作为直接重购的供应商。

3. 中间商市场购买过程的参与者

在中间商市场，实际沟通制造商（生产者）和中间商关系的，是中间商内部那些决定购买和实施购买的人员及组织。他们同样形成了“采购中心”，并在不同程度上直接左右着制造商的命运。中、小批发商和零售商一般不配备专职采购人员，选择与采购通常是由店主（经理）承担，或者由熟悉业务的员工负责，他们同时兼做其他工作；较大的批发商、零售商，其采购成为专门职能，对其采购人员设有专职岗位。

阅读材料 5　机电产品市场营销的技巧

（1）了解你的顾客如何经营他们的业务。

（2）展示你的物品和服务如何适合顾客的业务。

（3）确认你的销售眼前会获益。

（4）了解顾客如何采购，使你的销售适合他们的采购过程。

（5）在销售过程中，应与顾客一方中参与采购决策的每个人进行接触。

（6）与每个决策者就其最关心的信息进行交流。

（7）成为你的顾客愿意与之建立关系的人或公司。

（8）确保你所做的每件事情都与你所选定的质量、服务、价格和性能相一致。

（9）了解竞争对手的优势和劣势。

（10）努力发挥你的优势。

（11）训练你的工作人员，使他们了解你的公司及你的顾客各方面的业务情况。

（12）掌握一个既符合你又符合顾客要求的分销系统。

（13）为你已有的产品开辟新的市场及新的用途。

（14）用顾客服务强化你的产品。

（15）心中明确牢记你的目标。

4. 中间商市场购买决策的内容

1）进货时机决策

进货时机决策是指中间商根据库存水平、市场前景预测、自身财务状况决定是否进货。例如，中间商判断未来半年制造业增长会加速且自身的周转资金比较多，这时中间商会抓住时机补充机加工设备方面的库存。

2）配货决策

配货决策是指中间商所经销产品的花色品种，即中间商的产品组合。它直接影响中间商的供应商组合、营销组合和用户组合。通常有四种组合供中间商选择：一是单一组合，只经销某一制造商的产品；二是深度组合，经销许多厂家生产的同类产品；三是广度组合，经销多种系列的相关产品；四是混杂组合，经销多种系列彼此无关的产品。

3）供应商组合决策

供应商组合决策是指决定与中间商从事交换活动的各有关供应商。中间商将要购买的品种确定以后，往往需要挑选合适的供应商，确定从什么供应商那里进货。中间商会在众多的供应商中选择最优者。

4）供货条件决策

供货条件决策是指确定具体采购时所需要的价格、交货期、相关服务及其他交易条件。中间商总是试图争取更为有利的条件。

5. 影响中间商市场购买行为的主要因素

（1）产品适销对路与否：市场前景看好，消费者及用户欢迎的品牌是中间商求购的对象。

（2）产品的预期收益和利润率较高。

（3）能够得到供应商的促销支持。

（4）与自己的市场定位一致或接近。

（5）供应商具有良好的商誉和形象。

（6）不同的购买风格：

① 忠实采购者；

② 随机型采购者；

③ 最佳交易采购者；

④ 创造性采购者；

⑤ 追求广告支持的采购者；

⑥ 斤斤计较的采购者；

⑦ 琐碎的采购者。

3.3.4 政府市场购买行为的分析

无论哪个国家，政府购买总是国家财政支出的一大组成部分，特别是在宏观经济不景气时，政府常常用增加政府购买开支的手段来达到启动经济的目的。因此，政府对企业来讲，实际上也形成了一个独特的市场——政府市场。政府购买品种繁杂，数量极大，如政府购买轰炸机、雕塑品、黑板、家具、卫生设备、衣服、材料搬运设备、灭火机、汽车设备及燃料等。政府常常会直接发布需求信息，作为供应商必须学会了解政府采购信息的发布渠道。

1. 政府市场的构成

政府市场由各级政府的采购者构成。在我国，无论是中央政府还是地方政府，一般都有政府自己的采购单位——各级办公厅、办公室和后勤办事处，当然还包括一些专门的采购机构。政府采购通常包括一般物资和军用物资两部分。一般物资（如车辆、办公室设备、办公消耗用品等）主要是为保证政府部门的日常运转而购买的，由各级政府及其下属部门的办公部门和后勤物资部门负责采购；军用物资（如军用食品、电子产品、军械等）则通常由中央军委与国防部及其下属机构的专设部门负责采购。

阅读材料 6　中国政府采购工作统计

2004 年，中国实施政府采购预算为 2 406.9 亿元，实际采购规模为 2 135.7 亿元，节约资金 271.2 亿元，采购规模比上一年同期增长 29%。2004 年的全国政府采购规模占当年财政支出的 8%，比上一年同比增长 1.3%；占当年全国 GDP 的 2%，比上一年同比增长 0.6%。

2005 年，中国实施政府采购预算为 3 307.8 亿元，实际采购规模为 2 927.6 亿元，节约资金 380.2 亿元，采购规模比上年同期增长 37.1%。2005 年的全国政府采购规模占当年财政支出的 8.7%，占当年全国 GDP 的 1.6%。

2006 年，中国实施政府采购预算为 4 122.2 亿元，实际采购规模为 3 681.6 亿元，节约资金 440.6 亿元，采购规模比上一年同期增长 25.8%。2006 年的全国政府采购规模占当年财政支出的 14.9%，比上一年同比增长 6.2%；占当年全国 GDP 的 1.8%，比上一年同比增长 0.2%。

2011 年，我国政府全年采购总资金突破 10 000 亿元，占全国财政支出的 10%，为国家节约资金 1 500 亿元。

2012—2015 年我国政府采购规模占财政支出及 GDP 的比重来看一直稳定在 11%和 3%左右, 2015 年，全国政府采购规模为 21 070.5 亿元，首次突破 2 万亿元。比上年增加 3 765.2 亿元，增长 21.8%。

2. 影响政府采购的主要因素

政府采购人员也受环境、组织、人际和个人等因素的影响，但特殊的是政府采购更受公众的监视。

首先是各国议会的监督，如中国的全国人民代表大会、美国的国会等。许多人大代表和议员的职责就是揭露政府的浪费、监督政府的开支。

其次是财政预算的制约。政府开支一般都作为财政预算的重要项目由议会审定通过，一旦确定便具有法律效应，不能随意改变。

最后是政府的自我监督。在中国，政府开支的许多项目属于“社会集团购买”，在反腐倡廉和宏观紧缩的形势下，中央规定对社会集团购买采取限额审批、严格管理，各级政府只有相应的一定限额的审批权力，重大项目的购买必须由国务院审批。由于政府购买必须让公众知晓，所以它涉及许多文书作业和表格填写，要进行层层审批。

另外，政府采购还受其他因素的影响，如各地遭遇的自然灾害损失会增加政府对救灾物品的采购规模。

3. 政府采购方式

政府采购方式通常分为两种，即公开招标和协议合同。

公开招标是指政府采购办事处邀请合格的供应商对政府所购产品或服务进行投标，政府一般选择出价最低者。例如，中国政府的大型公共工程项目一般就是通过国内外招标来确定供应商的。

在协议合同的采购中，政府采购办事处会与几家供应商接触，就采购项目和交易条件与其中一家企业进行直接谈判。这种采购类型主要发生在有关复杂项目的交易中，涉及巨大的研究与开发费用及风险，或者发生在缺乏有效竞争的产品市场中。

任务 3.4　熟悉机电产品营销的步骤

案例 9　针对不同顾客采取的营销策略

根据顾客的行为模式，可以把顾客分为四种类型：要求型、影响型、稳定型、恭顺型。以下分别介绍针对这四种类型顾客采取的策略。

1）要求型顾客

在要求型顾客的言谈中，其爱好溢于言表。他们对自己的身份很敏感，购买商品时，他们一般挑最好的。他们喜欢与了解他们、坚持且自信的人打交道。因此，在与他们打交道时，握手一定要有力，眼睛正面注视他们，身体稍微靠前，保持应有的距离；嗓音洪亮、口齿清楚；讲话时要自信、直接、节奏要快；有所准备，编排有序；抓住主要问题；提供的事实有逻辑性；注重事实。

2）影响型顾客

影响型顾客健谈，热情洋溢，富有魅力。他们非常乐观，有说服力，有鼓舞性，对人非常信任，与人谈话时脸上总是带着微笑。因此，在与他们打交道时，要面带微笑，站或坐得离他们近一点；与他们通话时，也应把你的微笑通过你的话语和语调传递过去；言语间要显示出友好、热情、精力充沛、有说服力；语调要有高低变化，语言要生动，富有色彩；行动也要快速，可以借用手势；交谈中要给他们充分的时间，让他们畅谈自己的想法。

3）稳定型顾客

稳定型顾客比较随和，有耐心、逻辑性和条理性，他们讨厌变化，一般比较忠诚，乐于为他人服务。站在他们面前时，姿势要放松，身体靠后，不要轻易采取行动；手势的幅度要小，要创造一种安静的气氛；语调要温和、镇定、平静，音量要低，语速要慢，显得略有所思。

4）恭顺型顾客

恭顺型顾客为完善主义者，他们希望一切都是精确的、有条理的、准确无误的。他们天性认真，做事讲究谋略。为他们服务时，不要有任何的身体接触，也不要靠他们太近；眼睛对视，少用或不用手势；站立时，你的身体重心要放在脚后跟；语调要有所控制，不要起伏太大；讲话要直接而简洁，讲话的速度要慢且要考虑他们的需要；所做出的行动要经过深思熟虑。

作为一名合格的客服人员，要针对不同的顾客采用不同的方式，越是为顾客着想，就越能相互理解，顾客也就越满意。

机电产品的顾客采购有单笔金额大、参与决策人多、决策时间长、决策过程复杂的特点。机电产品顾客采购有固定的流程，一般可分为六大步骤：①内部需求和立项；②对供应商初步调查、筛选；③制定采购指标；④招标、评标；⑤购买承诺；⑥安装实施。尽管机电产品营销面向的采购对象特点不一，难以形成统一的营销模式，但是根据机电产品市场的共性还是可以归纳出机电产品营销的基本模式。

由于顾客在采购流程中的不同阶段所关心的侧重点不同，所以销售人员需要针对顾客采购的六大步骤，形成一一对应的销售流程的六个阶段：①开发阶段——收集顾客信息和评估；②销售进入阶段——厘清顾客组织和角色，与关键人物建立良好关系；③提案阶段——影响顾客采购标准，提供解决方案；④投标阶段；⑤商务谈判阶段；⑥工程实施阶段。

上述机电产品销售流程的实质就是：销售人员通过对顾客开发、销售进入、提案、投标、商务谈判和工程实施每个阶段的主要工作内容的实施和关键点的控制，依次推进到下个销售流程，最终达到成功获得订单的目的。

在销售流程的每个阶段，影响销售流程向前发展的里程碑式事件（如商务谈判阶段的双方合同的签订）就是关键点。如果没有达到设定的关键点，销售进程将无法进入下一个阶段，即使强行进入下一个阶段，其项目成功的概率也将大大降低。例如，顾客需要个性化解决方案、非标准的产品时，销售人员进入项目越早，成功的概率越大。

3.4.1 开发阶段

开发市场是机电产品生产企业营销活动最重要的环节，是实现机电产品进入市场的“惊险的一跳”的关键。

当目标市场确定后，顾客群的寻找就成为必须做的工作。顾客寻找的过程也是顾客归类和评价的过程，只有按照企业的要求筛选出合适的顾客，后面的销售工作展开才能顺利进行。

1）顾客线索寻找

在顾客的项目立项前，及时掌握顾客可能的项目信息将为下面的工作打下基础。顾客线索一般是从行业杂志广告、行业展销会、行业协会、电信黄页及有特殊关系的人中发现的。

2）判断顾客级别，评估销售机会

不是所有项目都有销售机会，有些项目有资金的风险，有些项目很小不值得跟进和投资，有些项目的技术要求无法达到。所以首先需要收集与拟进入项目有关的资料信息，如项目等级、资金状况、技术要求、顾客关系、顾客信誉等，以及与竞争有关的因素，如产品、价格、技术方案、售货服务等，在事先建立好的评估模型中进行评估。

评估通过的，准备进入下一销售阶段；没有通过的，考虑放弃或降低接触级别。其次由于不同顾客对解决问题的紧迫性和成交时间存在较大差异，有必要对顾客进行优先排序，按成交可能性大小和时间将顾客区分为 A 级、B 级、C 级、D 级，分清主次，合理调配资源。

A 级顾客：全力以赴，进入销售流程。

B 级顾客：控制投入时间，顾客维护。

C 级顾客：关注变化，顾客维护。

D 级顾客：最后考虑，顾客维护。

课堂讨论

有哪些方法能帮助我们到企业进行上门调查？

3.4.2　销售进入阶段

销售进入阶段需要在对前期获得的项目信息做进一步确认和分析的基础上，厘清机电产品顾客的组织和角色，与关键人建立良好关系。

必要时通过机电产品推销人员的拜访，寻求内线，通过内线了解顾客内部采购的组织结构图，明确顾客的角色与职能分工，确定影响项目采购决策关键人物所占的比重，与关键人建立良好关系。同时由于机电产品项目采购顾客参与人员多，还应与顾客中的其他决策者、技术选型者、使用者保持良好关系，培养支持者并避免反对者。

这一阶段的目标是成为顾客选定的候选供应商。

机电产品市场营销的开展过程就是一个信息传递和收集的过程，只有通过市场营销过程把企业的信息传递给市场，并从市场上收集到有效的顾客信息，才可以促进市场营销策略的制定与实施。

一般而言，机电产品的营销信息主要包括以下内容。

（1）产品信息——名称、规格、型号、精度等级、含量、生产企业。

（2）技术信息——产品说明书、技术说明书、安装说明书、调试说明书、国家认证证书、企业认证证书。

（3）顾客信息——顾客名称、顾客地址、邮政编码、企业主管领导、联系方式、顾客行业采购负责部门、采购负责人、采购联系人、联系电话、传真、E-mail、技术负责人、顾客级别（等级，根据行业地位、年用量、财务信用以及对本公司产品认知度和评价度等指标进行综合评价）、财务负责人。

（4）财务信息——开户行、账号、顾客信用等级、顾客欠款信息、顾客订购数量信息。

（5）订单信息——订单 ID、订单生成时间、订单完成时间、订单结款时间、订单结款额。

课堂讨论

有哪些方法能帮助我们在企业内部发展内线？

阅读材料 7　机电产品营销的关键：选择正确的顾客

小张是天津某生产混凝土和石材的大型切割设备厂的一名销售人员，最近了解到北京某大型建筑承包商承接了一项高速公路改扩建工程，需要用到大型的切割设备，而且极有可能一订就是十几台。小张以前的公司与该承包公司有一些业务上的来往，得到这个消息后小张与该承包公司的采购部门刘经理取得了联系并立刻动身赶往北京。

见面后刘经理倒也还热情，说公司目前正处于供应商调查、初选阶段，有几个切割设备厂已经开始与他们接洽，小张也可以把他们公司的一些资料报过来。小张试探性地问刘经理目前有几家厂家参加竞争，刘经理提到了一个上海企业的名字。小张知道这是一家著名的瑞士工程机械设备制造商，无论是其技术水平还是生产规模在这个行业里都是响当当的，当然他们的价格也是响当当的。因此，小张并没有太多担心，毕竟中国的企业还处于初级阶段，如果产品性能满足要求，顾客通常还是把价格放在第一位的。

在随后与刘经理的交谈中，小张进一步了解到，由于高速公路要在明年年底通车，时间紧、作业面的工程量大，所以初步考虑采购功率在5 000W以上的大型切割设备，采购数量为10台左右。

在了解完顾客的采购进度、预算等情况后，小张与李经理约好下周见面的时间，便匆匆赶回天津的工厂，并立刻向负责销售的副总做了汇报，随后又与生产部门和技术部门做了初步的沟通。生产部门承诺：在顾客规定的时间内别说生产10台，就是20台也问题不大；但技术部门认为工厂从没有生产过5 000W以上的设备，技术上没有把握，就是研发也是需要时间的。

但是一个400万元的订单对小张及其所在的公司来说真是太重要了，岂能轻易放弃，再说自己企业的技术水平和专业程度虽然不如那家瑞士公司，但在国内也是名列前茅的。于是，小张决定继续跟进，决不放弃，也许可以通过某种手段改变顾客的采购标准呢？以前也不是没有成功的案例，刘经理的话也没说死，再说情况还在不断变化着，谁会知道4个月后顾客的想法会不会改变呢？

随后的4个月内，小张放弃了其他顾客，集中精力在这个400万元的订单上。为节省北京和天津来回路途上的时间，小张干脆在该承包公司的附近找了家旅馆住了下来，隔三岔五地往刘经理处跑，其间小张还设法请刘经理和建筑公司领导专门去天津的工厂参观了一回。这一来一去，小张和刘经理也成了无话不谈的朋友，但就是在订单问题上刘经理没有明确的表态，但承诺一定会给他参加投标的机会。

时间过得很快，几个月过去了，这天刘经理通知小张去投标，但小张发现在标书的技术部分明确要求：供应商应具备生产5 000W以上设备的能力和正在实际使用的案例。刘经理解释说这是公司的施工技术部门的要求。投标的结果很快揭晓了，虽然小张的报价要低于瑞士公司，但因无法满足顾客的技术要求而最终落选了。

3.4.3 提案阶段

利用产品或系统解决方案演示、参观公司、了解已使用过产品的示范顾客、体检建议书等形式，对顾客进行影响，使之对自己的工业产品和服务充分了解，并建立竞争优势。影响或参与制定顾客的采购标准，如果销售人员没有在提案阶段影响顾客的采购标准，在下阶段将面临激烈的价格竞争。对顾客主要决策人和关键人进一步展开必要的影响工作。

机电产品推销人员通过有效的咨询，了解顾客的需求，使自己的产品和解决方案恰好能满足顾客的需求而竞争对手不一定能做到；说服顾客以自己公司产品的特点、技术标准作为采购标准；或者以销售人员的专业水平影响和参与制定顾客采购标准，使之对自己的产品有利。这样做的结果能有效地阻止竞争对手，对随后投标阶段的工作将是十分有利的。

本阶段的关键点是影响或参与制定顾客采购标准。

3.4.4　投标阶段

在拜访顾客时要时刻关注设备招标书的发布时间，及时领取招标书，并认真研读，对不清楚的条款一定要找有关人员咨询。领取标书后公司要组织有关人员根据招标书要求，准备招投标文件和招标应答书，同时要注意投标书的保密工作。

顾客是通过投标书判断供应商方案的可行性和合理性的，所以投标书还要能体现自己的方案是最能满足顾客需求的。

在招标会现场主要开展的工作有公司资质及文件演示、商务发言陈述、产品实物模板演示及回答评委提问。如果发现顾客的购买指标确实对自己不利，可以选择退出竞争，或者利用这次机会与其建立关系，等待下次机会。

3.4.5　商务谈判阶段

在投标成功后要及时请本公司高层拜访顾客，与顾客交流。根据招标书和投标书的约定与顾客进行商务谈判，必须围绕顾客采购标准把后续执行涉及的一些细节问题加以安排处理，如产品的详细技术规格、交货时间与地点、违约认定、商务仲裁的机构与地点、售后服务等，待这些细节问题双方达成共识后才能签订供货合同。

3.4.6　工程实施阶段

在工程实施阶段要与用户紧密配合，完全按照双方所签订的合同条款进行安装与调试，以达到顾客的验收条件。在工程实施遇到问题时要充分与顾客沟通，提出解决问题的方法，并得到顾客的认可。工程的顺利实施并投入使用，有利于与顾客建立长期合作关系，为下一步的营销打下坚实的基础。

课堂讨论

有哪些措施能让企业用户帮助我们介绍新顾客？

【经验之谈】　树立典型，以点带面

1．树榜样——持续公关，双赢结盟

“榜样的力量是无穷的”。机电产品顾客集中的特点使得企业更容易利用“榜样顾客”来树立标杆。企业应在重点区域中找重点城市、重点城市中找重点行业、重点行业中找重点顾客，利用“行业样板”来迅速推进机电产品的营销。在找准行业突破点的基础上，打造示范顾客、树立行业亮点将是机电产品营销策略中的一把利刃。

1）如何选择榜样顾客

（1）找区域明星。应选择走在行业发展前列、对区域有一定影响力与辐射力的国家大型机构或区域省级机构，在完成销量突破、赢得稳定顾客的同时，有效提升品牌在行业中的权

威地位，对区域市场实现从上到下的行业引导。

(2) 找大型项目。应选择政府投资的大型项目与形象工程，在甲方、乙方单位中进行突破点切入，进而影响横向的乙方企业机构，争取更多订单。同时，树立产品质量、形象的样板工程，在竞争中增加分量。

(3) 做系统突破。应选择有一定影响、有一定资金实力、思路与时俱进的行业中型顾客，可以通过产品系统应用形成在行业技术、设备上的新突破，并通过推广来影响同行业顾客。

2) 如何树立榜样顾客

(1) 商务、技术公关拿订单。对于圈内的行业榜样顾客信息，要充分利用企业总部与区域分支联合重点跟进，不惜代价拿到订单。这将是树立榜样顾客最关键的一点，只有进得去，才能做得深。要以产品价格、服务等附加值的综合利用为首要任务，要注意跟进的持续性。

(2) 持续跟进再结合做联盟。对于榜样顾客应进行重点服务、重点支持，特别是对企业的决策层与使用层，应利用商务、技术的分层渗透来加强关系与服务，并与榜样顾客结盟，做成样板基地，供区域顾客参观考察，以鲜活的实例增强企业的销售力。

3) 返聘重要人员做顾问指导

榜样顾客中的重要专业人士均在区域行业中具有一定的知名度与权威性，在与顾客合作过程中，可以返聘其为区域的技术顾问与宣传大使，以互惠互利的原则借势推广，增强产品品牌在区域的人气与竞争力。

2．做延伸——顺点延伸，以点带面

机电产品市场的特点决定其更需要一种雪球式的滚动拓展，并通过行业点、榜样点来造势影响市场面，在做好榜样点的同时应迅速展开点到面的延伸。每个顾客都是一个潜力巨大的资源点，应充分挖掘拓展，将资源用足，将销售优势延伸到区域行业的各个层面，这将更有助于企业在区域或行业内的快速启动与市场切入。

1) 以产品延伸形成持续购买面

应重点对购买顾客与老用户进行维系巩固，通过服务与技术沟通挖掘顾客的深层次需求，围绕顾客需求增加其余产品的型号及新产品的购买可能性，形成持续性购买与品牌忠诚度，与销售形成稳定顾客群。

2) 以行业延伸形成行业优势面

应重点对榜样顾客所在的行业进行拓展，采取从上到下或纵向拓展的原则进行需求引导，将已形成的榜样顾客或新的突破形成范例，在行业内传播。可以借助榜样顾客的资源与知名度影响其他潜在顾客，借势提升品牌知名度与美誉度。

3) 以顾客延伸形成资源信息面

应针对形成购买、关系好的顾客团队（决策层、使用层、采购层）进行资源挖掘，挖掘他们的人际关系（同学、朋友、亲人，他们均有可能同属于一个行业），增加机电产品的多元传播通道。

实训检测 4　撰写《某机电产品顾客购买行为分析报告》

1. 任务形式

以小组为单位，小组规模一般为 3～5 人，每小组选举小组长协调小组的各项工作，教师提出必要的指导和建议，组织学生进行经验交流，并针对共性问题在课堂上组织讨论和专门讲解。

2. 任务内容

每组从教师处领取不同的机电产品（备选机电产品：①叉车；②轴承；③机床配件；④钻床；⑤加工中心；⑥机床刀具；⑦液压泵；⑧卧式铣床；⑨PLC 等）进行购买行为分析实训。

各组根据所选产品的顾客购买行为从购买类型、影响因素、参与者、购买决策过程等方面进行深入的调查与分析，小组进行充分讨论，根据分析结果，参照以下样本格式撰写本组的《××产品顾客购买行为分析报告》。

3. 任务考核

每小组由组长代表本组汇报任务完成情况，同学互评，教师点评，然后综合评定各小组本次任务的实训成绩。

具体考核如表 3-4 所示。

表 3-4　顾客购买行为分析任务考核表

考核项目	考核内容	分数	得分
工作态度	按时完成任务	5 分	
	格式符合要求	5 分	
任务内容	产品现状分析正确	10 分	
	品牌竞争分析清晰	5 分	
	用户对现产品评价调查完整	5 分	
	对产品期望的价格、性能与服务分析	5 分	
	影响购买行为的决定因素分析恰当	10 分	
	对产品购买决策过程分析正确	10 分	
	结论符合实际情况	20 分	
团队合作精神	团队较强的凝聚力	5 分	
	同学间有良好的协作精神	5 分	
	同学间有相互的服务意识	5 分	
团队间互评	认为该团队较好地完成了本任务	10 分	

样本

××××（机电产品名称）顾客购买行为分析报告

一、概述

1．调查目的

2．调查说明（时间、方式等）

3．样本描述（被调查企业的类型、规模、主要产品）

二、本产品使用状况分析

1．产品现状分析

2．品牌竞争状况（各品牌市场占有率及地理分布）

3．用户对现用产品的评价（技术规格、性能、购买渠道、服务等）

三、顾客购买行为分析

1．对产品期望的价格、性能与服务

2．影响购买行为的决定因素（价格、性能、服务及其他）

3．获得产品信息的渠道

4．购买决策过程

四、结论

1．产品方面

2．购买行为方面

实训检测5　模拟普通车床等机电产品的销售过程

1）任务形式

以小组为单位，小组规模一般为3～5人，每小组选举小组长协调小组的各项工作，教师提出必要的指导和建议，组织学生进行经验交流，并针对共性问题在课堂上组织讨论和专门讲解。

2）任务内容

每组从教师处领取不同的机电产品（备选机电产品：①齿轮；②轴承；③车刀；④钻床；⑤数控车床；⑥时间继电器；⑦液压泵；⑧卧式铣床；⑨三坐标测量仪等）的购买任务。

由每组组长分配每个人在销售中的模拟角色，要求掌握角色的岗位职责。

记录本组的购买过程：为什么要购买某一品牌的产品，如何购买的，怎么达成交易的，有什么感受，找出决定购买最关键的因素。

小组讨论，初步制定本组所购机电产品的促销方法。

3）任务考核

每小组由组长代表本组汇报任务完成情况，同学互评，教师点评，然后综合评定各小组本次任务的实训成绩。

具体考核如表 3-5 所示。

表 3-5　销售过程角色分工任务考核表

考核项目	考核内容	分数	得分
工作态度	按时完成任务	5 分	
	格式符合要求	5 分	
任务内容	销售角色分配合适	10 分	
	各角色职责清晰	10 分	
	谈判过程无过错	15 分	
	交易条件合理	10 分	
	制定本组所购机电产品的促销方法	20 分	
团队合作精神	团队有较强的凝聚力	5 分	
	同学间有良好的协作精神	5 分	
	同学间有相互的服务意识	5 分	
团队间互评	认为该团队较好地完成了本任务	10 分	

课后练习 3

1. 填空题

（1）营销环境特征主要有________、________、________、________、________和________。

（2）影响机电产品微观营销的因素有________、________、________、________和________。

（3）影响机电产品宏观营销的因素有________、________、________、________、________和________。

（4）机电产品市场的购买类型有________、________和________。

（5）机电产品市场的购买对象主要是________、________、________和________。

（6）制造商（企业）市场购买过程的参与者主要有________、________、________、________和信息控制者。

（7）中间商购买的类型有 ________、________、________和________。

2. 思考题

（1）什么是 SWOT 分析法？

（2）机电产品市场与消费品市场的用户的主要差异有哪些？

（3）机电产品市场购买类型有哪些？影响其购买行为的主要因素有哪些？

（4）简述制造商购买机电产品的决策过程。

（5）中间商市场的特点是什么？影响中间商购买行为的因素有哪些？

（6）简单阐述机电产品市场营销各步骤的核心内容。

第4单元 机电产品的开发与品牌

学习目标

1. 理解机电产品的整体概念，并能够运用产品生命周期的产品策略。

2. 具备制定机电新产品开发策略的能力。

3. 初步了解培育机电产品品牌的方法。

4. 具备运用机电产品售后服务产品策略的能力。

引例 4　通用公司的制砂机产品策略

企业在其产品营销战略确定后，在实施中所采取的一系列有关产品本身的具体营销策略主要包括商标、品牌、包装、产品组合、产品生命周期等方面。通用公司自建厂投入生产至今，一直严格按照行业及国家相关规定生产经营，努力打造企业品牌，树立企业形象，关注包装配套设施等细节问题。

通用公司产品——制砂机的独特之处：

（1）结构简单合理，自击式破碎，拥有超低的使用费用；

（2）独特的轴承安装与先进的主轴设计，使本机具有重负荷和高速旋转的特点；

（3）具有细碎、粗磨功能；

（4）可靠性高、安全保障装置严密，保证设备及其人身安全；

（5）运转平稳、工作噪声小、高效节能、破碎效率高；

（6）受物料水分含量的影响小，含水量可达 8%；

（7）易损件损耗低，所有易损件均采用国内外优质的耐磨材料，使用寿命长。

引例解读：产品策略是企业为了在激烈的市场竞争中获得优势，在生产、销售产品时所运用的一系列措施和手段，包括新产品开发策略、品牌策略及产品的生命周期运用策略等。

任务 4.1　机电产品的生命周期运用策略

案例 10　佳能公司复印机产品的开发

日本企业在改进产品方面提供了许多成功案例。复印机的发明者并非日本人，但复印机的许多改进却出自日本公司之手。佳能公司几十年来所推出的一系列产品可以说明在产品成熟阶段增强产品竞争力的进程。

20 世纪 60 年代，佳能公司开发出了一种带有绝缘层的复印机滚筒，它可以用更为敏感的感光材料来完成复印工作，这使得佳能公司完全摆脱了施乐公司的模式，也为成熟阶段的复印机市场开拓了销路。

20 世纪 70 年代初，佳能公司又推出了一种所谓液体干燥系统，它使用普通纸和输出干燥复印件的液化冲洗剂。此后不久，佳能公司又推出了一种新型的袖珍式复印机 NP-200，其整体使用一个微处理器控制，并有一个一体化的干式冲洗器和纤维光学系统，从而取代了笨重的常规透视系统。佳能公司对这种产品的定价极低，并通过广告大肆宣传，结果在这种产品推出不到半年的时间内，其销量就增长了几乎 5 倍。但佳能公司并没有停止不断改进产品的步伐，不久它又成功地推出了 SUPER-X 系列，这种复印机的复印速度可高达 135 张/分钟，而且比市场上销售的其他大型复印机耗能都少。

案例思考　佳能公司对其成熟产品的几次成功改进，侧重点并不完全相同，因此才会延长复印机成熟阶段的持续时间，并给企业带来高额的销售量和市场占有率。具体来说，佳能公司改进产品的策略，表明了产品改进的三个方向：①提高质量的策略，目的是提高产品的使用性能，但它的适用条件是产品质量确实可以提高，顾客相信产品质量已经得到改进和提高，顾客确实需要这种改进的产品；②改进特性的策略，目的是使产品增加新的特性，如大小、质量、材料、附加等，以便扩大产品的多方面适用性，提高其使用安全性；③改进款式的策略，目的是提高产品的美学要求，如汽车制造商不断推出新式车型，就属于款式竞争，而不是质量或特性竞争。

通过对产品线优化组合和产品生命周期管理，能有效提高企业的经济效益。分析如何将两者有效地结合，制定出有效的营销策略。

1．整体产品的概念

产品是指能够提供给市场以满足人类需要和欲望的任何东西，包括有形物品和无形服务。消费需求的不断扩展和变化使产品的内涵和外延不断扩大。从内涵看，产品从有形实物产品扩大到服务、人员、地点、组织和观念。从外延看，产品从核心产品、形式产品向期望产品、附加产品和潜在产品拓展。从整体上对产品进行研究，人们提出了整体产品的概念，如图 4-1 所示。

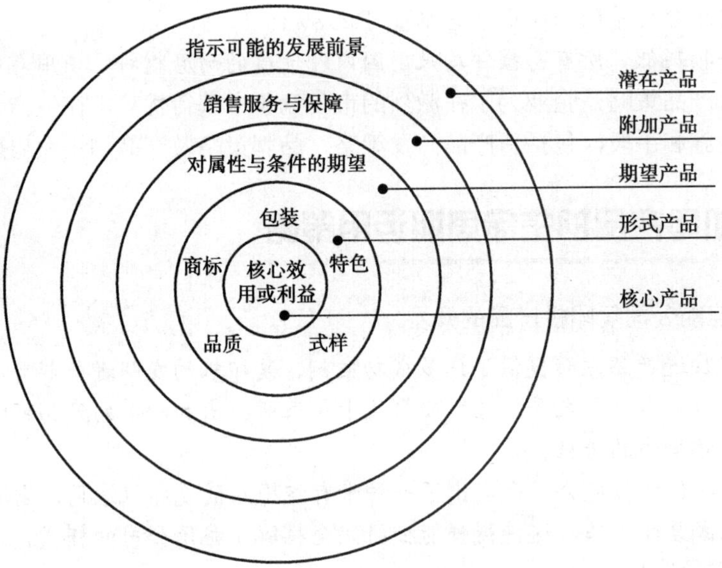

图 4-1　整体产品

1）核心产品

核心产品是指整体产品向顾客提供的核心效用或利益，即用户所要购买的实质性内容。例如，购买洗衣机可以使消费者省时、省力、快速地清洁衣物和其他物品。因此，企业在设计和开发新产品时，应考虑如何使产品的核心效用或利益最大化以满足顾客的需求。

2）形式产品

形式产品是核心产品借以实现的具体产品的形状、方式，是产品出现在市场上时可以被消费者识别的实体和面貌。形式产品由五个特征构成，即品质、式样、特色、商标及包装。

3）期望产品

期望产品是指购买者在购买该整体产品时期望得到的与产品密切相关的一整套属性和条件。例如，洗衣机在省时、省力、快速清洗衣物的同时，消费者希望它安全可靠、噪声低等。

4）附加产品

附加产品是指整体产品提供给顾客的一系列附加服务，包括提供信贷、免费送货、安装调试、维修保养、零配件供应、技术培训等。

5）潜在产品

潜在产品是指现有产品可能的演变趋势和前景。

顾客（用户）对产品的质量评价是从产品整体概念的角度进行的，因此不同企业产品质量的竞争实质上是产品整体概念的竞争。例如，一个机床技术参数再优越，但供应商若不提供免费送货、安装调试、维护保养等服务，一般企业都不会购买该机床。

阅读材料 8　基于实物产品的服务营销规划

制造业如何进行服务营销？借助于“整体产品”的概念框架，以一家假设的汽车制造商为例，可以形成如下基本思路。

（1）规划“核心产品”。顾客购买任何“产品”或“服务”，其实所要的都是其中蕴涵的价值或效用，而不是产品实体或服务过程“本身”。假设该汽车制造商发现经常外出旅行且喜欢户外运动的部分人群购买汽车时，不仅要求它具有交通便捷之利，还希望从中获得“休息和睡眠”，这就可能存在一个营销机会。当然，也不能贸然行事，还要进一步分析需求潜力、进行市场细分，从中选择目标市场，再进一步考虑产品的市场定位。

（2）规划“形式产品”。形式产品包括产品外观，即产品在市场上出现的形式和“面貌”。这家汽车制造商既可以现有的某种车型为主，对其内部进行重新设计和改造，开发或增加为驾车者提供“休息和睡眠”的有形或无形要素；也可研制一款自身不带动力、适应旅行生活和住宿的拖车。“形式产品”是满足市场需求所必不可少的，其表现形式和选择可以多种多样，但必须坚持与目标市场及定位相匹配。

（3）规划“期望产品”。“形式产品”的市场吸引力，很大程度上借助于“期望产品”的增添。假设该汽车制造商决定研制旅行拖车，就要考虑旅行拖车构成要素的基本范围、预期的目标市场对相关属性的最低要求——必须是以预期价位为参照的、可以接受的，如操纵方便、机动性和私密性好、较为舒适且有足够的起居空间、满意的内饰、便于维护及安全、经济、设计美观等。

（4）规划“附加产品”。这是促进购买，使产品在消费中进一步满足顾客需求的重要内容。绝大多数制造业的“附加产品”是以售后服务的形式，尤其是增值服务的性质提供的，一般包括提供信贷、免费送货安装、售后保证等。这家汽车制造商可以为顾客定期举办旅行活动并提供服务支持；组织旅行爱好者俱乐部，加强顾客之间及其与企业的交流。其基本宗旨就是帮助顾客尽情享受该产品带来的各种乐趣。

（5）规划“潜在产品”。这家汽车制造商可以考虑“产品”还有哪些潜力尚待发掘。例如，依据“现有产品/新的市场”的思路，能否将车售给经常野外作业的人群？依据“现有市场/新的产品”的思路，可以增加哪些新的装置、设备和服务？

2. 产品组合

1）产品组合的相关概念

（1）产品组合、产品线和产品项目。产品组合是企业生产和销售的全部产品线及产品项目构成的整体，即企业的业务经营范围。产品线是指企业供给市场的所有产品中，在技术上和结构上密切相关、具有相同的使用功能、满足同类需要的一组产品。产品线是一组密切相关的产品项目。产品项目是同一类产品系列中不同品种的产品。例如，沈阳机床厂既生产普通车床，又生产数控车床，同时还提供卡盘等工艺装备。

（2）产品组合的长度、宽度、深度和关联度。产品组合的长度是指企业产品组合中产品项目的总数，用产品项目总数除以产品线数目即可得到产品线的平均长度。产品组合的宽度是指企业产品组合中产品线的数目。产品组合的深度是指企业各产品项目内不同规格、型号、花色、价格等产品的具体数量。产品组合的关联度是指企业各条产品线在最终用途、生产条件、分销渠道或其他方面相互关联的程度。

2）产品组合的影响因素

（1）技术：在技术和市场迅速变化的时代，成功的企业不仅要在采用新技术时处于领先地位，在处于竞争阶段介绍新技术时也要处于领先地位。技术进步就像顾客需求一样会促进新产品的开发。在产品创新中，技术先进并不必然意味着产品的成功；产品创新要求的是企业各种活动的组合（资本、生产设备设施及相关人员），而不只是新技术的采用。

产品使用和应用中的技术变化要求企业与顾客保持不断的联系，其目的是发现顾客在需求上的变化及多样化趋势。顾客在需求上的变化及多样化预示着产品使用上的技术变化，是产品即将发生变化的重要迹象，同时这种变化还意味着企业开发新产品的机会。企业的营销经理应当始终注意顾客环境，寻求那些意味着可能的技术变化的迹象。

（2）竞争：竞争对手的产品组合的变化可能意味着对企业的重大挑战，而如果这一变化确实是明显的改进时（如技术突破），它将是企业的重大灾难，除非本企业能在很短时间内开发出与之相媲美或有所超越的新产品。这些竞争变化不仅仅限于原有企业的改头换面，还包括大量新企业的出现和新型产品带来的全新变化。

（3）经营能力：如果企业发展还有未利用的潜力，则它常常会扩大产品组合的范围。没有被利用的这些潜力会存在于其他职能部门中，如生产、销售或研究部门等。例如，当企业购买了新的生产设备以后，可能有一段时间这些设备未能发挥完全的生产能力来满足现有的市场需求，这种情况会给企业的管理层造成压力，要求他们选择新产品以便使生产设备能得到充分利用。类似地，当企业为某一产品线建立了营销机构并开拓和服务于特定的市场时，常常会出现这些销售人员还有余力同时负责其他产品线销售的情况。于是，企业又面临推出能在这些销售人员负责的市场上销售并且获利的新产品的问题。

（4）市场因素：有一些市场因素会影响企业的产品组合。例如，由于市场竞争或技术创新导致的产品组合的变化为企业的销售提供了机会，同时也为企业开展新的经营业务创造了良机。此外，企业还能从一个行业转向它更擅长的行业，这一转变伴随着企业生产能力的增加或下降，会导致产品组合发生变化。

3）产品组合的策略

（1）拓展产品组合：企业增加产品组合的宽度，即增加产品线，扩大经营范围，既可以充分发挥企业的特长，使企业尤其大企业的资源、技术得到充分利用，也可以分散企业的投资风险；企业增加产品组合的深度，会使各产品项目具有更多规格、型号和花色的产品，更好地满足顾客的不同需要与爱好，从而扩大市场占有率；企业增强产品组合的关联度，则可提高企业在某一地区、行业的信誉。

（2）缩减产品组合：与拓展产品组合策略相反，当市场不景气或原料、能源供应紧张时，企业为了减少不必要的投资，降低成本，增加利润，必须剔除一些发展获利较少的产品线和产品项目，从而可以集中优势发展利好产品，提高专业化水平，但同时也增加了企业的市场风险。

（3）产品线延伸：企业根据市场的需求，重新对全部或部分产品进行市场定位，具体有以下三种实现方式。

① 向下延伸。企业可以把原来定位于高档市场的产品线向下延伸，在高档产品线中增加低档产品项目。一般来讲，高档产品的销售增长缓慢，企业的市场范围有限，资源设备没有得到充分利用，向下延伸一方面补充了企业的产品线空白，另一方面可以利用高档名牌产品的声誉，吸引购买力水平较低的顾客慕名购买此产品线中的廉价产品。这种延伸极易损害原有产品的信誉，风险很大，企业应在权衡之后再做决策。

② 向上延伸。原来定位于低档产品市场的企业，可以在原有的产品线内增加高档产品项目。当企业的技术设备和营销能力已具备加入高档产品市场的条件时，应重新进行产品线定位，以赢得高档产品市场的潜在成长率和较高利润率。

③ 双向延伸。原定位于中档产品市场的企业掌握了市场优势以后，可以向产品线的上下两个方向延伸，这样做一方面可以增加高档产品，另一方面可以增加低档产品。

（4）产品线的现代化改造：在有些情况下，虽然产品组合恰当，但生产线的生产方式、产品性能、技术含量等可能已过时，这就需要对产品线进行现代化改造。例如，有些企业制造主要依靠半自动机床进行加工生产，影响了产品的质量和生产适应性等，这时就需要引进现代制造技术，进行数控加工、CAD/CAM 和柔性制造等改造。

3．产品生命周期

1）产品生命周期的含义

产品生命周期是产品从进入市场直到最终退出市场所经历的市场生命循环过程。一般以销售量和利润额的变化来区分产品生命周期的循环过程。典型的产品生命周期可分为四个阶段：引入期、成长期、成熟期和衰退期，如图 4-2 所示。在现实经济生活中，产品生命周期还有其他形态，即产品生命周期的曲线形状是有差异的。以下是几种常见的产品生命周期类型。

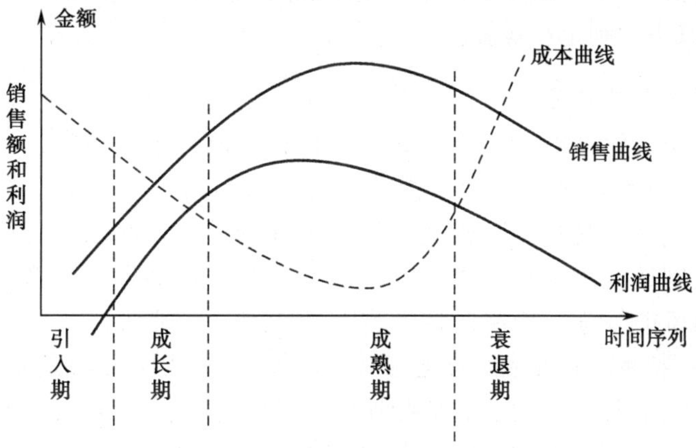

图 4-2　产品生命周期的四个阶段

（1）再循环形态。产品生命周期的再循环形态如图4-3所示。由图可知，当企业投入大量资金进行推销时，产品的销售出现第一次高峰；当销售额降至一定限度时，企业再次投资推销或将产品降价，产品的销售出现第二次高峰。

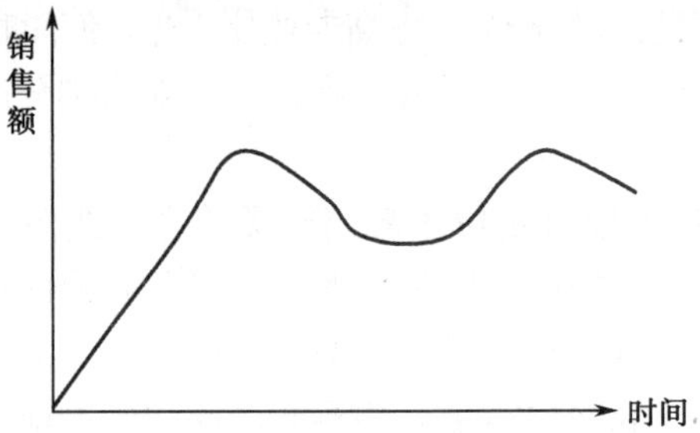

图4-3　产品生命周期的再循环形态

（2）多次循环形态。当产品进入成熟期后，企业可以通过对产品的不断创新，寻求新用途，开发新市场，使产品的销售从一个高峰进入另一个高峰。

2）产品种类、形式、品牌的生命周期

产品种类是指具有相同功能及用途的所有产品。产品种类的生命周期要比产品形式、产品品牌的生命周期长。有些产品种类的生命周期中的成熟期可能无限延续，如在取代电视机的产品出现之前，电视机将一直处于成熟期。

产品形式是指同一种类产品中，辅助功能、用途或实体销售有差别的不同产品。产品形式一般拥有上述比较典型的生命周期过程，如黑白电视机经历了引入期、成长期、成熟期，最后走向衰退期。

产品品牌则是指企业生产与销售的特定产品。因受市场环境、企业营销决策、品牌知名度等影响，其生命周期一般是不规则的。品牌知名度高，产品的生命周期就长，反之亦然。例如，富日牌电视机目前已难觅踪迹，而沈阳机床厂的CA6140普通车床已销售50多年，国际知名品牌“可口可乐”更是百年不衰。

4．机电产品生命周期不同阶段的营销策略

典型的机电产品的生命周期中的四个阶段呈现出不同的市场特征，企业的营销策略也应以各阶段的特征为基点来制定和实施。

1）引入期的特点与营销策略

新产品投放市场后便进入引入期。此时，顾客对产品感到陌生，只有少数追求新奇的顾客可能购买，其销售量很低；由于消费者对产品不熟悉，所以需要进行广泛的宣传，因此广告促销费用较高；受技术、营销渠道等方面的影响，在这一阶段，产品生产批量小，试制费用大，制造成本高，难以确立合适的价格，产品销售额增长缓慢，企业不但得不到利润，反而可能亏损，产品的性能也有待于进一步完善。

根据这一阶段的特点，企业应选择适当时机进入目标市场，重点是向消费者宣传介绍产品的性能、用途、质量，使消费者尝试使用新产品；将销售力量直接投向最有可能的购买者，使市场尽快接受该产品，缩短引入期，更快地进入成长期。具体策略如下。

（1）快速掠夺（撇脂）策略，即以高价格和高促销水平推出新产品的策略。实行高价策略可获取高额毛利，尽快收回投资；高促销水平能够快速建立知名度，加速市场渗透。企业实施这一策略必须具备以下条件：产品有较大的市场需求潜力；目标顾客求新心理强，急需购买该产品而不在意高价格；企业面临潜在竞争者的威胁，急切需要先声夺人，尽早树立品牌形象。

（2）缓慢掠夺（撇脂）策略，即以高价格和低促销水平推出新产品的策略。低水平促销可以尽可能以低的费用开支求得更多的利润。企业实施这一策略必须具备以下条件：市场规模较小；产品已有一定的知名度；目标顾客愿意支付高价；潜在竞争者的威胁小。

（3）快速渗透策略，即以低价格和高促销水平推出新产品的策略。低价格能够以最快的速度进入市场，获得尽可能高的市场占有率，并且随着产销量的增加可以获得规模效益。企业实施这一策略必须具备以下条件：该产品市场容量很大；产品的单位成本可随生产规模和销售量的扩大而有效降低；潜在顾客对产品不了解，但对价格十分敏感；存在潜在竞争者。

（4）缓慢渗透策略，即以低价格和低促销水平推出新产品的策略。这一策略可降低营销成本，增加利润。它的适用条件是：市场容量很大；市场上该产品的知名度较高；需求的价格弹性大，促销弹性小；存在某些潜在竞争者，但威胁不大。

2）成长期的特点与营销策略

产品通过引入期后，转入成批生产和扩大市场销售阶段。此时，顾客对产品已经熟知，消费习惯形成，老顾客重复购买并带来新顾客，市场逐步扩大，销售额和利润迅速增长；产品设计和工艺定型，产品大批量生产，生产成本相对降低；竞争者看到有利可图，纷纷进入市场参与竞争，使同类产品供给量增加，价格随之下降；同类产品、仿制品和替代品开始出现，市场竞争日趋激烈，产品市场开始细分，分销渠道增加；企业利润增长速度逐步减慢，直至达到产品生命周期的利润最高点。针对以上成长期的特点，企业为维持其市场增长率，延长获取最大利润的时间，可以采取以下几种策略。

（1）改善产品品质。企业为了不断适应市场需求，应集中必要的人、财、物资源，改进和完善生产工艺，增加花色品种，开发新用途。这样，一方面可提高产品的竞争能力，另一方面也可满足顾客不同层面的需求。

（2）寻找新的细分市场。企业可以通过市场细分，扩大目标市场，并且根据其需要组织生产，建立高绩效的分销渠道体系。

（3）改变广告宣传的重点。企业可以把广告宣传的重心从引入期的以提高知名度为中心转为树立企业和产品形象，争创名牌，维系老顾客，吸引新顾客。

（4）适时降价。在适当的时机，可以采取降价策略，以激发那些对价格比较敏感的消费者产生购买动机和采取购买行动，同时可以打击跟进者。

（5）快速扩张，扩大市场占有率。

3）成熟期的特点与营销策略

进入成熟期以后，市场需求趋向饱和，潜在的顾客已经很少，产品的销售量和利润增长缓慢，甚至趋于零或负增长；由于生产能力过剩，市场竞争非常激烈，各种品牌、各种款式的同类产品不断出现。此时，企业宜主动出击，使成熟期延长，或者使产品生命周期出现再循环，促使已处于停滞状态的销售增长率和利润率重新得以回升。为此，企业可以采取以下几种策略。

（1）市场调整。这种策略不是要调整产品本身，而是发现产品的新用途，即不改变产品质量、功能而将产品用于其他领域，从而延长产品的生命周期；或者企业的产品不变，将其投入新的目标市场，对产品进行再定位。

（2）产品调整。通过产品自身的调整来满足顾客的不同需要，从而为消费者寻求新用途，使销量获得回升。整体产品概念的任何层次的调整都可视为产品再推出。

（3）市场营销组合调整。通过对产品、价格、渠道、促销四个市场营销组合因素加以综合调整，刺激销售额的回升。常用的方法包括降价、增加广告、改善销售渠道和提高服务质量等。

4）衰退期的特点与营销策略

随着科学技术的发展，新产品或新的替代品出现，产品进入更新换代的阶段。此时，销售量和利润直线下降，企业从这种产品中获得的利润很低甚至为零；新产品进入市场，竞争突出表现为价格竞争，价格降到最低；大量的竞争者退出市场，留守企业开始减少产品附加产品。此时的企业通常有以下几种策略可供选择。

（1）继续策略。企业可以按照原有的细分市场，继续使用相同的分销渠道、定价及促销方式，不主动放弃产品。同时，企业可利用老产品的品牌、营销渠道等培植开发新产品，保持在市场中的地位。

（2）收缩策略。如果企业立刻放弃该产品会造成很大损失，此时应采取收缩策略，即大幅度降低促销水平，以增加目前的利润；把企业能力和资源调整至最有利的细分市场和分销渠道上，从忠实于这种产品的顾客中得到利润。

（3）放弃策略。当产品已无潜在市场或企业已准备好替代的新产品时，应当机立断，放弃经营。企业既可采取完全放弃的形式，如把产品完全转让或调整生产线；也可采取逐步放弃的方式，即将其所占用的资源逐步转向其他有发展前途的产品。但企业要处理好老产品的库存和员工重新培训等问题。

产品生命周期中的典型营销策略如表4-1所示。

表4-1　产品生命周期中的典型营销策略

生命周期的各阶段／营销组合策略	引入阶段	成长阶段	成熟阶段	衰退阶段
产品策略	有限的原型数目；经常调整产品	增加原型数目；经常调整产品	原型数目很多	淘汰不赢利的原型和品牌
分销材料	分销通常受限，依赖于产品；需要很多的努力和高边际利润吸引批发商和零售商	经销商的数量增加，努力与批发商和零售商建立长期合作关系	大量的经销商；边际利润下降；努力留住分销商和货架空间	逐步取消不赢利的经销网店
促销策略	提高产品知名度；刺激主要需求；对分销商采取高强度的人员销售；对消费者使用奖品和奖券销售	有选择性地刺激需求；积极利用广告宣传品牌	有选择性地刺激需求；积极利用广告宣传品牌；大力促销以保持住经销商和消费者的数量	逐步撤销所有的促销活动
定价策略	价格通常要高到可以覆盖开发成本	迫于竞争压力，价格在快到成长阶段末时开始下降	价格继续下降	价格停留在相对较低的水平；如果竞争很弱，价格有可能出现小小的回升

任务 4.2　机电新产品的开发

案例 11　“小天鹅”的新产品开发

以专利为基础，推动技术创新。小天鹅公司认识到要开发出高科技含量的产品参与市场竞争，产品技术要达到世界领先水平，应该有自己的知识产权。小天鹅公司上下一致认识到“没有超凡的产品就不可能成为世界一流的公司”。因此，其技术管理工作遵循“所有新产品、新技术或消化吸收的国外先进技术，都应首先取得专利保护”的基本准则。在这一准则的指导下，小天鹅公司的专利申请有了较大增长，特别是其洗衣机产品先后申请了“多功能立体水流洗衣机”、“共轭式洗衣机波轮”、“防褪色技术”、“搅拌式洗衣机”、“IC 卡洗衣机”、“投币式洗衣机”、“冷热水洗衣机”等专利技术。1997 年，它率先向市场推出拥有自主知识产权的“多功能立体水流洗衣机”，该洗衣机代表了洗衣机水流技术的又一次重大革命，在市场上一经推广立即引起轰动。小天鹅公司的专利“防褪色技术”成功地解决了洗衣机的难题，使洗涤物保持原色成为现实。小天鹅公司的高质量、高技术含量、高附加值的名牌战略，创造了一大批领先市场的专利新产品。现在它推向市场的每个新产品都包含了一项或多项专利。专利新品洗衣机成为小天鹅公司的支柱产品，为其创造了丰厚的利润。

案例思考　这一案例表明及时运用科技成果转换生产技术，实现产品创新是左右一个企业或产业成败兴衰的最关键性因素之一。试分析开发新产品对企业的重要意义。

4.2.1　新产品的概念

现代市场营销观念下的新产品是指在产品整体概念中的任何一部分有所创新、改革和改变，能够给消费者带来新的利益和满足感的产品。它包括以下四种基本类型。

1．全新产品

全新产品是指应用新原理、新技术、新材料制造出前所未有、能满足消费者的一种新需求的产品，如 IBM 个人计算机和电灯的最初上市。全新产品改变了产品的基本特征，决定了以后的竞争格局和技术创新格局，从而能够以规模经济产生较大的效益。全新产品的开发需要耗费大量的人、财、物，但实力较强的企业为了实现战略目标应重视全新产品的开发。

2．改进新产品

改进新产品是指在原有产品的基础上进行改进，使产品在结构、品质、性能、款式、包装、成本等方面具有新的特点和新的突破的产品。改进措施包括：在现有产品大类中开发出新的品种、花色、规格等，从而与原有产品形成系列，扩大产品的目标市场；通过新科技手段，削减原产品的成本，但保持原有功能不变；采用新技术、新材料，使原有产品性能飞跃提高等。例如，对普通机床进行数控改造，不但可使老产品升级换代，还可提高其市场占有份额。通过改进新产品，可以使企业获取竞争优势，减少资金投入，降低市场风险。

3．模仿新产品

企业对国内外市场上已有的产品进行模仿生产就形成了本企业的模仿新产品。在新产品开发的过程中，合法的仿制是最快捷的途径。例如，20 世纪 80 年代中期，Dell 计算机公司以仿制 IBM 的革新成果而快速成长。企业完全靠仿制来开发新产品是难以获得竞争优势的，只有将仿制方法与产品革新结合起来，才可能获得长期的成功。

4．再定位新产品

再定位新产品是指企业的产品不变，将其投入新的目标市场而产生新意的产品。再定位新产品没有技术创新，其成功的关键是商业运作中的营销组合策略。例如，一些发达国家将其处于衰退期的产品转移至发展中国家，对发展中国家而言，这些产品仍然是新产品。但企业需要注意的是，这种优势是暂时的，要在这种市场中取得长期成功，必须进行一定的工艺创新，以抵制竞争对手的进攻。同时，企业要把握好时机，对市场变化做出快速反应。

4.2.2 机电新产品开发策略

1．新产品开发的方式

1）获得现成产品

获得现成的机电产品的方式有几种：一是联合经营，即几家小企业联合开发与经营某一有市场前景的新产品，或者由研究机构开发新产品，再与生产企业联合生产，借助于生产企业的资金、生产能力和销售渠道扩大该产品的影响；二是购买专利，即生产企业向科研部门或其他企业购买某种产品的专利权，这种方式常用于没有独立研发能力的中小型机电企业；三是经营特许，即企业向其他企业购买某种产品的特许经营权，然后制造、生产出机电产品进行销售。

2）独立开发

可以依靠企业自身的科研力量来完成产品的构思、设计、试制和生产工作。虽然独立开发的前期投入比较大，但企业在产品上市后可以获得丰厚的回报。企业也可以与独立的开发研究机构或高等学校签订技术协议，委托他们为自己开发某种新产品。

2．新产品开发的类型

1）自主研制

自主研制是指企业在已有较长理论和应用技术研究成果的基础上，自己独立研究开发新产品。通过这种途径开发的新产品，一般都是全新产品或更新换代型新产品。自主研制又分为以下三种情况。

（1）从基础研究到应用研究、产品开发研究都是依靠自身的力量进行的。一些科研力量雄厚，资金实力超强的大企业，以未来需要为出发点，期望通过大量研发投入来保证科技领先优势。世界知名的跨国企业主要采取这种途径来保证自己的技术领先地位。采取“生产一代，储存一代，研发一代”的方式，便能保证企业的产品永远走在同行的前列。

（2）利用社会上基础理论研究的成果，企业进行应用技术和产品开发的研究，这种途径只适用于科技开发能力强的企业。

（3）利用社会上应用技术的研究成果，企业只进行产品开发的研究，这种途径适用于中小型企业。

2）技术引进

技术引进是指企业利用国内外已有的成熟技术从事产品的开发。技术引进的主要形式是技术转让和许可证生产。企业一般可以通过购买其他机构（大学、研究机构）的技术专利或特许权来获得经营权利。通过引进国内外先进技术，可以加速企业的技术更新和发展，迅速提高企业的技术水平，使产品占据市场优势，同时也有利于提高企业自身的产品开发能力。

3）联合研制

联合研制是指企业与独立的开发研究机构或高等学校及其他企业联合研制开发某种新产品，也就是“产学研”联合的方式。这种途径既能利用大学、科研机构的科研力量，也可以利用企业方便的试验场所和生产能力，充分发挥各自的优势，弥补各自的不足。采用这种途径开发新产品，具有成本低、速度快、成功率高的突出优点，最适用于自身研发能力不足的中小型企业。

4）模仿开发

模仿开发是指对市场已经存在的适销新产品进行模仿（在不违反国家专利保护法的基础上）、生产并将产品快速投入市场。这是中小型企业常常采用的新产品开发途径。

5）模仿改进开发

模仿改进开发是指在竞争者新产品的基础上加以改进模仿，推出新产品。这种方式不仅可以使企业节省产品研发费用，还可以克服竞争者新产品的不足，更能适应用户要求。这也是常见的新产品开发途径。

4.2.3　机电新产品开发的过程

根据机电新产品开发的模式，其开发的整个过程可分为制定开发战略、概念开发、实体开发和商品化开发四个阶段，每个阶段又包括若干个步骤。

1. 制定开发战略

一个机电企业的开发战略就是根据市场调研预测、相关环境分析、企业自身条件分析及企业发展战略而确定的产品开发方向、产品开发要达到的近期目标和中长期目标，以为企业的开发工作提供指导。产品开发战略对企业来说是至关重要的，它对机电企业开发的全局性、长期性的指导作用，能使企业主动地规划未来，持续稳定地发展壮大。

制定开发战略包括如下步骤：①市场调查，为开发战略提供依据；②企业内部条件和外部环境的分析，以寻找市场机会，搞清内部资源；③开发目标决策，为机电企业制定开发战略。

2. 概念开发

产生一个好的新产品构思或创意是新产品成功的关键。企业通常可以从企业内部（如研究开发部门、销售人员与技术服务人员、高层管理部门等）和企业外部（用户、中间商、竞争者、咨询公司等）寻找新产品构思的来源。有了构思之后，还要对其进行筛选。筛选就是采用适当的评价系统及科学的评价方法对各种构思进行分析比较，选出最佳构思的过程。在这一过程中，应力求做到除去亏损最大和必定亏损的新产品构思，选出潜在赢利大的新产品构思。企业不但可以从内部的一线工人、管理人员、技术人员、营销人员等处收集信息，也可以从外部，如本产品经销商、用户、竞争者、政府、专利机构、科研机构、高等院校等处收集新产品构思。企业应从消费者的角度对产品构思进行详尽描述，即构思的具体化，如描述出该产品的性能、具体用途、形状、优点、价格、提供给用户的利益等。

【讨论】 机电类公司经常为寻求新产品开发的构思费尽心机。例如，公司成员聚集在一起，群策群力，共同探讨出尽量多的新颖、有创造性的构思。这种“头脑风暴法”会让人突来灵感，产生具有潜在利润的好构思。请与其他同学一起，共同为体能锻炼运动机、定时自动给水控制系统或你选择的其他机电产品进行产品构思，然后与你的同学一起进行进一步筛选。

概念开发的具体步骤：①提出设想，以为酝酿大量新产品构思提供选择；②筛选设想，通过评价选出好设想；③提出构思与方案设计，以进行概念测试和可行性分析；④进行方案决策和编制开发任务书，为实体开发选择方案和决策。

3．实体开发

实体开发是指设计试制部门根据新产品开发任务书进行新产品的实体设计和试制。产品的实体设计是将产品概念转变为实体的重要环节，新产品的技术性能、质量、可靠性、制造成本等基本上都是在实体设计环节确定下来的。在新产品实体设计的基础上再进行工艺设计，并根据工艺技术文件进行新产品的试制。然后进行试制品的测试、试验，以检验实体开发是否达到预期目的。同时，将实体（样机）提交给特定的目标顾客，针对产品概念中的用途、价格、特性等问题与同类产品进行比较，听取和收集顾客的意见，了解顾客的反应，为下一步的决策提供依据。最后还要对试制品进行鉴定，鉴定的内容主要包括：设计文件的完整性和样品是否符合已批准的工艺技术文件；样品精度与外观质量是否符合设计要求，并进行有关试验，包括实验室试验、用户试验、样品征询试验等；请有关行业专家对质量、工艺、经济性进行评价，提出改进意见，编写鉴定书。新产品只有通过鉴定合格，才可正式进行生产。

实体开发的步骤是：①新产品的实体设计，把方案变成可制造的产品；②新产品的实体试制、测试，以考察设计的正确性，检验生产工艺规程和设备是否合适；③收集改进意见，进行新产品的鉴定。

4．商品化开发

商品化开发是指为达到所制定的新产品开发战略目标和近期营销目标，采取一切必要的市场营销措施和手段，打开和进入某一市场，并逐步占领和扩大市场，使新产品开发最终获得成功。这一阶段是新产品开发的最后一关，也是新产品出现失败最多的一个环节。企业应对新产品估计的销售量、成本和利润等财务情况，以及用户满足程度、市场占有率等情况进行综合分析，判断该产品是否满足本企业开发的目标。常用的商业分析方法有盈亏平衡分析法、产品会审法等。统计资料表明，新产品开发的失败，有70%以上出现在商品化阶段。

本阶段采取的主要步骤有：①新产品目标市场和具体产品组合的选择，以确定产品商品化开发的方向；②新产品的包装、品牌伴随服务的选择，以确定产品本身和附加物形成有机整体；③新产品广告、销售渠道、定价的选择，以便于制定市场营销组合；④新产品的试制和销售预测，以检验新产品能否达到预期效果，同时检验营销组合是否需要调整；⑤新产品试生产和上市销售，以扩大市场，使新产品快速进入增长期。

任务 4.3　机电产品的品牌培育

案例 12　海尔集团的品牌战略

品牌使海尔集团在参与国内外的市场竞争中获得了持续发展的竞争优势，表现出强劲的竞争力。海尔有句格言："质量是产品的生命，信誉是企业的灵魂，产品合格不是标准，用户满意才是目的。"海尔人知道，只有给市场提供了最满意的产品和服务，才会给企业回报最好效益。

海尔品牌策略的核心是凸显服务优势和强调技术与创新。

在缺乏诚信和好的服务理念的时期，海尔的策略是更加关注服务。在该时期，海尔以其独特性、差异性、价值性和延展性获得了消费者的信赖。海尔品牌的独特性，除表现在产品质量、服务、信誉等方面外，更重要的是它独特的成长过程。海尔品牌策略经历了三个不同的发展阶段，分别是名牌战略阶段、品牌多元化战略阶段和品牌国际化战略阶段。

作为最显著的品牌个性，海尔在其产品质量、服务水平上表现出与其他产品的差异，它的独到之处是企业赢得竞争优势的关键。海尔品牌凝聚了高质量的产品、人性化的服务，又使反映市场的能力和强大的市场整合力等一系列竞争力及其资源相互协调与融合，这也形成了海尔今天的品牌优势。海尔凭借其高质量、人性化、"真诚到永远"的服务赢得了广大用户的尊重和忠诚。其理念的领先和水平的差距，也造就了海尔品牌与其他家电品牌的差距和差异。对于顾客来说，品牌的价值性主要表现在他们对品牌的认同。现代市场经济是信用经济。海尔作为一种知名品牌，不仅得到我国广大用户的认同，也为世界所公认，具有难以估算的品牌价值特性。

品牌之所以成为海尔的核心竞争力，在于其品牌具有"天然"的延展性。因为经过科学而有效运作的品牌有了知名度、美誉之后，这个品牌就可获得良好的市场信誉，得到消费者的普遍认同。在赢得较高的品牌忠诚度后，企业就要靠该品牌在其他产品上的拓展与延伸，使新产品借助于成功品牌的市场信誉，在节省促销费用的情况下顺利地占领市场。

当人们提起海尔时，能够自然地联想到服务好、值得信赖。这样，在同等质量的情况下，消费者仍然愿意多花几百元购买海尔的品牌价值，其实消费者购买的就是海尔始终如一的"真诚"。而在服务差异越来越小的时代，海尔则更注重于创新。海尔的创新既是战略的、观念的创新，又是技术的创新，同时也是组织和市场的创新。这一切，都使海尔逐步形成了自己的核心技术优势，让消费者看到海尔对产品质量和技术的不断超越精神，进一步增强了消费者的信赖感。

海尔的品牌战略还有一个特性，就是它的文化性。独特的海尔文化是海尔品牌具有核心竞争力的本质和源泉。它是海尔品牌的内涵和本质，渗透进海尔经营管理的每个环节。

案例思考　海尔品牌是如何在市场上迅速扩展的？

4.3.1　品牌

在全球化经济时代，市场上的成熟产品越来越多且产品同质化趋强，顾客选择的空间很大。产品会被新产品替代，被竞争者模仿，而品牌却是独一无二的。品牌是企业、产品个性化的沉淀和凝结。如果企业有持续创新能力，则可以不管品牌；但面对产品供应相对过剩且竞争激烈的同质化市场，企业必须用品牌树立其产品在人们心中的形象，使之成为消费者注意或购买的重要识别特征，成为企业的核心竞争力及企业获得竞争优势的战略工具。

1．品牌与商标

品牌是整体产品的重要组成部分，具有较广泛的含义。品牌通常由文字、标记、符号、图案和颜色等要素或这些要素的组合构成，是用以识别某个销售者或某群销售者的产品或服务，并使之与竞争对手的产品或服务区别开来的商业名称及标志。品牌是一个集合概念，它包括品牌名称和品牌标志两部分。品牌名称是指品牌中可以用语言表达的部分，如中国的三一重工、徐州重工、沈阳机床，美国的福特、日本的三菱。品牌标志是指品牌中无法用语言表达的标记、符号、图案和颜色等。

品牌名称和品牌标志在政府有关主管部门登记注册以后就成为商标，经注册登记的商标有“R”标记或“注册商标”的字样。商标是专用权的标志，受到法律保护。

品牌与商标既有联系又有区别，其联系主要包括：品牌和商标都是企业的无形资产，其目的是有别于其他产品或服务，具有一定的专有性；品牌的全部或部分经过注册成为商标，具有法律效力，因此所有的商标都是品牌，但品牌不一定都是商标，品牌与商标是总体与部分的关系。两者的区别表现为品牌是商业名称，就其本质而言，代表着卖方对交付给买方的产品特征、利益和服务的一贯性承诺，属于市场概念，而商标是法律名称，属于法律范畴；品牌无须注册，一经注册，品牌就成为商标，经过注册的商标的产权可以转让和买卖；品牌是个性的，渗透着企业文化，而商标只是一个标记。

阅读材料 9　国际前 15 位品牌的价值（2017 年）

排名	品牌	行业	品牌价值	品牌原产地
1	谷歌(Google)	科技	2 455.81 亿美元	美国
2	苹果(Apple)	科技	2 346.71 亿美元	美国
3	微软(Microsoft)	科技	1 432.22 亿美元	美国
4	亚马逊(Amazon)	零售	1 392.86 亿美元	美国
5	脸谱(Facebook)	科技	1 298.00 亿美元	美国
6	美国电话电报公司(AT&T)	电信提供商	1 151.12 亿美元	美国
7	维萨(Visa)	支付	1 109.99 亿美元	美国
8	腾讯(Tencent)	科技	1 082.92 亿美元	中国
9	国际商业机器(IBM)	科技	1 020.88 亿美元	美国
10	麦当劳(McDonald's)	快餐	977.23 亿美元	美国
11	威瑞森通信(Verizon)	电信提供商	892.79 亿美元	美国
12	万宝路(Marlboro)	烟草	875.19 亿美元	美国
13	可口可乐(Coca-Cola)	软饮料	781.41 亿美元	美国

14	阿里巴巴(Alibaba)	零售	591.27 亿美元	中国
15	富国银行(Wells Fargo)	区域银行	584.24 亿美元	美国

2. 品牌策略

1）品牌使用决策

企业的产品是否使用品牌是首要的品牌策略。使用品牌有利于树立企业和产品的形象，保护产品的某些独特特征不被竞争者模仿。由于使用品牌要产生一定的费用，或者品牌对促销的作用很小，所以有些企业的产品不使用品牌。

企业决定使用品牌，就要考虑品牌产品的耐久性、可靠性、精确性、易于操作和便于修理等有价值的属性，以保持品牌在目标市场的地位。企业还要考虑防止他人的侵权行为，以避免蒙受不必要的损失。企业在注重品牌的初始质量水平的同时，应随着时间的推移，不断提高品牌的质量，以争取更高的投资回报和市场份额。

2）品牌归属决策

由于消费者对所要购买的产品并不具备充分的选购知识，所以消费者在购买产品时除了以产品的制造者品牌作为选择依据外，还希望到具有良好信誉的商家购买产品，因此产品制造者就需要衡量品牌在市场上的声誉，在采用谁的品牌上做出选择。

品牌的归属有以下三种选择。

一是选择制造商品牌，生产者使用本企业的品牌。具有一定知名度的制造商可以将其品牌租借给小制造商，收取特许使用费。

二是选择经销商品牌。如果企业在一个新的市场上销售产品，或者市场上本企业的信誉不及其经销商的信誉，则适宜采用经销商的品牌。经销商自设品牌有诸多好处，如可以利用无力创立品牌或不愿自设品牌、生产能力过剩的厂家来减少生产成本和流通费用，提高竞争能力；可以加强对价格的控制，并在一定程度上控制作为供应商的生产者，如停止进货、更换供应商等。

三是选择混合品牌，生产者部分产品使用自己品牌，部分产品使用经销商品牌，这样既可保持本企业的品牌特色，又可扩大销路。

3）品牌名称决策

根据企业品牌名称的关联程度，品牌名称决策有以下两种。

（1）统一品牌，指企业对其全部产品使用同一个品牌。例如，美国通用电气公司的产品都使用“GE”这个品牌。这种策略的好处是：节省品牌的设计费用；利于在顾客心目中留下深刻的印象；新产品上市可以减少、消除陌生感，更快也更容易打入市场；统一品牌之下的各种产品，可以互相声援，扩大销售。但采用这种策略应注意各种产品应具有相同的质量水平，属于同一细分市场，否则会损害企业信誉，造成品牌错位。

（2）多重品牌，指企业在同类产品中同时使用两种或两种以上的品牌。采用多重品牌对企业有利的是：增加品牌产品的陈列空间，吸引喜好新牌子的消费者；客观上有更多的机会

进入顾客的“购买单”，扩大销售；使组织内部产生竞争，有利于提高企业的工作效率；有利于产品向不同市场渗透。例如，沈阳机床集团公司在中国机电产品市场的机床品牌有“沈阳机床”和“云南机床”两种品牌，在欧洲还有品牌。多重品牌也存在一定的风险，如使用的品牌量过多，导致每种产品的市场份额很小，进而使企业资源分散，而不能集中到少数几个获利水平较高的品牌上来。

企业在给品牌选取名称时应考虑以下问题。

（1）名称必须通俗易懂而且读起来响亮畅达、朗朗上口。起名的目的是要让更多人记住，如果用字生僻，或者使用一些专业的术语，读起来晦涩难懂，必然达不到应有的效果。

（2）名称必须新颖，这样才能振聋发聩，给人留下深刻的印象。目前命名常采用的方法有比喻法、双关法、夸张法、直陈法、形容法、颂祝法、借光法、反映法、创词法等。无论采取哪种方法，都应务求新颖，不落入俗套，不与人雷同。

（3）名称必须能给人艺术的美感，让人在欣赏夸饰、巧喻的愉悦中，达到记忆的目的；名称要能告诉或暗示消费者产品的特征和其能给消费者带来的好处。

（4）名称要有伸缩性，可适用于任何新产品。这是因为某些产品的命名具有过强的产品偏向。例如，适合电风扇命名的“风神”就未必适合电视机。

（5）名称要适应社会心理，这一点在中国特别重要。每个人都希望大吉大利，一个能给消费者带来美好联想的产品，必然能够吸引他们的注意力。

4）品牌延伸决策

品牌延伸决策是指企业利用已获成功的品牌声誉，推出改进型产品或新产品。例如，三菱从重工业一直延伸到汽车、银行、电子乃至食品业。品牌延伸可以加速新产品定位，降低市场导入费用，减少市场风险，提高整体品牌组合的投资效益。但品牌延伸决策使用不当，就会影响原有品牌的形象。

5）品牌变更决策

由于企业内部和外部的诸多原因，品牌会出现美誉度下降、市场占有率降低等现象，这种品牌老化的现象应引起企业的重视。企业可以通过更换新的品牌或对原有的品牌内涵和形式进行重新定位，来适应社会经济发展的需要。

4.3.2 机电产品的品牌培育过程

1. 机电产品品牌培育的意义

近年来，中国经济进入了新一轮的高速发展，这就导致企业间的竞争加剧，而顾客群体购买行为的理性和规范，使得产品、价格同质化、透明化。这样，以产品为主导的营销模式成为机电企业成长的瓶颈，于是众多机电企业开始转变经营思路，将营销重点转移到品牌塑造上。

1）获得更大的利益空间

在消费品领域，品牌产品的定价要比普通产品高30%，甚至更多，但其市场竞争力并不会因此下降。而在机电产品领域，市场的发展趋势也越来越接近于此。

2）可获得更多的市场机会

机电产品的品牌可以对组织市场的采购团队形成一个“综合影响力”，使其容易在竞争中胜出。同时，品牌对消费者也会形成一定的影响力，而机电产品顾客在选择时一般都将消费者的感受作为最重要的参考因素。例如，一条自动化生产线若使用的 PLC 是西门子或三菱品牌，用户的认可度会高得多。

3）通过品牌维持与顾客的关系，获得长远的竞争优势

品牌能最大限度提高顾客的偏爱度和忠诚度，而这种偏爱和忠诚正是企业保持长久竞争优势的保证。另外，适当的包装可以起到便于使用和指导消费者的作用。

4）有利于树立差异化竞争优势

机电产品差异化较难，为了跳出价格恶性竞争的圈子，机电企业必须以打造企业整体品牌为突破口，从顾客心理、情感、精神的角度树立某种差异化的竞争优势。

2．机电产品品牌的内涵

对机电产品来讲，其市场特征、购买特征等与普通消费品有较大的差异。机电产品的品牌内涵具体包括品牌知名度、感知价值、品牌联想和品牌忠诚度四个方面。

1）品牌知名度

品牌知名度分为品牌认知和品牌回忆。品牌认知是指顾客通过以前对该品牌的了解，能够正确地分辨出该品牌。品牌回忆是指当给出相应的暗示时，该品牌能正确地出现在顾客的记忆中。品牌认知在机电产品的采购决策中起到很重要的作用。由于机电产品的购买者具有不同的特征，所以机电产品更注重以直销的方式来建立品牌认知，很多时候这是机电产品品牌与顾客亲密接触的第一步，可以为品牌联想的强化奠定基础。从媒体传播角度来讲，机电产品应运用专业媒体，特别是技术论坛、展览会、专业杂志等来树立品牌形象。近年来，随着网络的高速发展，网站已成为宣传机电产品品牌的重要途径，通过网站的产品展示，可为传播产品定位、建立公司整体形象等提供一个窗口。另外，机电产品的忠诚购买者会向同行推荐，这样通过口碑，品牌可以以最节省的方式获得品牌认知度和品牌回忆率。

2）感知价值

感知价值是顾客对产品和服务效用的总体评价，这个评价基于对其获取的收益与付出的成本的比较。机电产品的感知价值不是指产品个体的质量，它包括许多指标，来源于多个因素。由于机电产品往往属于价值高或定制的产品，所以对其考察首先从单个产品品质开始，然后是对公司的考察，包括公司的有形资产、规模等，因为这是订单的连续进行能否保证、产品质量能否保证、付款方式是否优惠、售后服务能否保证、交货期能否保证等的前提。顾客只有在对自己关注的问题得到较为满意的答案以后，才会在头脑中形成对某一品牌拥有的感知价值的判断。

3）品牌联想

品牌联想是指提起某一个品牌时顾客大脑中浮现出所有与这一品牌有关的信息。品牌联想可以为公司和顾客带来以下价值：帮助他们加工、检索信息，突出品牌的与众不同之处，

指出需要购买产品的原因，创造出一种积极的态度或感情，为品牌延伸提供一个基础平台。品牌联想可以产生一种偏好性、独特性，为建立品牌资产产生巨大的促进作用。

对机电产品品牌来讲，公司、产品、服务、知识产权、来源地都是产生品牌联想的源泉。考察企业的经历，对其规模、设备、技术实力、金融实力的认可可以加强某种内涵与品牌的联系。同样，顾客过去的经历、对企业总体服务态度的感受、对产品质量的认可、技术鉴定的层次和结论、对来源地印象的不同，也可以加强某种内涵与机电产品品牌的联系。

4）品牌忠诚度

品牌忠诚度是顾客与品牌联系紧密程度的一个衡量指标，它反映了顾客改用其他品牌的可能性的大小，尤其是当该品牌在价格或其他产品特征上有所改变时。与品牌资产的其他维度不同，品牌忠诚度更多地与使用经验有关，没有购买经验和使用经验就谈不上对品牌的忠诚。机电产品的品牌忠诚度有时十分依赖于产业链和分工体系的合作与联盟。品牌忠诚度并不直接受公司、产品、服务、知识产权、来源地这些先行因素影响，它是顾客具有一定的消费经验后，通过感知价值、品牌联想形成的。顾客在采购过程中获得较高的感知价值、具有较强的偏好与独特性的品牌联想后，容易保持品牌忠诚度。相反，低劣的感知价值与较差的品牌联想容易使顾客流失。

3．机电产品品牌培育

品牌是产品价值链竞争的最高层次，因此机电产品品牌的培育必须得到技术、产品、渠道、广告传播、服务等方面的支持，品牌是这方面资源力量的整体体现。机电产品品牌的培育具体是指将产品品牌塑造成能使企业持续为顾客创造价值的一个价值符号，而在这一过程中应该遵循一定的思想和方法。

1）传递高价值的产品

品牌是满足顾客需求的外在表现，是企业创造价值、传递价值的符号。营销大师菲利普·科特勒认为顾客让渡价值是总顾客价值与总顾客成本之差。其中，总顾客价值是指顾客期望从某一特定产品或服务中获取的利益，包括产品价值、服务价值、人员价值和形象价值等；总顾客成本是指顾客购买某一产品所付出的代价，包括货币成本、时间成本、精力成本和体力成本等。

对机电产品来讲，产品交易是连接供应商和企业顾客的核心活动，双方所交换的产品的特征在总体上对买卖双方之间的关系影响很大。顾客依赖机电产品供应商提供产品的输入。在机电企业中通常以设计质量和工艺质量作为检查产品质量的标准，而顾客对自身的产品输入往往有特殊要求，即使是标准化产品顾客有时也会提出特殊要求，因此，供应商按顾客（用户）的要求提供产品是非常普遍的。在交易过程中，买卖双方的技术部门经常需要充分沟通，特别是涉及新产品的开发时，双方的相关人员会详细地了解所需开发产品的情况。产品质量的改善会提高顾客的满意水平，从而使顾客的购买意向提高，如更强的重复购买意愿、增加采购数量、良好的口碑宣传等。购买意向的提高又会导致忠诚行为，最终会带来销售业绩和赢利的提升。因此，良好的质量易于使顾客满意和提高公司收益。顾客对供应商满意和忠诚的关键是要求产品和服务的质量好，这对于机电产品品牌的培育来说是至关重要的。

2）品牌维持力的塑造

品牌维持力的塑造首先是服务和沟通。机电产品营销的实质是关系营销，因此顾客服务在建立、扩展、维护企业组织关系等方面有独特的作用。服务是维护顾客资源的纽带，也是企业创造利润的另一源泉。伴随产品而来的服务与产品本身所解决的技术问题通常具有同等的重要性。机电产品供应商提供某种产品来满足市场的需要，而顾客可能对供应商提出除产品性能以外的其他服务要求。因此，机电产品供应商在不断提高产品质量的同时，还要提供良好的售前售后服务，增加顾客价值。研究表明，对顾客的服务质量与重复购买和推荐意愿呈正相关关系，服务质量的好坏直接决定顾客忠诚与否。品牌维持力的塑造实质就是要维护顾客的忠诚度。一般来说，顾客在有限的搜寻成本、产品和服务的知识及一定的经济成本下追求最大化的价值实现，并从消费经验学习过程中渐渐修正自己的期望价值，这些经验足以影响顾客的满意度及再购买意愿。顾客价值论认为每个顾客都会评价产品的价值结构，他在购买产品时会根据自认为重要的价值因素，如产品的品质、价格、服务，公司的形象，对顾客的尊重等因素进行评估，然后从价值高的产品中选择购买对象。因此，要使顾客忠诚度上升就必须为顾客提供满足他们需要的价值。

机电企业和顾客间的关系终究是一种追求各自利益与满足的价值交换关系。顾客忠于的是企业提供的优异价值，而不是特定的某家企业。可以说，企业让渡给顾客的价值对其忠诚的产生发挥着重要作用。

3）品牌推广

成功的品牌培育离不开对品牌的大力推广。推广方法主要有以下几种。

（1）通过大众传媒直接提升品牌价值，使产品获得利润。

（2）机电产品的大众传媒不进行自我宣传，而是通过对下游产品市场的建设，完成市场的成长。例如，瑞典利乐公司在中国进行液态奶的推广，推动的是整个中国液态奶市场的发展，并进行了广泛的大众传播。利乐的大众传播给自己带来了大量的订单，我国包括伊利、光明、三元、娃哈哈等乳业巨头购买了其 800 多条生产线，该公司 2006 年在中国市场的销售额达 50 多亿元。

（3）通过大众传媒打造，使机电产品成为最终产品不可缺少的组成部分。例如，玉柴发动机就是在国内利用大众传媒树立品牌形象，成为最终产品不可缺少部分的一个典型。“玉柴机器，王牌动力”直指柴油汽车的最终用户。

（4）通过大众传媒把机电产品变为最终消费品，以部分产品通过消费者的反拉带动整个产品线的销售。例如，长城润滑油现已成为一个知名品牌，但谁能想到几年前，长城润滑油的业务员还要解释长城润滑油与其他润滑油的差别。

4）拉力

拉力的核心是打造优质高效的销售平台，它是进行品牌培育的重要支撑。其内涵主要包括：①直销渠道的维护；②加强对销售人员的培养；③共同成长。这是一种保持品牌能够可持续发展的重要意识。对机电产品而言，由于购买的特殊性，所以必然要求企业之间的长久关系的确立。

在上述四方面内容中，品牌的价值是核心与关键，对于机电产品品牌的培育而言至关重要，因为毕竟对产品来讲传递给目标顾客价值才是最关键的；品牌维持力是进行品牌培育的重要支撑力量，可以使品牌保持长久竞争力，毕竟机电产品营销是关系营销，是保持顾客忠诚的长久效应；品牌的推广和拉力是进行品牌培育的重要外部条件，同质化竞争的加剧使机电企业开始在各个方面通过营销的创新来满足顾客的需求。

中国现在已经是“制造大国”，要变成“创造大国”、“品牌强国”尚有很长的路要走。“品牌强国”不但要使消费品建立品牌，更重要的是使机电产品建立品牌，因为机电产品是一个国家的重要基础。机电企业现在还大都处于打破机电产品营销的“陋习”和品牌国际化的路上，“品牌强国”之路任重而道远。

任务 4.4　机电产品售后服务策略的运用

案例 13　数控铣床的售后技术服务

1. 数控铣床的安装

一般的数控铣床采用的是机电一体化设计，从制造厂发货到用户，都是整机装运，不需解体包装。因此，用户收到机床后，只需按说明书的规定进行安装即可。安装时需要注意以下几方面。

1）开箱

机床开箱后，首先应根据包装标志找到随机技术文件，按技术文件中的装箱清单清点附件、工具、备件等。如果箱内实物与装箱单不符，应及时与制造厂联系。然后仔细阅读说明书，按说明书指导进行安装工作。

2）吊运

应按照说明书中的吊装图，在适当的位置垫上木块或厚布，防止钢丝绳碰伤油漆和加工面。在吊运过程中，应尽量降低机床的重心。如果数控机床的电柜是分离的，则电柜顶部一般有吊环供吊运时使用。

2. 数控铣床的调试

对于一般的数控铣床来说，主机是整机发运的，出厂前都已调整好。但用户在使用前仍需注意以下几点。

1）油压的调整

因为液压变速、液压拉力等机构都需要合适的压力，所以机床开箱后，应清除防锈用的油封，即向油池中灌油，开动油泵调整油压，一般为 1～2Pa 即可。

2）自动润滑的调整

数控铣床大多采用自动定时定量润滑站供油，开机前应检查一下润滑油泵是否按规定的时间启动。这些时间的调整一般由继电器进行。

3）重点检查防止升降台垂向下滑装置是否起作用

检查方法很简单，即在机床通电的情况下，在床身固定表座，将千分表测头指向工作台面，然后将工作台突然断电，通过千分表观察工作台面是否下沉，变化在 0.01～0.02mm 是允许的，下滑太多会影响批量加工零件的一致性。此时，可调整自锁器调节。

3. 数控铣床的验收

对于数控铣床的验收，目前主要根据国家颁布的专业标准进行。专业标准有 ZBJ54014—88，ZBnJ54015—88 两种。机床出厂前已在制造厂内按上述两项标准检查合格，有质检部门签发的产品合格说明书，用户可按照合格说明书中的项目，根据本企业实际掌握的检测手段，抽检或全部复检各项精度。如果有不合格项目，可向制造厂提出交涉。如果复检数据符合出厂合格证的要求，则可记录入档案，用于以后参考。

案例思考　结合营销售后服务决策分析数控铣床的售后技术服务。营销服务主要针对以下三个问题做出决策：①服务项目；②服务水平；③服务方式。试分别从这三方面对上述案例进行分析。

4.4.1　营销服务的含义及特征

营销学上所谓的服务是指向市场提供的、能满足顾客某种需要的活动或利益，是产品整体的重要组成部分。服务可分为有形产品的服务和附加产品的服务。附加产品的服务是纯粹服务，如为顾客提供送货、消费信贷、信息、咨询等。

相对于实物产品而言，服务具有下述特征。

（1）不可触摸性。服务是无形的，与有形的实物产品不同，服务在被购买之前，是看不见、摸不着、听不到的。因此，营销者的任务是通过定位策略使服务“有形化”，如通过有形的环境、工作人员的工作方式、设备的艺术价值、沟通资料、服务名称及价格等使服务的效用和价值能被顾客感受到。

（2）不可分离性。服务的生产和消费一般来说是同时进行的，服务的提供者和顾客的相互作用对服务的结果都有影响，这是营销服务的一个重要特征。

（3）可变性。服务具有极大的可变性，这是因为服务取决于由谁来提供及在何时、何地提供。同一服务，不同人操作，有不同的水平。同一人在不同时间、地点的操作成果也可能不一样。

（4）易消失性。由于服务需求具有不稳定性，不能储存，所以服务的提供者要注意运用差别价格策略调整服务需求，培养处于低峰时期的需求，实行预定项目管理，并在提高服务效率等方面使企业的人力、财力、物力得到充分利用。

4.4.2　营销服务决策

服务是企业营销活动中强有力的竞争手段，对市场占有率影响很大。随着科学技术的发展，有形产品之间的质量差异日益缩小，产品的差异性越来越表现在服务方面。技术复杂、售价昂贵的产品（如汽车、计算机）销售量的增长往往主要依赖于服务水平而不是价格的差别，这是因为一系列卓有成效的服务会使整体产品具有更大效益。例如，机床类机电产品，如果伴随硬件设备的销售而提供一系列优越的服务，如培训操作工，对设备进行安装、调试，提供咨询，帮助用户拓展应用领域等，即使其售价略高于其他同类产品，顾客也乐于接受，其销售量也肯定会有显著增加。营销服务也是开拓用户的法宝。

营销服务主要针对下列三个问题做出决策：①服务项目；②服务水平；③服务方式。

1．服务项目决策

企业在推出产品的同时，需考虑能够提供哪些种类的服务及其对顾客的重要性。各种服务要素对不同行业或产品的顾客而言，其重要性不同。例如，技术指导服务对家具和数控机床的购买者来说，其重要性相差甚远。为了做出服务项目决策，企业需要通过市场调查了解顾客对服务项目的要求，并按重要性的程度排出顺序，以此吸引顾客。

此外，企业还应突出自己的服务项目的特色，找出其他企业不足的服务项目，使顾客获得意外的满意，从而增强顾客对本企业产品的偏好。

阅读材料 10　某公司的售后服务措施

（1）我公司产品的三包期一般为一年（特殊要求进行具体商议）。

（2）我公司每年不定期对顾客进行走访，检测仪器的使用情况，并对不能正常使用的仪器进行维修。

（3）用户服务信息反馈到公司，我公司在两日内给用户答复，并在用户指定的时间派人到用户处进行售后服务。

（4）对于产品中的易损件（不影响正常运转的情况下），由厂家提供易损件供用户更换。

（5）在三包期内，在产品不能正常运转的情况下，用户可将产品就近送到我公司售后服务网点或我公司进行维修或更换。

（6）我公司每年适时举办用户学习班，对用户进行产品使用技术、保养技术、维修技术的培训，对中标离心机用户实行专期培训。

（7）三包期外，产品可返公司进行维修或派人到用户处进行维修。

（8）维修服务热线：××-8816485　8818974。

2. 服务水平决策

确定服务的量和质方面的决策，就是服务水平决策，为此，企业要了解顾客在这方面的预期需求，并进一步调查竞争者是否满足了这方面的需求。

企业可经常针对自己的服务水平在顾客中进行调查，包括对服务的及时性、服务人员的沟通能力、服务的周到性、可靠性及其对顾客的要求和问题的反应性等的调查，以便及时改进，增强企业的竞争能力。一般情况下，较高的服务水平将使顾客得到较大满足，将获得更多的用户、更多的销售业绩。

对服务项目的评价方法有两个，即服务项目的重要性评价和各服务项目已达到的成绩或水平。

（1）服务项目的重要性评价：非常重要（4）、重要（3）、稍重要（2）、不重要（1）。

（2）各服务项目已达到的成绩或水平：特优（4）、良好（3）、尚可（2）、不良（1）。

可对顾客调查取平均值作为顾客对某服务项目的综合评价。

3. 服务方式决策

服务方式决策包括服务项目如何定价和有关服务如何提供。

1）服务项目如何定价

服务项目定价常见的方法：①固定价，由政府有关部门定价，如银行利率、邮费等；②成本加总定价，营销者把一定比例的服务成本计入商品总成本，使服务在一定时期内完全免费或以优惠价提供；③浮动定价，许多服务需求弹性大，差异性显著，此时服务者应根据服务需求的高低状况采用浮动定价法，但应注意在机电产品销售合同里约定保修期。

2）有关服务如何提供

服务项目的提供方式：培训自己的外部服务人员，并在全国各地设置服务网点；由产品的经销商负责提供服务或交给专门的服务公司负责。

总之，企业要根据顾客的需要和竞争者的情况，决定服务项目、服务水平和服务方式。为了保证顾客服务决策的实现，企业需设立专门的顾客服务部门，负责解决各种服务项目及顾客提出的问题，并把顾客的建议和要求反馈给企业的有关部门，据以改进产品设计，提高服务质量，满足顾客需求。

案例 14　某机械设备有限公司的产品售后服务措施

某机械设备有限公司的主要产品有家用除湿机和工业除湿机。为了保护消费者的合法权益，明确生产、维修、使用者的责任与义务，该公司实施修理、更换、终身维修维护的产品售后服务措施。该公司以“专业化、标准化”作为自己的服务理念，“以顾客为中心，围绕用户的需求，为用户提供全方位、多层次服务；无止境地追求服务的改进、提高和创新”。

1. 保换原则

同时符合以下条件的保换新品：

（1）所购产品在保换期内（自购买日期起 30 天内）；

（2）真正出现质量问题；

（3）无人为性损坏（如摔坏、划伤）；

（4）无违反正规操作规程说明的超标使用。

2. 保修原则

同时符合以下条件的产品保修一年：

（1）所购产品在保修期内（自购买日期起一年内）；

（2）所购产品未经他人改装、修理过；

（3）无人为性损坏（如摔坏、划伤）；

（4）无违反正规操作规程说明的超标使用。

注：经他人改装、修理过的本公司的产品，再修理时收取配件费用及工时费。

3. 技术支持、维修

凡购买本公司产品，本公司将提供保换、保修期限之外的全面技术咨询及维修、维护（超过免费期限的有偿服务收取零部件工本费及工时费）。

4. 为了保证售后服务部门不做重复劳动，特请用户及经销商配合工作

（1）返修机返回维修时，请保证包装的完整性；

（2）返回公司的返修机，请写明故障现象；

（3）非维修机构请勿自行修理、拆卸；

（4）返修机的外观，严禁划伤、刻画等人为的物理性损坏；

（5）返修机如需要长途运输，运出方请注意货物包装的安全性，请选择信誉好的货运公司；

（6）本公司提供一次性的技术及使用方面的培训；

（7）如违反以上（3）、（4）、（5）、（6）条规定，本公司及其所属的维修机构将有权在保换保修政策之外进行特殊处理。

案例思考：

（1）制订产品保修期期限时要考虑什么因素？

（2）制订售后服务条款时要注意什么问题？

实训检测 6　分析某机电产品的生命周期

1．任务形式

以小组为单位，小组规模一般为 3～5 人，每小组选举小组长协调小组的各项工作，教师提出必要的指导和建议，组织学生进行经验交流，并针对共性问题在课堂上组织讨论和专门讲解。

2．任务内容

每小组从教师处领取不同的机电产品（备选机电产品：①叉车；②轴承；③机床配件；④钻床；⑤加工中心；⑥机床刀具；⑦液压泵；⑧卧式铣床；⑨PLC 等），各组从所选具体产品的规格、性能指标及市场价格等方面进行调研分析，撰写本组的《××××生命周期特征调研报告》。

3．任务考核

每小组由组长代表本组汇报任务完成情况，同学互评，教师点评，然后综合评定各小组本次任务的实训成绩。

具体考核如表 4-2 所示。

表 4-2　机电产品生命周期特征调研任务考核表

考核项目	考核内容	分数	得分
工作态度	按时完成任务	5 分	
	格式符合要求	5 分	
任务内容	产品选型合理，其生命周期典型	15 分	
	生命周期各阶段分析清楚、正确	15 分	
	有与同类产品的比较分析	15 分	
	结论符合实际情况	20 分	
团队合作精神	团队有较强的凝聚力	5 分	
	同学间有良好的协作精神	5 分	
	同学间有相互的服务意识	5 分	
团队间互评	认为该团队较好地完成了本任务	10 分	

样本

××××（机电产品名称）生命周期特征调研报告

一、概述

1．调查目的

2．调查说明（时间、方式等）

3．样本描述（被调研的产品）

二、本产品销售现状

1．产品销售现状分析（以时间为序）

2．品牌竞争状况（各品牌市场占有率及地理分布）

三、本产品生命周期所处阶段判断

1．目前所处生命周期阶段及依据

2．后续阶段发展预测

实训检测 7　制定某机电产品的售后服务条款

1．任务形式

以小组为单位，小组规模一般为 3～5 人，每小组选举小组长协调小组的各项工作，教师提出必要的指导和建议，组织学生进行经验交流，并针对共性问题在课堂上组织讨论和专门讲解。

2）任务内容

每小组从教师处领取不同的机电产品（备选机电产品：①叉车；②轴承；③机床配件；④钻床；⑤加工中心；⑥机床刀具；⑦液压泵；⑧卧式铣床；⑨PLC 等），各组从所选具体产品的性能、用途及市场等方面进行调研分析，撰写该产品的《××产品售后服务条款》。

3）任务考核

每小组由组长代表本组汇报任务完成情况，同学互评，教师点评，然后综合评定各小组本次任务的实训成绩。

具体考核如表 4-3 所示。

表 4-3　机电产品售后服务条款制订任务考核表

考核项目	考核内容	分数	得分
工作态度	按时完成任务	5 分	
	格式符合要求	5 分	
任务内容	服务条款格式正确	15 分	
	服务条款内容全面	15 分	
	服务条款保证买卖双方权益	20 分	
	服务条款符合实际情况	15 分	
团队合作精神	团队有较强的凝聚力	5 分	
	同学间有良好的协作精神	5 分	
	同学间有相互的服务意识	5 分	
团队间互评	认为该团队较好地完成了本任务	10 分	

样本

某工业除湿机的产品售后服务条款

为了保护用户的合法权益，明确生产、维修、使用者的责任与义务，本公司实施修理、更换、终身维修维护的产品售后服务措施。本公司以“专业化、标准化”作为自己的服务理念。“以顾客为中心，围绕用户的需求，为用户提供全方位、多层次服务；无止境地追求服务的改进、提高和创新”。

1．保换原则

同时符合以下条件的保换新品：

（1）所购产品在保换期内（自购买日期起30天内）；

（2）真正出现质量问题；

（3）无人为性损坏（如摔坏、划伤）；

（4）无违反正规操作规程说明的超标使用。

2．保修原则

同时符合以下条件的产品保修一年：

（1）所购产品在保修期内（自购买日期起一年内）；

（2）所购产品未经他人改装、修理过；

（3）无人为性损坏（如摔坏、划伤）；

（4）无违反正规操作规程说明的超标使用。

注：经他人改装、修理过的本公司的产品，再修理收取配件费用及工时费。

3．技术支持、维修

凡购买本公司产品，本公司将提供保换、保修期限之外的全面技术咨询及维修、维护（超过免费期限的有偿服务收取零部件工本费及工时费）。

4．为了保证售后服务部门不做重复劳动，特请用户及经销商配合工作

（1）返修机返回维修时，请保证包装的完整性；

（2）返回公司的返修机，请写明故障现象；

（3）非维修机构请勿自行修理、拆卸；

（4）返修机的外观，严禁划伤、刻画等人为的物理性损坏；

（5）返修机如需要长途运输，运出方请注意货物包装的安全性，请选择信誉好的货运公司；

（6）本公司提供一次性的技术及使用方面的培训；

（7）如违反以上（3）（4）（5）（6）条规定，本公司及其所属的维修机构将有权在保换保修政策之外进行特殊处理。

课后练习 4

1. 填空题

（1）通常产品生命周期有__________、__________、__________、__________四个阶段。

（2）在机电产品投入期，通常可采取__________、__________、__________、__________营销策略。

（3）新产品有__________、__________、__________、__________四种类型。

（4）新产品开发模式有__________、__________、__________、__________、__________五种。

（5）常用的品牌策略有__________、__________、__________、__________、__________。

2. 思考题

（1）产品整体概念包括哪些内容？

（2）什么是产品生命周期？产品生命周期各阶段的营销重点是什么？

（3）新产品有哪些分类？试述开发新产品的主要方法。

（4）什么叫产品品牌？机电产品的品牌如何培育？

（5）试述机电产品售后服务在企业营销活动中的地位和作用。

第5单元 机电产品的价格策略

学习目标

1. 了解企业定价的目标。
2. 理解企业定价的基本方法。
3. 熟悉企业定价的基本策略。

引例 5 “格兰仕”的价格策略

中国的微波炉行业起于 20 世纪 90 年代初，在格兰仕进入微波炉行业的 1993 年，整个中国的市场容量仅为 20 多万台，此时的龙头老大蚬华的销售规模为 1 万台，且大半市场集中在上海，连许多大城市的居民也不知微波炉为何物，更不习惯于用微波炉来烹饪。此时该行业未充分发育，主要对手也很弱，只要倾全力投入，就很容易在规模上把对手远远甩在后面，单机成本也会随之远远低于竞争品牌，这给格兰仕迅速崛起带来了机会。1995 年，其销量达 25 万台，市场占有率为 25.1%，超过蚬华成为全国第一（蚬华为 24.8%）。到 1998 年，其总产量达 315 万台，销售量达 213 万台，市场占有率为 61.43%，而原来的老大蚬华的销售规模已不到 15 万台。

格兰仕价格战的目标设计明确。据了解，格兰仕的降价目的是最大限度地扩大市场份额。格兰仕的价格战打得比一般企业出色，其规模每上一个台阶，就下调一个幅度的价格。当格兰仕的规模达到 125 万台时，它就把出厂价定在规模为 80 万台的企业成本以下。此时，格兰仕还有利润，而规模低于 80 万台的企业若也以此价格来出售产品，就会多卖出一台多亏一台，除非对手能形成显著的品质技术差异。当规模达到 300 万台时，格兰仕又把出厂价调到规模为 200 万台的企业的成本线以下，结果规模低于 200 万台的且技术无明显差异的企业便陷入亏本的泥潭，这样对手将缺乏追赶上其规模的机会，格兰仕则在家电业创造了市场占有率达到 61.43%的优势。

引例解读 价格战略方针下的销售策略的最好注解：成功的市场和产品定位是格兰仕微波炉确立行业地位的基础。首先，在产品和市场良好定位的基础上，格兰仕用规模去降低成本，然后用低成本去进一步扩大规模，从而大幅度降低成本，进而大幅度降低产品价格。其次，格兰仕建立规范、完善的成本管理模式，严格控制劳动成本、提高劳动效率，以保证在同规模下生产、销售、服务等成本最低。

任务 5.1 影响机电产品定价的因素分析

案例 15 A 企业的定价策略

A 企业是北京中关村地区的一家典型的生产复杂设备的机电企业，2000 年就已经被评为中关村 50 强（包括联想、方正这样的企业在内）。和很多机电企业一样，它虽然是所在行业的龙头企业，但由于其所面对的市场专业性并不为大众所熟知，所以它的竞争对手只有一个，就是大家所熟知的阿尔卡特。而阿尔卡特之所以被公众熟知是因为它还经营通信器材。

2000 年，A 企业在吸收国外先进技术的基础上自行研发了一种用于密封性检测的仪器，主要用于与真空有关的行业，如航天设备、真空开关等产品的密封性检测。与多数高价格设备行业一样，在这个行业中，虽然同类厂商的数目并不是太多，但其竞争也是很激烈的。当时已有像 B 企业这样的国内知名领头企业凭借其本土优势，以相对国际知名企业较低的价格，占有国内市场 60%的市场份额，而其余 40%的市场份额由国外几家像阿尔卡特这样的国际大企业和国内小企业瓜分。

A 企业分析自己的产品特点，认为从技术先进角度来讲，自己的产品应该定位在国际知名品牌与国内领头企业之间，因此其定价比国际知名品牌低，但高于国内领头企业的同类产品。A 企业的目标是通过优质的服务和理想的产品性价比成为国内领头企业。A 企业欲达到目标必须战胜老牌企业 B，同时由于这样的定位，A 企业必然面对国际大企业的竞争。

案例思考 分析和了解 A 企业对产品定价考虑的因素。

企业在定价时，首先要确定定价的目标。只有目标正确，才能把握定价的方向。定价目标是指企业通过制定一定水平的价格，所要达到的预期目的。

不同企业的定价目标不同，就是同一企业在不同时期的定价目标也不同。企业有多个定价目标可供选择，如生存目标、利润目标、市场占有率目标和产品质量领先目标等，这些目标相互渗透，形成一个目标体系，从而使得企业的总目标得以实现。

5.1.1 企业的基本定价目标

1. 获得利润

利润是企业从事经营活动的主要目标，也是企业生存和发展的源泉。不少企业直接以获取利润作为定价目标。

1）获得最大利润

获得最大利润是企业从事经营活动的最高展望。但获得最大利润不一定就是给单位产品制定最高的价格，有时给单位产品制定低价，也可通过扩大市场占有率，争取规模经济效益，使企业在一定时期内获得最大利润。企业在追求最大利润时，一般必须遵循边际收益等于边际成本的原则，即以总收入减去总成本的差额最大化为定价基点，确定单位产品的价格，争取最大利润。

2）获得合理利润

获得合理利润是指企业在激烈的市场竞争压力下，为了保全自己，减少风险，以及限于力量不足，只能在补偿正常情况下的社会平均成本的基础上，加上适度利润作为产品价格。该目标称为合理利润定价目标。这一定价目标既能够稳定市场价格，避免不必要的竞争，又能获得长期利润，且产品价格适中，消费者愿意接受，符合政府的价格指导方针。这是一种兼顾企业利益和社会利益的定价目标。

2. 提高市场占有率

市场占有率又称市场份额，是指企业的销售额（或某产品的销售量）占整个行业销售额（或销售量）的百分比。市场占有率是企业经营状况和企业产品竞争力的直接反映。作为定价目标，市场占有率与利润的相关性很强，从长期来看，较高的市场占有率必然带来高利润。因此，在实践中，市场占有率目标被国内外许多企业所采用，它们以较长时间的低价策略来保持和扩大市场占有率，增强企业竞争力，最终获得最大利润。

3. 应付和防止竞争

在市场竞争激烈的情况下，大多数企业对于竞争者的价格十分敏感，在分析企业的产品竞争能力和市场竞争位置后，常常以应付和防止竞争作为定价目标。

当企业具有较强的实力，在该行业中居于价格领导地位时，其定价目标主要是对付或阻止竞争对手，因此它常常首先变动价格。当企业具有一定竞争实力，居于市场竞争挑战者的位置时，其定价目标是攻击竞争对手，侵蚀竞争对手的市场占有率，因此其价格定得就相对低一些。而市场竞争力较弱的中小企业，在竞争中为防止竞争对手的报复一般不首先变动价格，它的价格主要跟随市场领导者的价格而变化。

4. 维持企业生存

如果企业的产品大量积压，甚至企业濒临倒闭时，就需要把维持企业生存作为基本的定价目标。为了使企业继续生存和存货减少，企业必须制定一个较低的价格；当产品市场的价格处于敏感期时，可通过大规模的价格折扣来维持企业的生存。

5. 保持最优产品质量

有些企业的目标是以高质量的产品占领市场，这就需要实行“优质优价”策略，以高价来保证高质量产品的研究与开发成本和生产成本。采取这种定价目标的企业，其产品一般都在消费者心目中享有一定声誉。因此，企业可以利用消费者的求名心理，制订一个较高的产品价格。

由于资源的约束、企业规模和管理方法的差异，企业可以从不同角度选择自己的定价目标。不同的行业有不同的定价目标；同一行业的不同企业也可能有不同的定价目标；同一企业在不同的时期、不同的市场条件下仍然可能有不同的定价目标；即使采用同一种定价目标，其价格策略、定价方法和技巧也可能不同。因此，机电企业应根据自身的性质和特点，具体情况具体分析，权衡各种定价目标的利弊，灵活确定自己的定价方案。

5.1.2　影响定价的因素

产品价格的制订是极其复杂的，受到多种因素的影响和制约，最基本的影响因素有以下几种。

1. 产品生产成本

产品生产成本是价格最重要的组成部分，是定价的最低限度。在激烈的市场竞争中，产品生产成本低的企业，对价格的制定拥有较大的灵活性，能相应取得良好的经济效益；反之，过高的产品生产成本就会使企业处于被动的地位。因此，企业必须加强成本管理，取得市场竞争优势和利润。

1）成本的分类

（1）固定成本。固定成本是短期内不随企业产量和销售量的变化而变化的费用支出，如设备折旧费、房租、利息、办公费用、行政管理人员的薪酬等。

（2）变动成本。变动成本是随企业产量的变动而变动的费用支出，如原材料费、工人工资等。一开始，单位变动成本可能很高，随着产量的提高和市场的扩张，单位变动成本会降低。当然，当企业停产时，变动成本为零。

（3）总成本。总成本（TC）是在一定生产水平下的全部成本，即固定成本（FC）与变动成本（VC）之和。用公式表示就是 TC=FC+VC。当产量为零时，总成本等于固定成本。

（4）直接成本。直接成本是与产品和市场直接相关的固定成本和可变成本，如广告费用、包装费用、运输费用等。

（5）间接成本。间接成本是与产品和市场相关的，但没有直接关系的那部分成本，如生产管理、质量控制、产品服务等的成本。

（6）平均成本。平均成本是单位产品所分摊的总成本，因此，通常情况下，作为产品价格的最低限度的成本应该是平均成本。

2）影响定价的主要成本因素

（1）材料成本。材料成本主要由材料价格、材料数量和材料的利用程度决定。制造商的产品生产成本很大程度上受材料成本的影响。例如，在一些机电产品中，材料成本会超过50%。因此，企业在选购材料时要慎重地评价、比较、选择材料供应商。另外，材料成本还包括间接材料的成本，这是指各个生产单位耗用的一般性材料，如机加工部门的润滑油、切削液等低值易耗品。

（2）产品功能。产品功能是指产品的特性。顾客对产品的要求也就是对产品功能的要求。产品的功能决定产品的档次和品位。产品的功能不同，满足顾客需求的层次不同，企业为之付出的成本也不同。一般来讲，产品的功能越多，成本越高。因此，企业开发一种好产品时，既要能够满足顾客的要求，又要适当地控制和降低成本，这样的产品才有价值。

（3）人工成本。人工成本与工时标准、工资标准有关。工时标准是指生产单位产品所需的时间，包括直接生产时间、必要的辅助时间和停工时间等。工资标准在计件工资制下，是指标准计件的单价；在计时工资制下，是指每一标准工时应支付的工资额。

（4）制造费用。制造费用是指各个生产单位发生的不属于材料和人工的各种与生产产品相关的费用，如固定资产折旧费、设备修理费、租赁费、保险费、水电费、取暖费、停工维修损失等。各种间接制造费用的分摊对于保证产品生产成本的合理性是非常关键的。一般根据制造费用发生与产品成本形成的特征，可以把制造费用分为变动制造费用（如水电费）和固定性制造费用（如折旧费等）两种。

（5）营销成本。营销成本是指机电企业在销售本企业的产品、自制半成品和工业性劳务等过程中产生的各种费用，以及为销售产品而专设的销售机构的费用，包括市场调查费、销售费、广告费、促销费、运输费、仓储费、搬运费等。

2. 市场需求

当商品供不应求时，会形成卖方市场，产生顾客之间的争购，使商品价格上涨；当商品供过于求时，会形成买方市场，产生企业间的竞销，使商品价格下跌。企业定价的高低会直接影响市场对产品的需求量。只有很少的特殊产品（如珠宝、字画、古董等）的价格与需求成正比。不同产品的市场需求量对价格变动的反应程度是不同的。在经济学上，价格与需求量的变化关系被称为“需求价格弹性”，即需求量变动的百分比除以价格变动的百分比：

$$\text{需求价格弹性 Ed}=\frac{\text{需求变动量的百分比}}{\text{价格变动的百分比}} \tag{5-1}$$

阅读材料 11　需求价格弹性的变化如何影响产品价格

需求价格弹性Ed按其大小主要可分为以下三种类型。

（1）Ed>1。此种类型说明这种产品的需求富有弹性，即价格上升（或下降）会引起需求量较大幅度的减少（或增加）。对于需求价格弹性大于1的产品，定价时可采用低价策略，通过薄利多销扩大销售、增加赢利。如果要提价，应防止销量大幅度下降，影响企业营销目标的实现。

（2）Ed=1。此种类型说明需求量与价格等比例变动，即价格下降 10%，销量增加 10%；价格上涨 10%，销量减少 10%。因此，价格变动对销售量变化没有影响。

（3）Ed<1。此种类型说明这种产品的需求缺乏弹性，即价格上升幅度（或下降幅度）大于需求量的减少幅度（或增加幅度）。因此，提高价格时，总收入增加；相反，降低价格，销售量增加不多，总收入反而减少。当 Ed<1 时，价格与总收入成正比，对企业来说，采用较高的定价策略对企业有利。

【讨论】按照上述分类，生活必需品、奢侈品分别属于哪种类型？企业应如何采取定价策略？

决定商品需求的因素主要有商品价格、消费者收入、替代商品的价格、互补商品的价格、消费者对商品供应的预测、广告促销等。决定商品供给的因素主要有商品价格、商品成本、企业对商品需求的预期等。这些因素错综复杂，相互交织，使得整个市场上各种商品的供求状况瞬息万变。

3. 市场竞争

企业定价的“自由程度”首先取决于市场竞争。在不同市场竞争条件下，企业定价时必须对其产品的市场模式予以考虑；企业要时刻调整价格策略，及时做出反应。在现代经济中，存在如下四种竞争格局。

1）完全竞争

在完全竞争条件下，买卖双方都只是价格的接受者，而不是价格的决定者，价格完全由供求关系决定，买卖双方的各自行为只受价格因素的支配，企业无须进行市场分析、营销调研。完全竞争的市场在现实中是不存在的，它主要被用于理论分析。对于某些产品差异性很小、有大量买主和卖主的近似完全竞争的市场，企业的主要竞争策略是降低成本。

2）纯粹垄断（又称完全垄断）

纯粹垄断是指某种产品或服务完全被一个企业所独占。从理论上分析，垄断企业有完全自由定价的可能，但在现实中，其价格也受到消费者情绪及政府干预等方面的限制。

3）不完全竞争（又称垄断性竞争）

不完全竞争是一种介于完全竞争和纯粹垄断之间的市场条件。在不完全竞争市场上，众多卖方企业的产品在质量、外观、花色、式样、包装、厂牌等方面存在差异。某些企业根据“差异”的优势，会由价格的消极接受者变为强有力的价格决定者。

4）寡头竞争

寡头竞争是指在一个行业中，少数几家企业生产和销售的产品占该行业市场销售量的绝大部分，价格实际上由它们共同控制。各个寡头之间相互依存、影响，一个寡头企业调整价格会引起其他寡头企业的连锁反应，因此，寡头企业之间会互相密切注意对方战略的变化和价格的调整。

机电产品的价格范围很大程度上取决于在顾客眼里它与竞争者产品的差异程度。机电企业可以通过以下途径获得产品差异性：产品的物理属性，企业的信誉、技术能力、供货及时性、赋予产品的价值理念等。除了评估在各种不同细分市场中的产品差异程度外，机电产品营销人员还必须了解竞争者对特定的价格决策做出的反应。

4. 政策法规

在现代经济生活中，世界各国政府对价格的干预和控制是普遍存在的，只是干预与控制的程度不同。政府对价格决策的影响主要体现在各种有关价格的法规上。我国政府除了通过宏观控制货币发行、财政收支、信贷、积累与消费的关系来影响价格的总水平外，还对有关国计民生的重要产品规定了企业的定价权限。因此，企业定价要符合国家的各项法律、法规、政策。

5. 国际市场价格的波动

加入 WTO 后，我国经济日益融入世界经济中，国际市场因素尤其是汇率的波动对国内价格的影响面和影响程度在扩大，国际市场产品价格与国内市场产品价格的关联度也越来越大。例如，石油、钢铁、有色金属等产品正在逐步与国际市场接轨，其价格与国际市场价格波动息息相关。

任务 5.2 机电产品定价方法的选择

案例 16 惠普公司的打印机如何定价

惠普公司曾成功研发了一项打印机新技术，此技术能提高打印机的性能，获得更佳的打印效果。采用该新技术的产品试制成功后，惠普公司面临定价的选择，究竟是凭借新技术优势制定高价格入市，还是保持原价不变？惠普公司高层这样分析：在目前的市场上，竞争对手的同类型打印机的售价为 150 美元，如果惠普公司的新型打印机倚仗新技术而制定高价格，如定价 250 美元，则惠普公司可以赚到 100 美元，且产品的毛利率将翻倍。可是，这样的价格体系所产生的暴利的诱惑，必然会吸引大批追随者进入，这些公司面对巨大的利润空间，必然会不惜研发成本来提升性能，结局可能是各公司相互杀价，最后不仅导致市场的混乱，而且会直接损害惠普公司的优势。

基于这种考虑，惠普公司决定定价 185 美元，虽然每台只能赚到 35 美元，但可以有效吓阻追随者的进入。如果有追随者愿意花费巨额成本加入竞争，惠普公司还准备将价格调到 160～175 美元，使新对手无法收回成本，赢利微乎其微，甚至可能亏损。

惠普公司所采用的价格战略，虽然使自己损失了更多的利润，但是成功地实现了主要目标，那就是最大限度地扩大市场份额，把自己的竞争者阻挡在新型打印机市场的门外。

案例思考 产品在投入期的定价方法是怎样的？

5.2.1 成本导向定价法

成本导向定价法是以企业的生产成本作为定价基础的一种定价方法。由于产品形态不同及成本基础上核算利润的方法不同，成本导向定价法可分为以下几种形式。

1. 总成本加成定价法

总成本加成定价法是指在产品的成本上加上一个标准加价百分比。该方法在考虑生产与营销的成本之后，还要考虑一定比例的利润及其他费用，然后才能制定出产品的价格。当超级市场、零售商店或生产企业的管理者无法通过对需求的估计来定价时，便会转向以成本为基础的定价方法。

其计算公式为

$$单位产品单价=单位产品总成本\times(1+目标利润率) \tag{5-2}$$

事实上，对于不同类型的产品，其所增加的毛利的百分比是不同的。另外，这种加价水平在制造商、批发商与零售商之间的比例也是不同的。

总成本加成定价法的优点是：计算简便，成本资料可直接获得，便于核算；价格能保证补偿全部成本并满足利润要求。这种定价法的缺点是：制定的价格可能与市场价格有一定偏离，价格难以反映市场供求状况和竞争状况。

总成本加成定价法在机电产品的价格制定中得到了广泛使用。即使不用这种方法定价，许多企业也都把用此法制定的价格作为参考价格。

2. 目标收益定价法

目标收益定价法是以目标成本为基础，加上预期的目标利润和应缴纳税金来制定价格的方法。其实质是企业对销售的产品先定出一个出厂价，再扣除应缴纳的税金和目标利润，计算出目标成本，然后通过增加产量、降低实际成本来实现这个目标成本。因此，目标成本是企业为实现定价目标，谋求长远和整体利益而测定的计划成本，而不是产品的实际成本。

目标收益定价法确定价格的基本步骤如下。

1）确定目标收益率

$$目标收益率=1/投资回收期（以年为单位）\times100\% \tag{5-3}$$

一般机电行业的目标收益率在 20%左右。

2）确定单位产品目标利润额

$$单位产品目标利润额=总投资额\times目标收益率/预期销量 \tag{5-4}$$

3）计算单位产品价格

$$单位产品价格=（企业固定成本/预期销量）+单位变动成本+单位产品目标利润 \tag{5-5}$$

目标收益定价法大都适用于对新产品的定价。新产品在投产初期产量小、成本高，如果按批量实际成本加一定的成本利润率定价，所定的价格必然很高，新产品就很难打开销路；如果将产品的成本计算从投产初期扩大到较大的批量，产品的单位成本就会低得多，如果按这样的成本定价，就可使产品价格达到市场易销的价格水平，企业就能实现利润目标。但使用目标收益定价法有一个假设的前提，即增加的产量必须能在市场上销出去。

3. 边际成本定价法

边际成本定价法也称边际贡献定价法，即仅计算可变成本，不计算固定成本，在变动成本的基础上加上预期的边际贡献。边际贡献是指企业增加一个产品的销售，所获得的收入减去边际成本的数目，即

$$边际贡献=产品价格-单位变动成本 \quad (5-6)$$

从式（5-6）可以推出单位产品价格的计算公式：

$$单位产品价格=单位变动成本+边际贡献 \quad (5-7)$$

这种定价方法的优点：易于在各产品之间合理分摊可变成本；定价一般低于总成本加成定价法，能大大提高产品的竞争力；根据各种产品边际贡献的大小安排企业的产品线，易于实现最佳产品组合。这种定价一般在卖方竞争激烈时采用。但这种定价易于受到竞争者的报复，在国际市场上则易被进口国认定为“倾销”，产品价格也会因“反倾销税”的征收而畸形上升，从而失去其最初的意义。

4. 盈亏平衡定价法

盈亏平衡定价法是以盈亏平衡，即企业总成本与销售收入保持平衡为原则制定价格的一种方法，即有

$$盈亏平衡价格=（固定总成本/销量）+单位变动成本 \quad (5-8)$$

这种定价方法比较简便，单位产品的平均成本即其价格，且能保证总成本的实现。该方法侧重于保本经营。在市场不景气的条件下，保本经营总比停业的损失要小得多。企业只有在实际销售量超过预期销售量时，方可赢利。这种方法的关键在于准确预测产品销售量，否则制定出的价格不能保证收支平衡。因此，当市场供求波动较大时应慎用此法。

5.2.2 顾客导向定价法

顾客导向定价法是以用户对产品价值的理解程度和需求强度为依据的定价方法，主要包含以下几种方法。

1. 认知价值定价法

认知价值就是指消费者对某种产品的主观评判。采用认知价值定价法时，企业不以成本为依据，而以消费者对产品价值的理解度为定价的依据。使用这种方法定价，企业首先应以各种营销策略和手段，影响消费者对产品的认知，形成对企业有利的价值观念，然后根据产品在消费者心目中的价值来制定价格。

认知价值定价法的关键在于获得消费者对有关产品价值理解的准确资料。企业如果过高估计消费者的理解价值，定价就可能过高，这样会影响产品的销量；反之，如果企业低估了消费者的理解价值，其定价就可能低于应有的水平，企业可能因此减少收入。因此，企业必须通过市场调查，了解消费者的消费偏好，准确地估计消费者的理解价值。

2. 需求差异定价法

需求差异定价法是指企业根据不同消费者、不同消费地点、不同消费时间、不同款式等方面的需求差异而制定不同的价格。这种价格的差异是与不同的需求状况相关的，并不反映产品成本间的差异。需求差异定价法的定价方式主要有以下几种。

1）用户差别定价法

用户差别定价法是指同一产品或劳务，对不同的顾客制定不同的价格。企业可根据上述差异在定价时给予相应的优惠或提高价格，如对老顾客和新顾客、长期顾客和短期顾客采用

不同的价格。

2）产品差别定价法

产品差别定价法是指对不同式样、不同型号、规格、用途、不同档次的产品制定不同的价格。采用此种方法的价格差异比例往往大于成本差异比例，如头等舱、公务舱、经济舱等航班座位的分类。

3）时间差异定价法

时间差异定价法是指根据产品季节、日期及钟点上的需求差异制定价格。例如，空调、防寒服、水果、鲜花等时令产品大都有淡、旺季的价格差别。又如，月饼的销售价格在农历八月十五前可定得相对较高，但中秋节一过，只能大幅度降价；节假日的车船票定价比平时高。

4）地点差异定价法

地点差异定价法是指对同一产品因需求的空间位置不同而制定不同的价格。与消费品不同，机电产品的购买者通常会选择几家各地的供应商，因此运输费用是购买价格的重要影响因素。

5）以交易条件为基础的差别定价法

交易条件包括交易量大小、交易方式、购买频率、支付条件。交易条件不同，企业可对产品制定不同的价格。例如，现金交易的价格可适当降低，支票交易、分期付款、承兑汇票、以物易物的价格要适当提高，支付定金、连续购买的价格一般低于偶尔购买的价格。

实行需求差异定价法要具备一定的前提条件：一是市场能够根据消费者的需求强度不同进行细分；二是细分后的市场在一定时期内相对独立，互不干扰；三是竞争者没有可能在企业以高价销售产品的市场上以低价销售；四是价格差异程度不会导致消费者的不满或反感。

阅读材料 12　航空公司的差别定价

乘客在乘坐飞机从克利夫飞往迈阿密的同一条航线上，有以下 10 种不同的票价可供选择。从这条航线上服务的三家航空公司和东方、联合等公司的激烈竞争中，精明的顾客可以得到不少好处，因为许多票价是针对不同细分市场的。

（1）头等舱机票是 218 美元。

（2）标准经济舱机票是 168 美元。

（3）晚间二等舱机票是 136 美元。

（4）周末短途旅行机票是 134 美元。

（5）义务工作人员机票是 130 美元。

（6）周内短途旅行机票是 128 美元。

（7）短途旅游观光团机票是 118 美元。

（8）军事人员机票是 128 美元。

（9）青少年机票是 112 美元。

（10）周末机票是 103 美元。

5.2.3 竞争导向定价法

当竞争因素成为企业定价首要考虑的因素时，企业就会以竞争作为定价方法的基础。竞争导向定价法是根据竞争者产品的价格来制定企业产品价格的一种方法。常用的有以下四种方法。

1. 随行就市定价法

对于许多产品来说，企业有时很难设计一种特殊的或专门的价格来反映消费者心目中对产品的认知价值。在这种情况下，企业一般以市场上的流行价格或其他竞争者已设立的价格为基准，并结合自身的情况来定价。使用这种方法定出来的价格，大体上反映的是市场上已经被人们接受了的价格，这种方法就被称为随行就市定价法。在竞争激烈的情况下，随行就市定价法是一种与同行和平共处、比较稳妥的定价方法，可避免风险。

2. 主动竞争定价法

主动竞争定价法即企业根据自身产品与竞争对手产品的差异状况，有意地制定低于或高于竞争者的产品价格。主动竞争定价法是一种进攻性的定价方法，一般为实力雄厚或产品独具特色的企业所采用。

3. 密封投标定价法

密封投标定价法是指在市场营销活动中，采用招标、投标的方式，由一个买主（或卖主）对两个以上并相互竞争的潜在卖主（或买主）的出价（或要价）择优成交的定价方法。一般首先由卖方（或称招标方）公布招标书，然后由买方（或称投标方）根据招标书的要求及竞争对手的情况进行报价（各方报价一般不公开），最后由买方择优选择成交价格。

5.2.4 机电产品营销中的招标、投标

招标、投标是在市场经济条件下进行大宗货物的买卖、工程建设项目的发包与承包，以及服务项目的采购与提供时，所采用的一种交易方式。招标、投标的交易方式是市场经济的产物，采用这种交易方式，必须具备两个基本条件：一是要有能够开展公平竞争的市场经济运行机制；二是必须存在招标采购项目的买方市场，对采购项目能够形成卖方多家竞争的局面，买方才能够居于主导地位，有条件以招标方式从多家竞争者中择优选择中标者。我国立法机关组织制定了第一部招标投标法——《中华人民共和国招标投标法》，该法已由中华人民共和国第九届全国人民代表大会常务委员会第十一次会议于 1999 年 8 月 30 日通过，自 2000 年 1 月 1 日起实施。为了规范招标、投标活动，根据《中华人民共和国招标投标法》，在 2011 年 11 月 30 日的国务院第 183 次常务会议上通过了《中华人民共和国招标投标法实施条例》，并于 2012 年 2 月 1 日起实施。

由于顾客对产品和技术服务的一些特殊要求，机电企业需要根据实际情况制定特殊的价格或报价，而不是制定一个价目单。在机电产品市场中，有相当一部分价格是通过竞争性投标达成协议的。特别是对于非常专业的机电新产品，企业都会采取专家评标的形式确定新产品的定价与最终采购价格。

招标、投标是一种特殊的交易方式和订立合同的特殊程序。在国际贸易中，目前已有许

多领域采用这种方式，并已逐步形成了许多国际惯例。从发展趋势看，招标、投标的领域还在继续拓宽，其规范化程度也在进一步提高。在商业贸易中，特别是在国际贸易中，大宗商品的采购或大型建设项目承包等，通常不采用一般的交易程序，而是按照预先规定的条件，对外公开邀请符合条件的国内外制造商或承包商报价投标，最后由招标人从中选出价格和条件优惠的投标者，与之签订合同。在这种交易中，对采购商（或采购机构）来说，他们进行的业务是招标；对承包商（或出口商）来说，他们进行的业务是投标。

招标、投标是国际上使用十分广泛的一种有组织的商业交易形式。由于其操作规范，又本着公开公平的原则，所以它在不断扩大执行领域。大到发射卫星，小到岗位的竞聘，本着公平公正的原则，都可以采用招标、投标的形式。使用招标、投标，有利于引入竞争机制，顺利完成任务，加强地区间、部门间的经济联系和合作，提高企业的素质。因此，人们应当掌握规范的撰写招标、投标这类文件的方法，这对于促进社会主义市场经济的发展，提高经济效益均有重要作用。

1. 招标、投标书的概念和特点

1）招标、投标书的概念

所谓招标是指招标人对货物、工程和服务等事先公布采购的条件和要求，以一定的方式邀请投标人投标，并按照公开规定的程序，在投标人中选择最恰当的合作伙伴的行为。招标书是提供有关项目的具体情况和投标工作事项的文书。

所谓投标则是指投标人响应招标人的邀请，参加投标竞争的行为。投标书是投标单位（或个人）根据招标单位对招标项目所拟定的条件而撰写的、提供给招标单位的备选方案。

在中华人民共和国境内进行下列工程建设项目，包括项目的勘察、设计、施工、监理，以及与工程建设有关的重要设备、材料等的采购，必须进行招标：

（1）大型基础设施、公用事业等关系社会公共利益、公众安全的项目；

（2）全部或部分使用国有资金投资或国家融资的项目；

（3）使用国际组织或外国政府贷款、援助资金的项目。

2）招标、投标书的特点

（1）招标书的特点。

① 公开性。招标本身就是一项周知性的公开进行的商品交易行为。发布招标公告的目的，就是要将事项告知于人，吸引人们参与投标，这就决定了招标书的公开性。

② 明确性。为了吸引人们参与投标，招标书必须写明招标的内容、条件和有关要求，因此它具有明确性。

③ 竞争性。招标通过发表招标书来吸引众多的单位参与投标竞争，以便“货比三家”，择优录用，因此招标书的内容和语言都表现出竞争性。

④ 具体性。招标书是涉及具体业务项目的文书，其内容越具体，越便于人们通盘考虑是否投标竞争。招标书不能笼统抽象、含糊不清。

（2）投标书的特点。

① 针对性。投标书的针对性表现在两个方面：一是必须针对招标项目和招标条件、要求来写；二是必须针对投标单位自身的实际承受能力来写。

② 真实性。投标书的内容必须真实，因为投标单位一旦中标后，便要对自己的承诺负责，要承担法律责任。

③ 竞争性。投标是一项竞争性很强的商品交易行为。为了能够中标，投标书的内容和语言必须具有竞争性，尽可能显示投标单位所具有的某些优势条件，以击败其他竞争者。

2. 招标、投标书的种类

1）招标书的种类

招标分为公开招标和邀请招标。招标书分为招标公告和投标邀请书。

（1）公开招标，是指招标人以招标公告的方式邀请不特定的法人或其他组织投标。

（2）邀请招标，是指招标人以投标邀请书的方式邀请特定的法人或其他组织投标。

2）投标书的种类

投标书的种类按照使用对象划分，有以下几种。

（1）生产经营性投标书，如工程投标书、承包或租赁投标书、劳务投标书、产品扩散投标书等。

（2）技术投标书，如技术引进、开发或转让投标书，科研课题投标书，关键技术项目投标书等。

（3）生活投标书，如换房投标书等。

3. 招标、投标活动应当遵循的原则及招标、投标的优点

1）招标、投标活动应当遵循的原则

（1）公开原则。招标、投标活动是一种程序性比较强的经济活动。招标人应当公开招标信息及招标、投标的程序，以便于投标人了解并做出选择。公开原则有助于防止行政干预及其他不良现象的发生。

（2）公平原则。只有建立在公平基础上的竞争，才能保证招标、投标双方在这一活动中享有平等的权利，有同等的机会。招标人对投标人不应存在任何歧视行为。

（3）公正原则。招标人要遵循公正原则，严格按照事先公布的条件和标准对待所有的投标人。评标组织也必须认真按照招标文件所规定的方法和标准，对投标人的投标文件进行客观评价和比较，以保证招标、投标活动能够有效、公平地开展。

（4）诚实信用原则。从合同法律性质上来说，招标、投标行为具有要约、承诺的关系，并最终引出招标人和中标人之间合同的订立。因此，《合同法》所规定的诚实信用原则也适用于招标、投标活动。

2）招标、投标的优点

采用招标、投标方式进行交易活动的最显著特征，是将竞争机制引入交易过程。与采用供求双方“一对一”直接交易等非竞争性的采购方式相比，它具有明显的优越性，主要表现在以下几方面。

（1）招标方通过各投标竞争者的报价和其他条件进行综合比较，从中选择报价低、技术力量强、质量保障体系可靠、具有良好信誉的供应商、承包商作为中标者，与其签订采购合同，这显然有利于节省和合理使用采购资金，保证采购项目的质量。

（2）招标、投标活动要求依照法定程序公开进行，有利于堵住采购活动中行贿、受贿等腐败和不正当竞争行为的“黑洞”。

（3）有利于创造公平竞争的市场环境，促进企业间的公平竞争。采用招标、投标的交易方式，对于供应商、承包商来说，只能通过在质量、价格、售后服务等方面展开竞争，以尽可能充分满足招标方的要求来取得商业机会，体现了在商机面前人人平等的原则。当然，招标采购与直接采购方式比较，也有其固有的缺陷，主要是招标、投标程序复杂，费时较多，费用也较高。因此，有些采购标的物价值较低或采购时间紧迫的采购，不适宜采用招标、投标方式。

4. 招标、投标的一般程序

招标、投标需经过编制招标文件、发布招标公告、投标、开标、评标与中标等程序。

1）编制招标文件

编制招标文件是开展招标、投标活动的基础工作，通常由有关的专业人员组成小组来进行。招标文件必须对招标程序做出明确的规定，它还包括其他许多内容。招标文件一般应当载明下列事项：投标人须知；招标项目的性质、数量；技术规格；投标价格的要求及其计算方式；评标的标准和方法；交货、竣工或提供服务的时间；投标人应当提供的有关资格和资信证明文件；投标保证金的数额或其他形式的担保；投标文件的编制要求；提供投标文件的方式、地点和截止日期；开标、评标、中标的日程安排；合同格式及主要合同条款；需要载明的其他事项。

招标文件的作用在于：阐明需要采购货物或工程的性质；通报招标程序将依据的规则和程序；告知订立合同的条件。招标文件既是投标商编制投标文件的依据，又是采购人与中标商签订合同的基础。因此，招标文件在整个采购过程中起着至关重要的作用。招标人应十分重视编制招标文件的工作，并本着公平互利的原则，使招标文件严密、周到、细致、内容正确。

2）发布招标公告

根据《中华人民共和国招标投标法》第十条的规定，我国的招标方式分为公开招标与邀请招标两种。公开招标时，一般通过国家指定的报刊、信息网络或其他媒介来发布招标公告。招标公告应当载明下列事项：招标人的名称和地址；招标项目的性质、数量；招标项目的地点和时间要求；获取招标文件的办法、地点和时间；对招标文件收取的费用；需要公告的其他事项。邀请招标时，则直接向三个以上具备承担招标项目能力的、资信良好的特定的法人或其他组织发出投标邀请书。招标人应在规定的时间内向投标人出售招标文件。

3）投标

投标人购买招标文件后，也常建立由专人组成的投标小组，对招标文件进行认真研究，并展开一定的工作，最终确定投标报价，编制好投标文件，密封后按时送达招标人指定的接收地点。未密封、未盖印的标函都是无效的。投标人应当按照招标文件的规定编制投标文件。投标文件应当载明下列事项：投标函；投标人资格、资信证明文件；投标项目方案及说明；投标价格；投标保证金或其他形式的担保；招标文件要求具备的其他内容。

投标人通常应当具备下列条件：与招标文件要求相适应的人力、物力和财力；招标文件要求的资质证书和相应的工作经验与业绩证明；法律、法规规定的其他条件。投标人可以撤回、补充或修改已提交的投标文件，但是应在提交投标文件截止日之前，书面通知招标人或者招标、投标中介机构。

制作投标书应注意的事项：《中华人民共和国招标投标法》第二十七条规定，投标人应当按照招标文件的要求编制投标文件；投标文件应当对招标文件提出的实质性要求和条件做出响应；招标项目属于建设施工的，投标文件的内容应当包括拟派出的项目负责人与主要技术人员的简历、业绩和拟用于完成招标项目的机械设备等。

4）开标

开标是招标人按照招标文件中规定的日期、地点公开开启标函的行为。

开标应当按照招标文件规定的时间、地点和程序以公开方式进行。开标由招标人或招标、投标中介机构主持，邀请评标委员会成员、投标人代表和有关单位代表参加。

投标人检查投标文件的密封情况，确认无误后，由有关工作人员当众拆封、验证投标资格，并宣读投标人名称、投标价格及其他主要内容。

5）评标

评标是指由专门的人员对所有的投标文件按照文件确定的评标标准和方法，从标价上、技术上及其他交易条件等方面进行比较和评价，从而确定中标人的行为。

6）中标

中标人确定后，招标人应当向中标人发出中标通知书，并同时将中标结果通知所有未中标的投标人。投标人提交投标保证金的，招标人同时还应退还这些投标人的投标保证金。中选的投标者应当符合下列条件之一：满足招标文件各项要求，并考虑各种优惠及税收等因素，在合理条件下所报投标价格最低；最大限度满足招标文件中规定的综合评价标准。

5. 招标、投标要注意的问题

企业投标工作是一项十分复杂的营销活动，是机电产品大额销售的最常见形式。投标定价是这项工作的核心，企业要切实把握好投标和投标定价。

1）招标方与投标方的关系

一般来讲，招标方只有一个，而且处于主导地位，而投标方要有两家以上，投标者之间处于相互竞争的关系，投标者能否获得成功，投标定价是一个关键因素。

2）投标价格的确定

投标价格必须是招标方所愿意接受的价格。投标价格的确定主要根据的是企业对竞争对手的可能递价水平的分析预测，以及企业的技术力量和成本。企业一定不能盲目乐观。递价水平是以最高期望利润为标准制定的。在竞争投标中，企业中标概率的大小取决于参与投标企业的竞争递价状况，递价水平越高中标率越低，递价水平越低中标率越高。但对投标企业来讲，虽然递价水平低容易中标，但可能利润低甚至亏损，对企业并不利。因此，递价水平既要使企业比较容易中标，又要保证企业得到合理的利润。

3）投标定价的适用范围

在我国，投标定价主要适用于购买大宗物资、设备，承包基建工程、政府采购项目等。

在机电行业中，在选择协作生产伙伴和来料加工对象等业务中常采取这种定价方法。

6. 竞争投标报价策略

1）投标报价的特点

（1）投标市场价格一般是走低的，各企业的报价基本上都会比上一次报价低。

（2）投标价格是最终价格，没有谈判的余地。

（3）报价在开标前是保密的，开标后是透明的。

（4）报价极度敏感，投标成功与否取决于竞争产品性价比的微弱差别。由于产品性能是相对稳定的，所以投标成功与否实际上取决于价格的区别。

（5）投标价格是公开的，公开招标的项目一般都较大，因此投标价格的影响面一般较大。投标价格一般代表着企业当前的最低价格。

2）投标报价策略

从实际操作的角度来讲，投标报价可通过以下步骤进行：

（1）确定自己产品的市场价格水平，也就是确定自己在投标竞争状态的具体定位，并确定自己的主要竞争对手；

（2）确定各个主要竞争对手当前的价格水平；

（3）根据以往的信息和当前的具体市场情况预测其价格走势，确定主要竞争对手的投标报价；

（4）根据性能价格比微弱优势的原则，确定此次的投标报价。

投标报价成功的三个标准：一是竞标成功；二是投标价格反映产品的市场定位；三是保持相对于主要竞争对手价格的微弱优势。即使企业中标了，如果没有满足第二、第三个标准，则投标报价也是不成功的。

任务 5.3　了解机电产品的定价策略

案例 17　凯特比勒公司的高定价

凯特比勒公司是生产和销售牵引机的一家公司，它的定价方法十分奇特，一般牵引机的价格均在 2 万美元左右，然而该公司却卖 2.4 万美元，虽然高 4 000 美元一台，却卖得更多！

当顾客上门，询问为何该公司的牵引机要贵 4 000 美元时，该公司的经销人员会给顾客算以下账。

20 000 美元，是与竞争者同一型号的机器价格；

3 000 美元，是产品更耐用而多付的价格；

2 000 美元，是产品可靠性更好而多付的价格；

2 000 美元，是公司服务更佳而多付的价格；

1 000 美元，是保修期更长而多付的价格；

28 000 美元，是上述总和的应付价格；

4 000 美元，是折扣；

24 000 美元，是最后价格。

凯特比勒公司的经销人员使目瞪口呆的顾客相信，他们只要付24 000美元，就能买到值28 000美元的牵引机一台，从长远来看，购买这种牵引车的成本比一般牵引车的成本更低。

案例思考

（1）凯特比勒公司采用的是什么定价方法？

（2）为什么顾客认为该价格是合理的价格？

为产品定价是一个极其复杂的过程，企业采取不同的定价方法，只能得到产品的基本价格。企业还需要根据具体的市场环境、产品条件、市场供求、企业目标等灵活地运用适当的定价策略和技巧，制定最终的销售价格，以期达到扩大销售，增加企业利润的目的。

5.3.1 心理定价策略

心理定价策略是根据消费者不同的消费心理灵活定价，以引导和刺激购买的价格策略。这种策略运用心理学的原理，依据不同类型的消费者在购买产品时的不同心理要求制定价格，诱导消费者增加购买，扩大企业销量。其具体策略主要有以下几种。

1. 声望定价

声望定价是指企业利用消费者仰慕名牌产品或名店的声望所产生的某种心理来制定产品的价格。对于一些名牌产品，企业往往利用消费者仰慕名牌的心理而给其制定大大高于其他同类产品的价格。例如，国际著名奢侈品牌欧米茄（Omega）手表，在我国市场上的销价从一万元到几十万元不等。消费者在购买这些名牌产品时，特别关注其品牌、标价所体现出的炫耀价值，目的是通过消费获得极大的心理满足。

2. 尾数定价

尾数定价是指在确定零售价格时，以零头数结尾，使消费者在心理上有一种其价格便宜的感觉；或者按照风俗习惯的要求，价格尾数取吉利数字，以扩大销售。

阅读材料13　尾数定价法

很多零售企业在售货实践中发现一种有趣的现象，即消费者往往比较喜欢带尾数的产品标价。同一种产品标价29.99元或30.17元，比标价30.00元时的销路要好。在大多数消费者看来，带有尾数的价格比较精确地反映了产品的价格，给人货真价实的感觉。此后，研究消费心理学的专家又进一步发现，消费者不仅喜欢有尾数标签的产品，而且喜欢尾数是奇数的产品。尾数为单数的产品比尾数为双数的产品往往会给消费者以更便宜的“错觉”，因此，专门把这种定价方法称为奇数定价法。采用奇数定价法时要想获取最大限度的利润，必须挑选最大的奇数。因此，在许多连锁超市、仓储式商场中，标价尾数为9的产品大量出现。

3. 习惯性定价

市场上的某些产品在出售时既要遵循一些习惯或传统，同时又要受到一些条件的限制。例如，牛奶、食盐等，消费者在长期的消费中已形成了一个参考价格水平，个别企业很难改变。如果企业定价低于该水平易引起消费者对品质的怀疑，高于该水平则可能受到消费者的抵制。企业定价时常常要迎合消费者的这种习惯心理。

4. 招徕定价

零售商常利用消费者贪图便宜的心理，特意将某几种产品的价格定得较低以招徕顾客，或者利用节假日和换季时机举行大甩卖、限时抢购等活动，把部分产品打折出售，目的是吸引顾客经常来采购廉价产品，同时也会顺便选购其他正常价格的产品，从而促进全部产品的销售。

阅读材料 14　“创意药房”招徕定价

日本“创意药房”在将一瓶 200 元的补药以 80 元超低价出售时，每天都有大批人潮涌进店中抢购补药。按说如此下去药房肯定会赔本，但其财务账目显示盈余逐月骤增，其原因就在于没有人来店里只买一种药，人们看到补药便宜，就会联想到“其他药也一定便宜”，从而促成了盲目的购买行动。

【讨论】现在许多超级市场和百货商店几乎天天都有“特价”、“惊爆价”、“大减价”等产品，它们采用了哪种定价策略？使用这种定价策略时应注意什么问题？

5.3.2　价格折扣和折让策略

企业在制定价格之后，在实际交易中，为了鼓励顾客及早付清货款、大量购买、增加淡季销售量，常常会酌情给顾客一定的优惠，这种价格的调整叫作价格折扣和折让。价格折扣和折让策略实质上是一种优惠策略，即直接或间接地降低价格，以争取顾客，扩大销量。

1. 现金折扣

现金折扣是企业给予现金交易的顾客或对及早付清货款的顾客的一定的价格折扣，如顾客在 30 天之内必须全部付清货款，若提前 10 天付款，给予 2%的折扣；提前 20 天付款，给予 3%的折扣。现金折扣的目的是鼓励顾客尽早付款，加速资金周转，降低销售费用，减少财务风险。

2. 数量折扣

数量折扣是生产企业鼓励顾客集中购买或大量购买所采用的一种策略。它按照购买数量或金额，分别给予顾客不同的折扣比率。顾客购买越多，折扣越大。

3. 功能折扣

功能折扣也称交易折扣，是指生产企业针对经销其产品的中间商在产品分销过程中所处的环节不同，其功能、责任和风险也相应不同，而给予他们的不同的价格折扣。

4. 季节折扣

一般来说，有许多产品是常年生产、季节性销售；而有些产品是季节性生产、常年销售。生产企业为了调节供需平衡，把产品的储存分散到销售渠道或顾客手中，常常采用季节折扣策略。这种策略是鼓励顾客在淡季进行购买，以使企业的生产和销售一年四季都能保持相对稳定。

5. 推广折让

推广折让是生产企业为扩大产品销路，向中间商提供促销津贴的一种销售策略。例如，零售商为企业产品刊登广告或设立橱窗，生产企业除负担部分广告费外，还在产品价格上给予一定优惠。

阅读材料 15 “美佳”西服店的折扣策略

日本东京银座的“美佳”西服店为了销售产品采用了一种折扣销售方法，颇获成功。其具体方法是这样的：先发布一个公告，介绍某产品的品质、性能等一般情况，再宣布打折扣的销售天数及具体日期，最后说明打折方法，即第一天打九折，第二天打八折，第三、第四天打七折，第五、第六天打六折，以此类推，到第十五、第十六天打一折，这个销售方法的实践结果是第一、第二天顾客不多，来者多半是探听虚实和看热闹的；第三、第四天人渐渐多起来；第五、第六天打六折时，顾客像洪水般涌向柜台争购；以后连日爆满，没到一折售货日期，产品早已售缺。这是一则成功的折扣定价策略，它妙在准确地抓住了顾客的购买心理，有效地运用折扣售货方法进行了销售。人们当然希望买到质量好又便宜的货，最好能买到二折、一折价格出售的货，但是有谁能保证到你想买时还有货呢？于是便出现了头几天顾客犹豫，中间几天顾客抢购，最后几天买不着者惋惜的情景。

5.3.3 新产品定价策略

1. 撇脂定价策略

撇脂定价策略也称速取定价策略或高额定价策略，指企业在新产品刚上市时，把价格定得尽可能高，以期及时获得较高的收益，在产品生命周期的初期便收回研制开发新产品的成本及费用，并逐步获得较高的利润，以后随着产品的进一步成长再逐步降低价格。采用此策略的企业产品一上市便可获得高价厚利，其做法很像从牛奶的表面撇取奶油，因此而得名。

一般来说，撇脂定价策略适合于市场需求量大且需求价格弹性小、顾客愿意为获得产品价值而支付高价的细分市场。当企业是某一新产品的唯一供应者时，采用撇脂定价也可使企业利润最大化。但高价会吸引竞争者纷纷加入，一旦有竞争者加入，企业就应迅速降价。

当英特尔公司推出一种新的计算机芯片时，它使用最高的价格，帮助新的芯片压倒了市场上原有的芯片。它制定的价格瞄准的是一些需要这种新的芯片的计算机细分市场。当新产品销售的速度降下来时，或者竞争者即将推出类似芯片时，英特尔公司便开始降低价格，以吸引市场上那些对价格敏感的消费者。

案例 18 高价也可多销

1945年的圣诞节即将来临时，为了欢度第二次世界大战后的第一个圣诞节，美国居民急切希望能买到新颖别致的产品作为圣诞礼物。当年6月，美国有一位名叫朵尔顿·雷诺兹的企业家到阿根廷谈生意时，发现圆珠笔在美国将有广阔的市场前途，立即不惜资金和人力从阿根廷引进当时美国人根本没有见过的圆珠笔。他只用一个多月便拿出了自己的改进产品，并利用当时人们“原子热”的情绪，将其取名为“原子笔”。之后，他立即拿着仅有的一支样笔来到纽约的金贝尔百货公司，向主管们展示这种“原子笔”的不凡之处：“既可以在水中写字，也可以在高海拔地区写字。”这些都是雷诺兹根据圆珠笔的特性和美国人追求新奇的性格精心制定的促销策略。果然，公司主管对此深感兴趣，一下订购了2 500支，并同意采用雷诺兹的促销口号作为广告。

当时，这种“原子笔”的生产成本仅为 0.8 美元，但雷诺兹果断地将售价抬高到 20 美元，因为只有这个价格才能让人们觉得这种笔与众不同，配得上“原子笔”的名称。1945 年 10 月 29 日，金贝尔百货公司首次销售雷诺兹原子笔，竟然出现了 3 000 人争购的壮观场面。人们以赠送与得到“原子笔”为荣，一时间新颖、奇特、高贵的“原子笔”风靡美国，大量订单像雪片一样飞向雷诺兹的公司。短短半年时间，雷诺兹生产原子笔所投入的 2.6 万美元成本竟然获得 150 多万美元的利润。等到其他对手挤进这个市场，杀价竞争时，雷诺兹已赚足钱，抽身而去。

案例思考　案例中的新产品定价采用了什么策略？这种定价策略的特点是什么？

2. 渗透定价策略

渗透定价策略也称低额定价策略。与撇脂定价策略截然相反，此策略在向市场推出新产品时，尽量把价格定得低一些，采取的是保微利、薄利多销的方法。此时，企业的目标不是争取短期的更大利润，而是尽快争取最大可能的市场占有率。采用此策略的产品在上市后以较低价格在市场上慢取利、广渗透，因此该策略叫作渗透定价策略。

采取渗透定价策略不仅有利于迅速打开产品销路，抢先占领市场，提高企业和品牌的声誉，而且由于价低利薄，有利于阻止竞争对手的加入，保持企业一定的市场优势。通常，渗透定价适合于产品需求价格弹性较大的市场，低价可以使销售量迅速增加；另外，它要求企业生产经营的规模经济效益明显，成本能随着产量和销量的扩大而明显降低，从而通过薄利多销获取利润。

3. 试销价格策略

试销价格策略是指企业在某一限定的时间内把新产品的价格维持在较低的水平，以赢得消费者对该产品的认可和接受，降低消费者的购买风险。例如，微软公司的 Access 数据库程序在最初的短期促销价为 99 美元，建议零售价则为 495 美元。

试销价格策略有利于鼓励消费者试用新产品，企业则希望消费者通过试用成为企业的忠实顾客，并建立企业的良好口碑。该策略也经常被服务性企业所采用，如开业之初的特惠价等。但只有企业的产品或服务确实能使消费者感到获得了很大的利益时，此种策略才能收到预期的效果。

5.3.4　产品组合定价策略

产品组合定价是指企业为了实现整个产品组合（或整体）的利润最大化，在充分考虑不同产品之间的关系及个别产品定价高低对企业总利润的影响等因素的基础上，系统地调整产品组合中相关产品的价格。其主要策略有以下几种。

1. 产品线定价策略

产品线定价是指企业为追求整体收益的最大化，为同一产品线中不同的产品确立不同的角色，制定高低不等的价格。有的产品充当招徕品，定价很低，以吸引顾客购买产品线中的其他产品；定价高的则为企业的获利产品。

在产品线的定价过程中，管理部门必须制定系列中不同产品的价格差别。价格差别要考虑系列产品的成本差别、消费者对不同产品特色的看法和竞争者的价格。

2. 互补品定价策略

有些产品需要互相配合在一起使用，才能发挥出某种使用价值，如相机与胶卷、隐形眼镜与消毒液、饮水机与桶装水等。企业经常把价值高而购买频率低的主要产品的价格定得低些，而把与之配套使用的价值低而购买频率高的附属易耗的产品价格适当定高些。这种互补品定价策略以高价的附属产品获取高利，补偿主要产品因低价造成的损失，有利于增加产品的整体销量及企业的利润。例如，柯达公司给照相机定低价，给胶卷定高价，既增强了照相机在同行业的竞争力，又保证了原有的利润水平。

3. 成套优惠定价策略

对于成套设备、服务性产品等，为鼓励顾客成套购买，以扩大企业销售，加快资金周转，可以使成套购买的价格低于单独购买其中每一产品的费用总和。例如，电影院销售的季票，比一场一场单独购买要便宜得多；计算机制造商常把机器连同软件一起销售。

成套优惠定价策略会促使消费者购买一些原来可能不会买的产品，但是使用这种策略时产品的价格必须足够低才能吸引人们购买。

5.3.5 地区定价策略

一般来说，一个企业的产品不仅卖给当地顾客，同时还卖给外地顾客。可是外地顾客把产品从产地运到顾客所在地时需要花一些装运费。所谓地区定价策略，就是企业要决定对于卖给不同地区（包括当地和外地）顾客的某种产品，是分别制定不同的价格，还是制定相同的价格。也就是说，企业要决定是否制定地区差价。地区定价的形式主要有以下几种。

1. FOB 产地定价

所谓 FOB 产地定价，就是顾客按照厂价购买某种产品，企业只负责将这种产品运到产地的某种运输工具（如卡车、火车、船舶、飞机等）上进行交货。交货后，从产地到目的地的一切风险和费用均由顾客承担。如果按在产地的某种运输工具上交货来定价，则每个顾客都负担从产地到目的地的运费是很合理的。但是这样定价对企业也有不利之处，即远地的顾客有可能不愿意购买这个企业的产品，而购买其附近企业的产品，因为他们不想承担较高的运费。

2. 统一交货定价

统一交货定价和 FOB 产地定价正好相反。所谓统一交货定价，就是指企业对于卖给不同地区顾客的某种产品，都按照相同的厂价加相同的运费（按平均运费计算）定价。也就是说，对全国不同地区的顾客，不论远近，都实行一个价。这种定价简便易行，有利于争取远地的顾客。因此，这种定价又称邮资定价。

3. 区域定价

区域定价介于前两者之间。所谓区域定价，也称分区定价，是指企业把全国（或某些地区）分为若干价格区，对于卖给不同价格区顾客的某种产品，分别制定不同的地区价格。距离企业远的价格区，价格定得较高；距离企业近的价格区，价格定得较低。在各个价格区范围内实行一个价。企业采用分区定价也存在问题：一是在同一价格区内，有些顾客距离企业较近，有些顾客距离企业较远，前者就不合算；二是处在两个相邻价格区界两边的顾客，虽然他们相距不远，但是要按高低不同的价格购买同一种产品。

4. 基点定价

所谓基点定价，是指企业选定某些城市作为基点（或窗口），然后按一定的厂价加从基点城市到顾客所在地的运费来定价，而不管货实际上是从哪个城市起运的。有些公司为了提高灵活性，常选定许多个基点城市，而按照距离顾客最近的基点计算运费。

5. 运费免收定价

有些企业因为急于和某些地区做生意，会自己负担全部或部分实际运费。这些卖主认为，如果生意扩大，其平均成本就会降低，足以抵偿这些费用开支。采取运费免收定价，可以使企业加深市场渗透，并且能在竞争日益激烈的市场中处于有利地位。

5.3.6 价格调整策略

在一个市场不断变化的环境之中，企业为求生存发展，扩大市场占有率，保住竞争地位，必须对现行价格进行适当的调整。

1. 削价及提价策略

企业利用自身的产品或成本优势，主动对价格进行调整，将价格作为竞争的利器，这称为主动调整价格。有时，价格的调整出于应付竞争的需要，即竞争对手主动调整价格，而企业也相应地被动调整价格。无论是主动调整，还是被动调整，其形式不外乎削价和提价两种。

1）削价策略

企业削价的原因很多，既有企业外部需求及竞争等因素的变化，也有企业内部的战略转变、成本变化等，还有国家政策、法令的制约和干预等。

削价最直截了当的方式是使企业产品的目录价格或标价调低，但企业更多的是采用各种折扣形式来降低价格，如数量折扣、现金折扣等。此外，变相的削价形式有：赠送样品和优惠券；实行有奖销售；给中间商提取推销奖金；允许顾客分期付款；免费或优惠送货上门、技术培训、维修咨询；提高产品质量，改进产品性能，增加产品用途。由于这些方式具有较强的灵活性，在市场环境变化时，即使取消也不会引起消费者太大的反感，同时又是一种促销策略，所以在现代经营活动中运用得越来越广泛。

确定何时削价是价格调整策略的一个难点，通常要综合考虑企业实力、产品在市场生命周期所处的阶段、销售季节、消费者对产品的态度等因素。例如，进入衰退期的产品，由于消费者失去了消费兴趣，需求弹性变大、产品逐渐被市场淘汰，所以为了吸引对价格比较敏感的购买者和低收入需求者，维持一定的销量，削价就可能是唯一的选择。

由于影响削价的因素较多，所以企业决策者必须审慎分析和判断，并根据削价的原因选择适当的方式和时机，制定最优的削价策略。

2）提价策略

提价能够增加企业的利润率，但会造成竞争力下降、消费者不满、经销商抱怨，甚至还会受到政府的干预和同行的指责，从而对企业产生不利影响。虽然如此，在实际中仍然存在较多的提价现象。

为了保证提价策略的顺利实现，提价时机可选择在以下几种情况下：①产品在市场上处于优势地位；②产品进入成长期；③季节性产品达到销售旺季；④竞争对手产品提价。此外，在方式选择上，企业应尽可能多采用间接提价，把提价的不利因素降到最低程度，使提价不影响销量和利润，而且能被潜在消费者普遍接受。同时，企业提价时应采取各种渠道向顾客说明提价的原因，配之以产品策略和促销策略，并帮助顾客寻找节约途径，以减少顾客的不满，维护企业的形象，提高消费者的信心，刺激消费者的需求和购买行为。

至于价格调整的幅度，最重要的考虑因素是消费者的反应。因为调整产品价格是为了促进销售，实质上是要促使消费者购买产品，所以如果忽视了消费者反应，销售就会受挫。只有根据消费者的反应调价，才能收到好的效果。

2. 顾客对价格变动的反应

不同市场的顾客对价格变动的反应是不同的，即使处在同一市场的顾客对价格变动的反应也可能不同。可以将顾客对价格变动的反应归纳为以下几种。

（1）在一定范围内的价格变动是可以被顾客接受的；若提价幅度超过可接受价格的上限，便会引起顾客不满，使其产生抵触情绪，进而不愿意购买企业的产品；若降价幅度低于可接受价格的下限，则会导致顾客的种种疑虑，这也会对实际购买行为产生抑制作用。

（2）在产品知名度因广告而提高、收入增加、通货膨胀等条件下，顾客可接受价格的上限会提高；在顾客对产品质量有明确认识、收入减少、价格连续下跌等条件下，顾客可接受价格的下限会降低。

（3）顾客对某种产品削价的可能反应是：产品将马上因式样陈旧、质量低劣而被淘汰；企业遇到财务困难，很快将停产或转产；价格还要进一步下降；产品成本降低了。顾客对于某种产品的提价则可能这样理解：很多人购买这种产品，我也应赶快购买，以免价格继续上涨；提价意味着产品质量的改进；企业将高价作为一种策略，以树立名牌形象；卖主想尽量取得更多利润；各种产品价格都在上涨，提价很正常。

3. 竞争者对价格变动的反应

虽然透彻地了解竞争者对价格变动的反应几乎不可能，但为了保证调价策略的成功，主动调价的企业仍然必须考虑竞争者的价格反应。没有估计竞争者反应的调价，往往难以成功，至少不会取得预期效果。

如果所有的竞争者行为相似，则只要对一个典型的竞争者做出分析就可以了。如果竞争者在规模、市场份额或政策及经营风格方面有关键性的差异，则各个竞争者将做出不同的反应，这时就应该对各个竞争者分别进行分析。分析的方法是尽可能获得竞争者的决策程序及反应形式等重要情报，模仿竞争者的立场、观点、方法思考问题。最关键的问题是要弄清楚竞争者的目标：如果竞争者的目标是实现企业的长期最大利润，则本企业降价，它往往不会在价格上做出相应的反应，而会在其他方面做出努力，如加强广告宣传、提高产品质量和服务水平等；如果竞争者的目标是提高市场占有率，则它就可能跟随本企业的价格变动而相应调整价格。

4. 企业对策

竞争者在实施价格调整策略之前，一般都要经过长时间的深思熟虑，仔细权衡调价的利弊，但是一旦调价成为现实，则这个过程相当迅速。另外，企业在调价之前大多会采取保密措施，以保证发动价格竞争的突然性。企业在这种情况下，贸然跟进或无动于衷都是不对的，正确的做法是尽快迅速地对以下问题进行调查研究：①竞争者调价的目的是什么？②竞争者调价是长期的还是短期的？③竞争者调价将对本企业的市场占有率、销售量、利润、声誉等方面有何影响？④同行业的其他企业对竞争者调价行动有何反应？⑤企业有几种反应方案？⑥竞争者对企业每个可能的反应又会有何反应？

在回答以上问题的基础上，企业还必须结合所经营的产品特性确定对策。一般来说，在同质产品市场上，如果竞争者削价，企业必须随之削价，否则大部分顾客将转向价格较低的竞争者；但是面对竞争者的提价，本企业既可以跟进，也可以暂且观望。如果大多数企业都维持原价，则最终将迫使竞争者把价格降低，使竞争者提价失败。

在异质产品市场上，由于每个企业的产品在质量、品牌、服务、包装、消费者偏好等方面有着明显的不同，所以面对竞争者的调价策略，企业有着较大的选择余地。第一，价格不变，任顾客随价格变化而变化，靠顾客对产品的偏爱和忠诚度来抵御竞争者的价格进攻，待市场环境发生变化或出现某种有利时机，企业再做行动。第二，价格不变，加强非价格竞争，如企业加强广告攻势，增加销售网点，强化售后服务，提高产品质量，或者在包装、功能、用途等方面对产品进行改进。第三，部分或完全跟随竞争者的价格变动，采取较稳妥的策略，维持原来的市场格局，巩固取得的市场地位，在价格上与竞争对手展开竞争。第四，以优越于竞争者的价格跟进，并结合非价格手段进行反击，如以比竞争者更大的幅度削价，以比竞争者更小的幅度提价，强化非价格竞争，形成产品差异，利用较强的经济实力或优越的市场地位，居高临下，给竞争者以毁灭性的打击。

实训检测 8　撰写某 PLC 产品定价方法分析报告

1. 任务形式

以小组为单位，小组规模一般为 3～5 人，每小组选举小组长协调小组的各项工作，教师提出必要的指导和建议，组织学生进行经验交流，并针对共性问题在课堂上组织讨论和专门讲解。

2. 任务内容

每小组从教师处领取不同类型的 PLC 产品（备选机电产品：①西门子 PLC；②三菱 PLC；③欧姆龙 PLC；④无锡信捷 PLC；⑤台达 PLC；⑦上海正航 PLC；⑦深圳丰菱 PLC；⑧施耐德 PLC；⑨其他品牌 PLC 等）进行定价方法分析实训。

各小组对于所选产品的顾客购买行为从产品成本导向因素、需求导向因素、竞争导向因素等方面进行深入的调查与分析，小组进行充分讨论，根据分析结果，撰写本组的《×××× PLC 产品定价方法分析报告》。

3. 任务考核

每小组由组长代表本组汇报任务完成情况，同学互评，教师点评，然后综合评定各小组本次任务的实训成绩。

具体考核如表 5-1 所示。

表 5-1　产品定价方法任务考核表

考核项目	考核内容	分数	得分
工作态度	按时完成任务	5 分	
	格式符合要求	5 分	
任务内容	调研目的明确	5 分	
	调研方法正确	5 分	
	样本描述清晰	5 分	
	有对产品成本导向定价分析	10 分	
	有对产品需求导向定价分析	10 分	
	有对产品竞争导向定价分析	10 分	
	结论符合实际情况	10 分	
	能给出定价建议	10 分	
团队合作精神	团队有较强的凝聚力	5 分	
	同学间有良好的协作精神	5 分	
	同学间有相互的服务意识	5 分	
团队间互评	认为该团队较好地完成了本任务	10 分	

样本

××××（品牌名称）PLC 产品定价方法分析报告

一、概述

1. 调查目的
2. 调查说明（时间、方式等）
3. 样本描述（所选品牌的类型、企业规模及发展、主要产品优势等）

二、定价方法对比分析

1. 成本导向定价分析
2. 需求导向定价分析
3. 竞争导向定价分析
4. 品牌间优势对比

三、结论

1. 产品定价
2. 市场预期及现状

课后练习 5

1. 填空题

（1）基于企业成本定价中，成本一般包括________、________、________和________。

（2）现代经济中，市场竞争有________、________、________和________。

（3）产品定价法主要包括________、________、________。

（4）需求导向定价法主要包括________、________和________。

（5）按照竞争开放程度，招标方式分为________和________两种方式。

（6）招投标一般需要经过文件材料准备后，进行__________、__________、__________、________、________与合同签订程序。

2. 思考题

（1）简述影响企业对产品定价的主要因素。

（2）简述产品定价的主要方法。

（3）企业参与招投标应注意哪些事项？

（4）新产品的定价策略有哪些？

第6单元 机电产品的分销渠道与促销

学习目标

1. 掌握分销渠道的含义及类型。
2. 了解、比较各类中间商的特点。
3. 掌握结合企业实际为企业设计分销渠道的方法。
4. 应用各种激励手段对中间商进行激励和管理。

引例 6　第三渠道模式在 AG 公司的运用

AG 公司的产品为成套电气设备，其属性为工业品，表现形式为工程项目。因此，它同时具有工业品的购买次数少、专家购买、购买程序复杂、金额大等特征，以及工程项目的不定期性、周期较长、技术性强、集体决策、公开招标等特征。纵观行业中的构成，分析大致如下。

购买者：也就是工程中的甲方，大多为用户业主单位，也有当地电力主管部门，还有两者混合的。随着我国经济建设的高速发展，用户的要求空间很大。

影响者：影响决策的有设计院、电力部门、招标中心。主要影响因素依次是关系、价格、质量、服务。

竞争者：数量众多，大致可分为当地的制造商、电力部门内部或相关的厂家和外来的电气成套厂家。

制造商：成套设备的制造商，按照用户的图纸和技术协议组织生产。要求制造商具有生产资质，通过 3C 认证和质量认证。

从成套电气设备的产品生命周期来看，其现正处于产品的成熟期。这一期间的主要特征是：产品已被市场普遍接受且生产的厂家众多，技术较为成熟，产品同质化程度高，价格趋于透明，销售量的边际利润较低，市场需求增长较为稳定，利润的增长主要由规模的经济性决定，已经进入完全竞争的态势，市场环境是动态、复杂的。完全竞争的态势具有如下特征：价格是在竞争中由整个行业的供求关系自发决定的，市场中的每一方都只是既定价格的接受者，而不是价格的决定者，因此卖主不可能按高于现行市场价格的价格出售商品。在产品普遍缺乏差异性的情况下，制造商的竞争优势应当通过有效运营降低成本来取得。另外，对于工程性质的工业成套电气设备的采购，买方大多希望与制造商直接接洽，以便获得产品在技术、质量、交货期、售后等方面的保障和信任。在中国特殊的国情下，任何销售都摆脱不了人情关系，也就是说存在竞争的不规范性。

总之，市场容量很大，用户大多愿意与制造商直接联系，价格竞争激烈。按照“现行销售模式”，制造商根据产品实际成本和合理生产利润提供给代理商，代理商在此基础上加价出售，差价部分扣除税收和费用后作为代理费返还代理商。代理商大多是分布在全国各地的老乡。代理商大多利用各种方法在当地大搞关系活动，以此来获得信息甚至订单。

1. AG 公司存在的困惑

1）渠道的不稳定性

大部分代理商与 AG 公司无任何合同关系或其他关系，是自由的、独立的个体，有权决定去哪家公司做项目代理。代理商的忠诚度一般都不太高，即使中标他们也有可能不拿回 AG 公司生产。

2）利益空间有限

市场越做越透明，厂家竞争越来越激烈，相应的利益空间也越来越小。在某些市场，AG 公司报给代理商的价已经高出了中标价，即使代理商不再加价，要中标也不太可能。

3）合同风险大

合同风险大主要表现为应收账款的回收。因为对买方的资信不做评估，或者所谓的资信评估也就是代理商对买方的了解，导致有些合同无法执行，更有甚者，买方的合同就是一个陷阱。

4）销售订单的不确定性形成的系统不完善

制造商的销售完全是由代理商来实现的，而每个代理商是由跟踪有限的工程项目来实现销售的，这样一来代理商对制造商承诺的销售量具有很大的不确定性，从而导致制造商销售计划的不确定，以不确定的销售计划为基础配置的设备、资金、技术和人员等资源也是不确定的，这就会形成要么资源闲置、要么资源不足。另外，没有整体市场规划，制造商掌握不了订单的周期，也会使生产出现异常波动，即要么没有订单，要么生产能力不足，交不了货，影响了信誉。

2. AG 公司代理商的困惑

1）分散单一的市场作战很艰难

代理商们由于自身精力、能力和收益等因素的制约，像游击队员一样在当地的市场上活跃着，其市场信息十分有限。另外，他们在市场的发展趋势和竞争信息的收集分析上也缺乏动力，或者没有相应的专业人员来做这方面的工作。

2）制造商的规范不够，带来的风险大

现有的制造商管理很不规范，如价格不确定、不能按时交货、产品质量不稳定、售后服务不及时、差额返款困难等，使得代理商不得不同时多找几家代理，这样就不利于代理商在当地品牌的巩固，从而给电力部门或用户造成了品牌不清的印象。尤其是制造商同时将项目代理权给几个代理商时造成的冲突，给代理商带来的损失、风险很大。

3）项目的利润空间很小

成套电气设备的销售大多超标，价格压得很低，销售费用和回扣很大，有的制造商贷款甚至还需要垫资，加上项目跟踪周期长，不确定因素多，制造商最后的收入较前几年反而会少很多。

总而言之，通过上述现象的分析，无论是从制造商的角度，还是代理商的角度，针对现行的“销售模式”在成套电气设备行业存在的问题，必须研究对策。

3. AG 公司的对策

1）大力加强市场调研能力，全面提高代理商的销售能力

（1）收集与研究市场竞争信息，制定区域市场整合策略。

（2）研究与整编区域内代理商，组建强有力的作战部队。

（3）规范行为，明确责任，公开透明。

2）运用“授信营销”，解决应收款问题

应按照收益与风险的比例，确定代理商与制造商的责任。制造商对产品质量、服务负责，代理商对贷款回收负责。这样做，一方面可增加代理商对贷款的责任感，迫使其自觉加强对用户的信誉实力的研究，减少“烂尾工程”发生的概率；另一方面可增强制造商对货款的控制力，因为代理商的返款在制造商手里，而且制造厂家还保留对用户贷款的追诉权。

引例解读　AG 公司根据市场变化及时调整了代理商的布局，提高了代理商的销售能力；而且根据风险和收益的比重，解决了应收款的回收问题，从而增强了掌控营销渠道的能力。

任务 6.1　熟悉分销渠道的类型

案例 19　麦德龙、万客隆对中国流通业意味着什么？

中国仓储商店的发展可以说是最有争议的，目前还不能说这种业态模式是否在中国已经

取得了成功，但这种模式对中国的流通业的冲击是巨大的。

仓储商店分为两种：一种以万客隆与麦德龙为代表，主要以销售产品获取利润为主；另一种为沃尔玛山姆会员店，它以会员费收入为主。

仓储商店在中国的发展是以万客隆和麦德龙为开路先锋的。因此，可以把麦德龙和万客隆实际上作为一个连锁系统来加以考察。目前，麦德龙已在上海和无锡开设了连锁店，万客隆也分别在广州和北京开设了合资店铺。

麦德龙和万客隆都是仓储式会员店，这种商业形态可以做到低成本的营运。其主要表现如下。

（1）仓储合一。仓储合一的方式既省掉了独立的仓库和配送中心，又能够从时间上做到快速补货；空间上的立地垂直补货适应了大量销售产品、物流速度快的销售特点。

（2）仓储式会员店一般选址在城市远郊处，店铺的土地开发成本低，租金也便宜。这种商业形态也称为点状商业或通道商业，即一个无其他商业配合的独占的商店。

（3）双 C 销售体制。仓储式会员店实际上是以零售的方式来从事批发业务的。但由于它实行了双 C 销售体制（即付现金和产品自运），顾客购物付现金，所以大大降低了营运成本。

（4）不设配送中心。所有产品都由生产者和供货商直接送到各个店铺，通过规范、科学、高效的运作，大大降低了企业的投资和实现了低成本营运。

（5）买断式的经销制度。麦德龙和万客隆在与生产者和供货商的交易方式上一般采取买断式的经销制，且对供货方付款规范。这种承担产品经营风险，不退货的采购制度，大大降低了进货成本，使其具有很强的价格竞争优势。

案例思考　不同的产品销售渠道对物流的要求是什么？对企业的发展有何影响？

6.1.1　机电产品分销渠道建设的意义

1. 中国制造的崛起对机电产品分销有新的需求

改革开放 30 多年来，中国经济保持了 7%以上的增长率，制造业得到了蓬勃发展，使中国成为世界第一制造业大国。截至 2007 年年底，中国有 80 多种产品的产量位居世界首位，名列世界产量前几位的产品更多。另外，全球 500 强的跨国公司有 80%以上在中国有投资。中国已经形成较低的劳动力成本、高素质人才和广阔的消费市场相结合的综合性竞争优势。随着中国逐渐成为世界的制造中心，中国将不仅仅是各种消费品的生产制造基地，而且也将逐渐成为世界重要的机电产品供应基地。但与这种强大的制造能力和供应能力不相匹配的是中国的分销体系与物流体系的落后，它成为中国由“制造业大国”变成“制造业强国”的障碍。

2. 经济全球化要求机电产品市场空间的全球化

经济全球化的发展导致的重要结果就是机电产品生产贸易的全球化，以及形成了国际分工协作与全球统一平台的采购网络。中国加入 WTO 加速了国内机电企业融入这个网络的广度和深度，彻底打破了原有的内外贸易分割的体制。中国企业面临的市场分销区域结构发生了根本性的变化，机电企业管理者不但要关注国内市场，为国内企业做配套供应，还要走出国门，融入全球采购网络。例如，万向集团通过收购、兼并等手段，积极拓展海外市场，2001 年 8 月收购了美国的 VAI 公司，获得了大量汽车零部件产品订单，已成为中国最大的汽车零部件集团，为中国制造企业实施“走出去”战略树立了榜样。

3. 现有的分销体系不适应新经济变革发展的要求

改革开放后，中国机电产品流通实现了由指令性计划转向以市场调节为主，生产资料市场初具规模，物资销售规模明显扩大，连锁经营大力发展，代理和配送制得到广泛推广。20 世纪中后期，以信息技术的广泛运用为载体，以美国为代表的新经济体在世界范围内逐步兴起，快速发展的中国也加入了这一浪潮。2009 年，中国又提出了物联网理念，使信息技术从信息获取、渠道建设、资金划转等方面深刻影响着传统的机电产品分销体系。这样，机电产品分销体系在企业和市场的推动下迈向全球化、市场化、信息化。但是我国机电产品领域的分销体系滞后于消费品，更落后于全球化市场演变过程。落后的分销体系会导致企业拿不到订单，找不到需求市场，这就必然制约企业的发展，甚至威胁企业的生存。

阅读材料 16　市场营销渠道

产品从制造商到消费者的流通过程，是通过一定的渠道实现的。在营销过程中，一般有以下四种渠道：产品所有权转移的分销渠道、产品实体分配的储运渠道、结算付款渠道、信息沟通渠道。它们统称为“市场营销渠道”。制造商与消费者要想顺利实现产品交换，两者之间至少需要发生四类要素的流动，即商流、物流、货币流、信息流。

6.1.2 分销渠道的类型

分销渠道的实体形式和数量不同，其类型也就各有所异。企业要想选择合适的分销渠道，首先应该了解有哪些类型的分销渠道可供企业选择。分销渠道的类型归纳起来主要有以下几种。

1. 长渠道和短渠道

分销渠道的长度是指制造商向最终消费者（或用户）提供产品的过程中所经过的“流转环节”或“中间层次”的多少。显然，产品所经过的环节、层次越多，渠道则越长；反之，渠道则越短。一般按照所经过的中间环节层次的多少，分销渠道可以划分成以下几种。

1）零层分销渠道

零层分销渠道是指产品从制造商向最终消费者（或用户）转移的过程中不经过任何中间商转手的营销渠道，如图 6-1 所示。

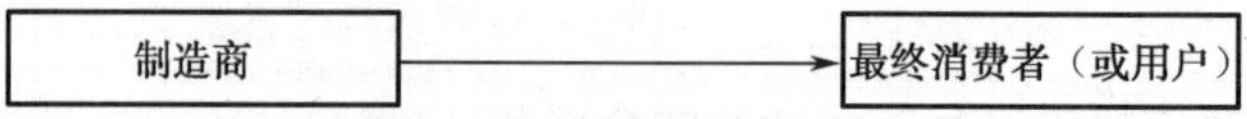

图 6-1　零层分销渠道

零层分销渠道多用于分销工业用品，因为许多工业用品要按照用户的特殊需要制造，有高度的技术性，生产者要派遣专家去指导用户安装、操作、维护设备；另外，工业用品的用户数目少，某些行业的工厂往往集中在某一地区，这些工业用品的单价高，用户购买批量大。

当然，一些消费品也可通过零层分销渠道销售。

零层分销的主要方式有上门推销、邮购、电子通信营销、电视直销和生产者自设商店等。

2）一层分销渠道

一层分销渠道是指产品从制造商向最终消费者（或用户）转移的过程中只经过一个层次的中间环节的分销渠道，如图 6-2 所示。

图 6-2　一层分销渠道

在消费品市场上，这个中间环节通常是零售商，即由制造商直接向零售商供货，零售商再把产品转卖给消费者。一层分销渠道模式的特点是中间环节少，渠道短，而且能充分利用零售商的力量，促进产品的销售。

3）二层分销渠道

二层分销渠道是指产品从制造商向最终消费者（或用户）转移的过程中经过两个层次的中间环节的分销渠道。二层分销渠道包括两种情况：一种是制造商选择代理商，由其负责全部或在某一目标市场的销售业务，通过他们把产品转卖给零售商，出售给最终消费者（或用户）；第二种是制造商先将产品卖给批发商，再由批发商转卖给零售商，最后由零售商将产品卖给最终消费者（或用户）。二层分销渠道是我国消费者市场分销渠道模式中最典型、最常见的形式，如图 6-3 所示。这种形式的渠道，中间环节较多，产品在渠道中的停留时间较长，不利于制造商准确把握市场行情，对市场需求变化的适应能力较差。

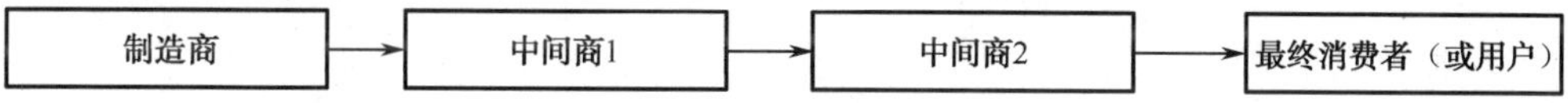

图 6-3　二层分销渠道

4）三层分销渠道

三层分销渠道是指产品从制造商向最终消费者（或用户）转移的过程中经过三个层次的中间环节的分销渠道，如代理商、批发商、零售商。

以上四种模式，是从分销渠道的长度角度而言的。分销渠道也可概括为直接渠道和间接渠道（后三种）两大类。直接渠道即前面介绍的"零层分销渠道"，产品从制造商流向最终消费者（或用户）的过程中不经过任何中间环节；间接渠道则是指在产品从制造商流向最终消费者（或用户）的过程中经过一层或一层以上的中间环节。消费者市场多数采用间接渠道。

2. 宽渠道与窄渠道

分销渠道的宽度是指渠道的同一个中间环节层次使用中间商数目的多少，使用中间商的数目越多，渠道就越宽。

在渠道的同一个中间环节层次中同时使用多家中间商，可以使产品迅速转入流通领域，并且有利于对中间商的工作效率进行综合评价，做到优胜劣汰；有利于中间商之间展开竞争，迅速实现产品的价值。但由于选用了多家中间商，所以制造商与中间商之间的关系松散，一旦外部环境发生变化，这种关系就会破裂，因此，在宽渠道情况下，制造商所选用的中间商是在不断变化的，对生产者与消费者之间形成长期稳定的关系而言显然是不利的。

窄渠道最大的优点是制造商与中间商之间的关系非常密切，两者互相依赖。对制造商来说，窄渠道能加强其对市场的控制，节约费用，提高效率。窄渠道的缺点有：制造商对某一中间商的依赖性太强，使制造商在一定时期内失掉灵活选择的自由；不利于形成中间商的竞争压力；市场覆盖面狭小，不利于顾客或货主进行选择。

常用的五金机电产品（如钉、锤、电动机、冲击钻）通常适合采用宽渠道销售，顾客购买频率不高的机电产品（叉车、机床、系统集成等）更适合采用窄渠道销售。

3. 单渠道和多渠道

分销渠道的广度是宽度的一种扩展和延伸，它是指制造商选择一条还是几条分销渠道进行分销活动。如果在一定的时空条件下，只选择一种模式的分销渠道，则称该渠道为单渠道；如果同时选择两个或两个以上模式的分销渠道，则称该渠道为多渠道。

通过多渠道分销，比通过单一渠道分销更能实现市场渗透。但由于多渠道构成复杂，需要高效率的协调管理，所以一个企业在采用多渠道时，一定要考虑产品的特性、顾客的偏好和购买心理，以及本企业的管理水平。

4. 传统渠道和现代渠道

传统渠道是由独立的制造商、中间商组成的松散型销售网络，网络组织相互分离，成员各行其是而不顾整体利益，谁也没有对渠道的控制权；成员之间的关系主要表现为磋商买卖条件、讨价还价，存在矛盾冲突时没有有效的解决方法。

现代渠道是指渠道组织之间相互联合，共同负责。这种联合可分为纵向渠道系统（纵向联合）与横向渠道系统（横向联合）两种。

1）纵向渠道系统

纵向渠道系统也称为垂直渠道系统，是指制造商与中间商组成统一系统，由具有相当实力的制造商充当领导者。这种纵向渠道系统有其总营销目标，各成员又有自己的营销目标，总目标与成员各自的目标之间相互制约。大企业为了控制和占领市场，实现集中和垄断时，或者广大中小中间商为了在激烈竞争中求得生存和发展时，可考虑采用纵向渠道系统。

2）横向渠道系统

横向渠道系统是指同一层次的两个或两个以上的企业联合起来，利用各自在资金、技术、运力、线路资源等方面的优势，共同开发和利用市场机会。有时，企业发现有新市场机会，但是一个企业单独营销，往往感到力不从心，风险太大，于是就可由两个或两个以上同层次的企业进行短期的或长期的联合经营，或者联合起来成立一个新的经营单位。

5. 机电产品常用的分销渠道

机电产品常用的分销渠道如图 6-4 所示。通常来讲，适合采用直接销售的情况：①市场集中，销售范围小；②产品的技术性高或制造成本大，产品为定制品等；③企业自身有市场营销技术，管理能力强，或者需要高度控制产品的营销。适合采用分销的情况：①市场分散，销售范围广，如机电零部件等；②产品的非技术性高或制造成本低，产品是标准件等；③企业自身没有市场营销技术，财力、管理能力较弱。

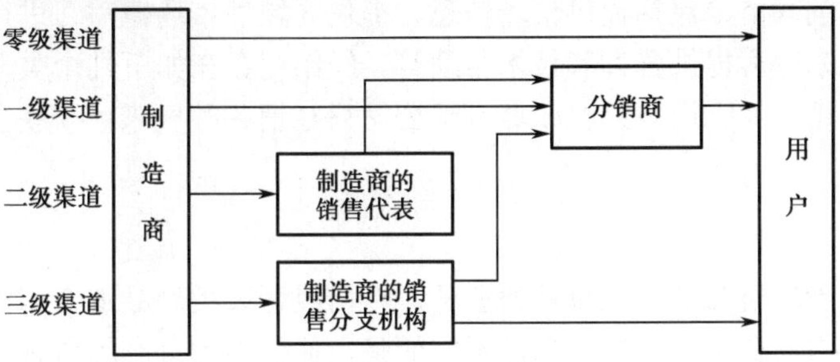

图 6-4　机电产品市场的分销渠道

任务 6.2　机电产品分销渠道的建设

案例 20　新经济时代的机电产品分销渠道

2008 年 1 月，美国 Exousia 先进材料公司宣布，该公司已经与中国北方国际集团公司（NIG）达成分销协议。根据这一协议，Exousia 将授权中国北方国际集团公司（NIG）作为其在中国内地的销售代理商，负责 Exousia 先进工业涂料产品在中国北部地区的市场推广、销售和服务工作。协议中所指的北方地区包括黑龙江、吉林、辽宁、北京、天津、河北、山东、山西和内蒙古地区。中国北方国际集团公司（NIG）是一家总部位于中国天津的国际商业集团。

根据双方的合作协议，中国北方国际集团公司（NIG）将在协议生效的 90 天内，向 Exousia 直接购买或订购 5 000 加仑的 Exousia 先进工业涂料；未来一年内（2008 年年内），中国北方国际集团公司（NIG）还将购买总量不少于 20 万加仑的工业涂料产品。预计北方国际集团公司（NIG）的购买金额将为 Exousia 带来 600 万～900 万美元的销售收入。该合同有效期分为两个阶段，时间总计为 10 年，如果双方合作顺利，将自动延长 5 年。

中国北方国际集团公司（NIG）是中国国内 500 强企业，拥有 33 家国内制造业和 32 家国外企业，并在国内和国际拥有 200 多个注册商标，共有 1 200 多种产品出口到全球 160 多个国家。

案例思考　Exousia 在中国的销售渠道是如何建立的？

6.2.1　机电产品市场的渠道成员

在机电产品市场，营销渠道的主要成员有经销商、代理商和其他中间商。

1. 经销商

经销商是指从事产品交易业务，在产品买卖过程中拥有产品所有权的中间商。也正因为他们拥有产品所有权，所以在买卖过程中，他们要承担经营风险。经销商又可分为批发商和零售商，如图 6-5 所示。

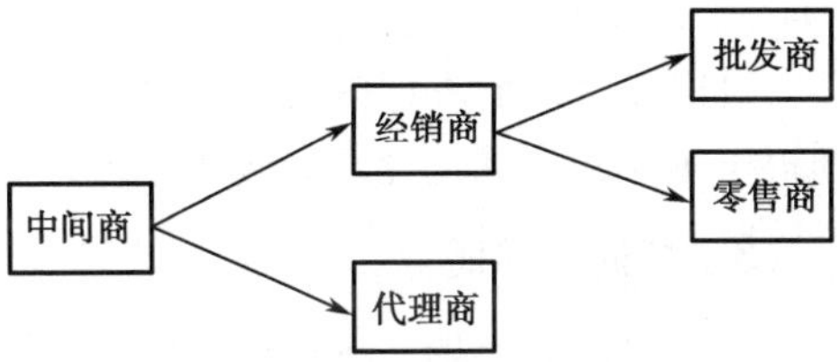

图 6-5　中间商的类型

经销商是提供服务的中间人，它在制造商和产品最终用户之间的很大范围内发挥着市场销售渠道的功能，包括提供市场信息、提供区域性市场覆盖、进行市场销售、仓储管理、处理订单、为顾客提供咨询和技术帮助等。经销商存在如下几个类型：①机电产品超级市场；②专门公司，如无锡协易机床城有限公司只经销各种机床；③联合公司，从事其他形式的商品批发。

2. 代理商

代理商是指接受制造商委托从事销售业务，专门经营某类产品或专门为某类顾客服务，赚取企业代理佣金的商业单位。与经销商不同的是，他们不拥有产品所有权。按照代理商与生产企业业务联系的特点，代理商又可分为以下几种。

1）佣金商

佣金商为委托人储存、保管货物，并且为委托人发展潜在顾客，为买卖双方牵线搭桥，协助双方进行谈判，成交后向雇用方收取一定的费用。佣金商一般拥有自己的摊位、店铺和仓库。

2）制造商代理商

制造商代理商代表两个或若干个互补的产品线的生产者，分别和每个制造商签订有关定价政策、销售区域、订单处理程序、送货服务、各种保证及佣金比例等方面的正式书面合同。他们了解每个制造商的产品线，并利用其广泛关系来销售制造商的产品。制造商代理商只被委托代理制造商的部分产品，而且无权选定交易条件和价格，通常被限制在固定区域内。

3）销售代理商

销售代理商是在签订合同的基础上，为委托人销售某些特定产品或全部产品，对价格条款及其他交易条件可全权处理的代理商。

销售代理商与制造商代理商的区别在于：第一，每个制造商只能使用一个销售代理商，而且将其全部销售工作委托给某个销售代理商以后不得再委托其他代理商代销产品，也不得再雇用推销员去推销产品，而每个制造商可以同时使用几个制造商代理商，制造商还可以设置自己的推销机构；第二，销售代理商通常替委托人代销全部产品，没有销售地区的限定，在规定销售价格和其他销售条件方面有较大的权利，而制造商代理商则要按照委托人规定的销售价格或价格幅度及其他销售条件，在一定地区内替委托人代销一部分或全部产品。因此，销售代理商实际上就是委托人的独家全权销售代理人。

4）采购代理商

采购代理商根据协议为顾客进行采购、收货、验货、储存和送货等活动。

5）进出口代理商

进出口代理商专门为委托人从国外获得来源或向国外销售产品。这种形式的服务随着我国机电企业的全球化经营会越来越多。

3. 其他中间商

在机电产品市场，还有批发商、零售商、经纪人等起着补充作用，它们只是营销次渠道，高价值的大件机电产品甚至不需要零售商。

案例 21　安踏：四个阶段打造销售网络帝国

对于渠道网络体系的建设，安踏在不同时期都有不同的策略和重点。其渠道网络建设的过程大致可以分为以下四个阶段。

第一阶段为 1991—1999 年，称为“遍地开花”式的代理制时代。安踏早期拓展了 2 000 多个专营点，其专营店柜的布点密度相当大。但是其整体的渠道发展似乎遇到瓶颈，经销商的积极性日益懈怠；渠道商呼吁品牌拉动市场的声音一浪高过一浪。

第二阶段为 2000—2003 年，称为“网络精耕”的销售体系革新时代。推进销售体系革新的策略包含以下两方面内容。

一方面，进行硬终端升级，包括从流通批发、专柜迅速转为代理商和专卖店经营，且以分级经营的加盟模式进行合作，这一良好的渠道质量为专卖模式的推广提供了坚实基础；淘汰一批名不符实的专卖店，整改单门面店为双门面、三门面的专卖店，强势提升网点形象和强化网点布局；在主要商业街强化多门店经营布局，使之走向精品化、专业化的路线。

另一方面，推出“订货证”制度，提升渠道质量。订货证是指给经销商发放代理资格证，为经销商设立一道经营安踏的“门槛”。“订货证”制度使经销商承担了一定的压力及进货风险。

第三阶段为 2003—2005 年，称为自建网络体系的专卖店直营时代。自建网络体系有以下两方面的原因。

一方面，网络回购，掌握渠道操作自主权，进行良性管理。截至 2005 年年底，安踏已经控制了 40%的终端。而这 40%的自营店，占据了公司 60%的销售额。同时，为了加强品牌建设，树立良好的品牌形象，安踏投入巨额资金以建设 200 个左右的旗舰店。值得一提的是，安踏的网点扩张和淘汰是同时进行的，这表明安踏的网点扩张已经进入了成熟阶段，它已经不再是简单地扩大销售业绩，而是将品牌建设、市场影响、销售业绩和长远发展有机结合在了一起。

另一方面，与渠道商共创顾客价值。安踏在渠道经营上必须找到经销商的利益驱动点，只有这样才有可能共同为顾客创造价值。安踏把管理的重担交给经销商，让经销商融入安踏的品牌管理模式中；安踏从店员的培训到对消费者的服务，从专营点的装修到 VI 视觉系统的执行，均通过有形的利益回报来换取品牌无形资产的增值。其厂商一体化的结合得到进一步的巩固和加深。

第四阶段为 2006 年至今，在全国范围内构建安踏品牌旗舰店，以及推进运动用品零售建设，进入运动文化大卖场时代。安踏渠道的进阶速度越来越快。随着企业战略目标的转移和竞争环境的变化，这个营销渠道的局限性逐步凸现出来。在综合连锁业态已主导的一级市场里，安踏欲进入体育用品零售领域，打造综合连锁业态，安踏作为迎战新经济时代的渠道战略，实为良举。

案例思考　安踏公司四个阶段十几年的布局，形成了自己的营销渠道，随着公司战略和营销环境的变化，其销售渠道还要进行调整才能适应市场的变化。

6.2.2　机电产品市场的营销渠道设计

营销渠道设计是指为实现营销目标，对机电企业的营销渠道结构进行评估和选择，从而改进原有渠道或开发出新型营销渠道。它是每个营销管理者必须面临的现实问题。机电企业营销渠道设计的好坏往往决定一个机电企业经营的成败。

1. 营销渠道的设计目标

营销渠道决策是公司高层管理者所面临的重要决策之一，公司所选择的渠道将直接影响其他市场营销决策；每个营销渠道的设计都体现了渠道设计者的战略意图，都有渠道设计的预期目标。一般来说，营销渠道设计的目标主要体现在以下几方面：

（1）使顾客购买方便，让顾客让渡价值最大化；

（2）开拓市场，提高市场占有率；

（3）提高产品渗透率，让中间商赚到钱；

（4）渠道设计顺畅，便于管理、控制；

（5）设计科学合理的市场覆盖面及密度；

（6）扩大品牌知名度，提升信赖度；

（7）选择渠道类型和中间商种类；

（8）设定不同营销渠道的投资报酬目标；

（9）设定商流、物流、信息流、资金流的高效目标。

2. 营销渠道设计的需求情境

什么时候需要营销渠道设计呢？大概有以下几种情况。

1）新公司成立时

公司刚成立时，不是只要组织生产就行，更重要的是建立产品的营销渠道。

2）公司进入一个全新的行业

公司进入一个全新的行业时，不但市场发生了变化，产品的竞争等情况也发生了巨大变化，这时就需要重新设计一个营销渠道结构。

3）公司进入一个全新的地域

地域与地域之间的差异很大，新的地域、新的环境、新的市场空间往往需要公司设计新的营销渠道结构。

3. 营销渠道设计的基本原则

不管从何种目的出发，企业决策者在做营销渠道设计时一般都要遵守下列原则。

（1）渠道设计一定要适应宏观经济形势。例如，在经济萧条期时，制造商希望以最经济的形式把产品送到市场上，这就需要将营销渠道设计成“扁平式”营销渠道。

（2）设计时必须考虑中间商的优缺点，应最大限度地发挥渠道成员的优势，规避劣势。

（3）渠道设计要尽可能保持渠道的畅通高效。只有畅通高效的营销渠道才能保证尽快、尽好、尽早地，以最短的流通路线，花费最低的营销费用将用户喜欢的产品送到其方便购买的地方，以此提供渠道的流通效率，降低营销费用，获得较大的经济效益，赢得有力的竞争优势。

（4）渠道设计应保证渠道的稳定。建立一个科学、完善的营销渠道需要花费企业大量的人力、物力与财力，只有保证营销渠道的相对稳定，才能提高渠道的销售效率，增强渠道的竞争力。

（5）渠道设计要协调平衡好各方利益。企业在设计营销渠道时不能只考虑企业自身的利益，而不顾中间商的“死活”，科学的渠道设计应照顾渠道各成员的利益，使中间商与企业形成利益共同体，达到“双赢”。

（6）渠道设计要因地制宜。不同的地域、不同的产品线，市场环境都会不一样，企业对渠道的设计应根据情况的不同有所调整。

（7）渠道设计要尽可能地发挥企业的优势。企业进行渠道设计的最终目的是通过渠道优势，获得企业的整体竞争优势。设计渠道时要充分利用企业的优势资源，整合产品策略、价值策略、服务策略、关系策略、风险策略等企业策略资源。

4. 渠道设计的程序

1）确定营销目标

在营销渠道设计前就必须有明确的营销目标，确定营销目标要遵循的原则有以下几个。

（1）营销目标必须与公司的其他战略目标相协调，互相配合、相互促进，绝不能相互干扰、抵触。

（2）制定营销目标要科学、合理。目标过高会导致营销人员有为难情绪，目标过低则不利于促使营销人员努力工作，两者都不能给企业带来更好的效益。

（3）营销目标要具体、明确，不能模棱两可。

（4）设定目标时最好让基层营销人员参与进来，经共同讨论后确定，这样所设定的目标才会更科学、合适，才会成为激励和鞭策营销人员的重要工具。

2）影响分销渠道选择的因素

（1）产品因素。产品因素主要包括以下内容。

一是产品价格。一般来说，产品单价越高，越应注意减少流通环节，否则会造成销售价格的提高，从而影响销路，这对生产企业和消费者都不利。而单价较低、市场较广的产品，通常可采用多环节的间接分销渠道。

二是产品的体积和质量。产品的体积大小和轻重，直接影响运输和储存等销售费用，过重或体积大的产品，应尽可能选择最短的分销渠道。对于那些按运输部门规定的起限（超高、超宽、超长、极重）的产品，尤应组织直达供应。对于那些小而轻且数量大的产品，可考虑采取间接分销渠道。

三是产品的易毁性或易腐性。产品有效期短，储存条件要求高或不易多次搬运者，应采取较短的分销途径，以将产品尽快送到消费者手中，如鲜活品、危险品。

四是产品的技术性。有些产品具有很高的技术性，或者需要经常的技术服务与维修，它们应由生产企业直接销售给用户，这样可以保证向用户提供及时、良好的销售技术服务。

五是定制品和标准品。定制品一般由产需双方直接商讨规格、质量、式样等技术条件，不宜经由中间商销售。标准品具有明确的质量标准、规格和式样，其分销渠道可长可短，有的标准品的用户分散，此时宜由中间商间接销售，有的标准品可按样本或产品目录直接销售。

（2）市场因素。市场是设计分销渠道时最重要的影响因素之一，影响渠道的市场因素主要包括以下几方面。

一是市场类型。不同类型的市场，要求不同的渠道与之相适应。例如，消费者市场与制造商市场的购买特点不同，因此它们需要不同的分销渠道。

二是市场规模。如果一个产品的潜在顾客比较少，则企业可以自己派销售人员进行推销；如果产品的市场规模大，其分销渠道就应该长些、宽些。

三是顾客集中度。在顾客数量一定的条件下，如果顾客集中在某一地区，则可由企业派人直接销售；如果顾客比较分散，则可以通过中间商将产品转移到顾客手中。

四是用户购买数量。如果用户每次购买的数量大、购买频率低，则可采用直接分销渠道；如果用户每次购买的数量小、购买频率高，宜采用长而宽的渠道。例如，一家食品生产企业会向一家大型超市直接销售，因为其订购数量庞大。但是同样是这家企业，则会通过批发商向小型食品店供货，因为这些小商店的订购量太小，不宜采取过短的渠道。

五是竞争者的分销渠道。在选择分销渠道时，应考虑竞争者的分销渠道。如果自己的产品比竞争者有优势，可选择同样的渠道；反之，则应尽量避开与竞争者选择同样的渠道。

（3）顾客因素。机电产品用户的购买次数一般都很少，如设备要若干年才买一次。生产者所需要的原材料、零件等都是根据合同一年购买一次或几年购买一次，但每次的购买量都很大，这就决定了制造商可以把产品直接销售给机电产品用户，而一般不能将产品直接销售给消费者，因为制造商多次、小批量销售会增加成本，不合算。

（4）企业因素。企业自身的因素是分销渠道选择和设计的根本立足点。企业因素包括以下几方面内容。

一是企业的规模、实力和声誉。规模大、实力强的企业往往有能力担负部分商业流通的职能，如仓储、运输、设立销售机构等，从而有条件采取短渠道。而规模小、实力弱的企业无力销售自己的产品，只能采用长渠道。声誉好的企业，希望为他们推销产品的中间商就多，制造商容易找到理想的中间商进行合作，反之则不然。

二是产品组合。企业产品组合的宽度越宽，越倾向于采用较短的渠道；企业产品组合的深度越大，则宜采取短渠道。反之，如果企业产品组合的宽度和深度都较小，则企业只能通过批发商、零售商来转卖产品，其渠道较长而宽。企业产品组合的关联性越强，则企业越应使用性质相同或相似的渠道。

三是企业的营销管理能力和经验。管理能力和经验较强的企业往往可以选择较短的渠道，甚至直销；而管理能力和经验较差的企业一般将产品的分销工作交给中间商去完成，自己则专心于产品的生产。

四是对分销渠道的控制能力。企业为了实现其战略目标，往往要求对分销渠道实行不同程度的控制。如果这种愿望强，企业就会采取短渠道；反之，其渠道可适当长些。

（5）环境因素。影响分销渠道设计的环境因素既多又复杂。例如，科学技术发展可能为某些产品创造新的分销渠道；食品保鲜技术的发展，使水果、蔬菜等的销售渠道有可能从短渠道变为长渠道。又如，经济萧条会迫使企业缩短渠道。

（6）中间商因素。不同类型的中间商在执行分销任务时各有其优势和劣势，因此设计分销渠道时应充分考虑不同中间商的特征。一些技术性较强的产品，一般要选择具备相应技术能力或设备的中间商进行销售。有些产品（如冷藏产品、季节性产品等）需要特定的储备，这时就需要寻找拥有相应储备能力的中间商进行经营。如果零售商的实力较强，经营规模较大，企业就可直接通过零售商经销产品；如果零售商的实力较弱，经营规模较小，则企业只能通过批发商进行分销。

【讨论】根据产品分销渠道的影响因素，请以小组为单位为以下产品设计分销渠道：齿轮、报纸、衣服、机床。

3）选择分销渠道

（1）直营销售与分销。直营销售是指企业采用产销合一的经营方式，从商品的生产领域转移到用户领域时不经过任何中间环节，企业通过自己的营销人员完成销售的全过程。直营销售的主要方式既可以是企业销售人员直接面对最终顾客推销，也可以是电子商务、顾客推介、行业推介等。分销是指商品从生产领域转移到用户手中时经过若干个中间商的销售渠道。此时，企业通过中间商为最终顾客提供产品和服务。

这两者的选择实质上是可否采用中间商的决策。假如企业供应能力大、产品或服务项目销售面广、顾客分散，企业又没有能力将产品送到每个顾客手中，这时便只能选择间接销售渠道，即分销。对企业而言，涉及企业的核心业务或技术复杂的产品，就可以采用直营销售。

一般来讲，以下情况适合采用直营销售：①市场集中，销售范围小；②产品的技术性高或制造成本大，产品易变质或易破损，产品为定制品等；③企业自身有市场营销技术，管理能力强，或者需要高度控制产品的营销。

一般来讲，以下情况适合采用分销：①市场分散，销售范围广，如零部件等；②产品的非技术性高或制造成本低，产品不易变质或不易破损，产品是标准件等；③企业自身没有市场营销技术，财力、管理能力较弱。

（2）长渠道与短渠道。当企业决定采用分销时，应对渠道的长短做出决定。越短的分销渠道，信息传递越快，销售越及时，企业越能有效地控制渠道，但是企业承担的销售任务也就越多。越长的分销渠道，信息传递就越慢，流通时间越长，企业对渠道的控制就越弱，但是中间商就会承担大部分销售渠道职能。企业在决定分销渠道的长短时，应综合分析自己的产品或服务的特点、中间商的特点及竞争者的特点等。

一般来讲，以下情况适合采用短渠道销售策略：①产品易损、易腐、价格贵、不便于储运，高度时尚、新潮，售后服务要求高且技术性强；②零售市场相对集中，需求数量大；③企业财力雄厚、营销能力强，增加的收益能补偿销售费用，反之则应采用长渠道销售策略。

（3）宽渠道和窄渠道。营销渠道的宽窄是指企业渠道横向由多少中间商来经营某种商品。一般针对分销渠道宽度，有三种可供选择的策略：密集营销策略、独家经营营销策略和有选择营销策略。

密集营销策略又称广泛分销策略，是指尽可能通过较多的中间商来分销产品，以扩大市场覆盖面或快速进入一个新市场，使更多的消费者可以买到这些产品。但是制造商使用这一策略时付出的销售成本较高，中间商的积极性较低。便利品和普通原材料的生产者常常运用密集分销策略。例如，零部件、半成品等产品在成千上万的商店销售，最大限度地展示其品牌。

独家经营营销策略又称专卖分销策略，指企业在一定时间、一定地区只选择一家中间商分销产品。制造商有目的地限制经销其产品的中间商数目，可以得到中间商最大限度的支持，如价格控制、广告宣传、信息反馈等。例如，现在的汽车销售经常采用专卖分销策略，可以在加强汽车形象的同时，保证更多的利润。

有选择营销策略是指在一个目标市场上，依据一定的标准精心选择少数中间商销售其产品。由于中间商的数量少，所以有利于企业与中间商之间互相紧密协作，同时又可使企业降低销售费用和提高控制能力。有选择营销策略兼有密集营销策略和独家经营营销策略的优点，避开了两个策略的缺点，因此其适用范围广，如用于主要设备、辅助设备、技术服务等。

分销渠道宽度选择的三种策略的比较如表 6-1 所示。

表 6-1　分销渠道宽度选择的三种策略的比较

	密集营销策略	有选择营销策略	独家经营营销策略
渠道的长度、宽度	长而宽	较短而窄	短而窄
中间商数量	尽可能多的中间商	有限的中间商	一个地区一个中间商
销售成本	高	较低	较低
宣传任务承担者	制造商	制造商、中间商	制造商、中间商
产品类别	便利品、消费品	选购品、特殊品	高价品、特色产品

4）选择渠道成员

确定了渠道类型之后，就要选出适合制造商渠道结构的，能有效帮助完成制造商营销目标的营销合作伙伴，即渠道成员。除直营销售外，其他渠道模式都需要对渠道成员进行选择。然而对渠道成员的选择未必是渠道设计的产物，当渠道结构未发生变化、不需要新的渠道设计时也常常需要渠道成员的选择。这主要存在于以下两种情况：

（1）现有的渠道成员流失或渠道成员不能胜任营销工作时；

（2）制造商的营销市场区域扩大，需要更多的渠道成员去覆盖市场、完成营销任务。

渠道成员的选择同渠道类型的设计一样与市场密度有关。市场密度是指单位面积上的目标用户，机电产品市场的市场密度相对消费品市场而言要小很多。一般情况下，市场密度越小，采用直销渠道或短渠道方式就越适宜。任何一家制造商在选择渠道成员之前，都应明确它的选择条件或标准。这些条件包括渠道成员开业年限的长短、销售网络及售后服务能力的强弱、商业声誉的好坏、营业地点的便利性、以往顾客的类型、队伍素质与技术素养的高低、经营成效、偿付能力及发展潜力等。

选择渠道成员，实际上是在选择成本、选择利润，因为每个成员的素质与行为直接影响着合作效果。渠道成员的选择过程，包括设计选择标准、寻找备选渠道成员、评价备选渠道成员、最终确定渠道成员四个步骤。优秀的渠道成员是营销渠道发挥效率、产生效益的最关键因素。

5）明确分销渠道成员的权利与义务

在确定渠道的长度和宽度之后，制造商还要规定与渠道成员彼此之间的权利和责任。确定渠道成员的权利和义务是保证渠道成员合作良好，减少矛盾的重要环节。渠道成员的权利和义务主要体现在价格政策、购销条件、地区性权利和各个渠道成员应提供的服务等方面。例如，对不同地区、不同类型和不同购买量的渠道成员给予不同的价格折扣，提供质量保证和跌价保证，以促使渠道成员积极进货。制造商还要规定交货和结算条件，以及彼此为对方提供哪些服务，如产方提供零配件、代培技术人员、协助促销，销方提供市场信息和各种业务统计资料等。

6）对分销渠道方案进行评估

制造商面对几个可供选择的分销渠道方案时，要进行评估，根据评估的结果选出最有利于实现制造商长远目标的渠道方案。通常，评估主要从渠道的经济效益、制造商对渠道的控制力、渠道的适应性三方面进行。

6.2.3　分销渠道的管理

1. 分销渠道冲突

在分销渠道中，渠道成员之间利益的暂时性矛盾称为冲突。一般而言，冲突主要有垂直渠道冲突、水平渠道冲突和多渠道冲突。

垂直渠道冲突是指同一营销系统内不同渠道层次的各企业之间的利益冲突，又称纵向冲突。它表现为渠道成员同时销售了竞争者的同类产品而引发的冲突。水平渠道冲突是指同一营销系统内同一渠道层次的各企业之间的冲突，又称横向冲突。如果在同一层次上选择众多中间商分销，则可能出现渠道成员之间相互抢生意的情况。多渠道冲突是指企业建立网络化渠道系统后，不同渠道服务于同一目标市场时所产生的冲突。

解决冲突的办法多种多样，如建立共同目标、建立协商谈判机制、法律诉讼、退出营销渠道等。大多数在渠道中解决问题的方法或多或少地依赖于领导权。

2. 激励渠道成员

制造商选定合适的渠道成员之后，鼓励渠道成员最大限度地发挥销售积极性，是管理分销渠道的重要一环。

1）建立良好的协作关系

协作关系是指制造商与渠道成员在诚信合作、沟通交流的过程中形成的人与人之间的情感关系。由于渠道成员与制造商所处的地位不同，考虑问题的角度不同，所以彼此之间常常会产生矛盾。制造商要善于从对方的角度考虑问题，加强情感关系的培养，提高分销渠道运作的效率和效益。

2）对渠道成员的激励

激励渠道成员努力工作，首先要求制造商了解各个渠道成员的需求和愿望，然后对其采取有效的鼓励措施，如给渠道成员较高的折扣率、奖金、合作广告津贴、产品陈列津贴等。

3）建立相互培训机制

相互培训机制是密切渠道成员关系、提高分销效率的重要举措。制造商培训终端销售人员，可以提高他们顾问式销售的能力；渠道成员给企业营销、技术人员提供培训，可以提高他们的市场适应能力。制造商对经营效果较好的渠道成员，应争取建立长期合作关系，还可派专人驻守商店协助推销并收集信息。目前，许多企业都试图与渠道成员发展长期的战略合作伙伴关系，他们清楚地知道在市场份额、库存水平、市场开发、寻找顾客、技术建议与支持、市场信息等方面都需要渠道成员的合作。

3. 评估渠道成员

制造商要定期评估渠道成员的工作业绩是否达到某些标准。这些标准包括销售指标完成情况、向顾客交货的快慢程度、对损坏和损伤产品的处理、与企业宣传及培训计划的合作情况，以及对顾客的服务表现等。

在这些标准中，比较重要的是销售指标，它用于定期考核渠道成员的绩效，并以此为依据来实行对分销渠道的有效控制。对渠道成员的销售业绩可以采用科学方法进行客观评价。评价方法有纵向比较法和横向比较法两种。

纵向比较法是将每个渠道成员的销售额与上期的绩效进行比较，并以整个群体在某一地区市场的升降百分比作为评价标准。对于低于该群体平均水平以下的中间商，应找出其主要原因，并帮助其整改。

横向比较法是将各个渠道成员的实际销售额与其潜在销售额的比率进行对比分析，按先后名次进行排列，对于那些比例极低的渠道成员，应分析其绩效不佳的原因，必要时要予以取消。

制造商应给自己的渠道成员营造危机感，使其树立优胜劣汰的意识，并且密切保持对渠道成员的监督与评估。例如，IBM 公司建立规章制度来定期审查、评估其渠道成员，力求用最好的渠道成员销售它的产品。每个 IBM 的渠道成员必须交一份计划，派销售和服务人员去 IBM 公司培训，同时其销售必须达到一定的指标。

4. 调整分销渠道

在渠道管理过程中，随着市场营销环境的不断发展变化，原先的分销渠道经过一段时间以后，可能已不再适应市场变化的要求，必须对其进行相应调整。一般来说，对分销渠道的调整有以下三个不同层次。

1）增减渠道成员

增减渠道成员即增减分销渠道中的个别中间商。当由于个别中间商的经营不善而造成市场占有率下降，影响到整个渠道效益时，可以考虑对其进行削减以便集中力量帮助其他中间商搞好工作，同时可重新寻找几个中间商替补。市场占有率的下降，有时可能是由于竞争对手分销渠道扩大而造成的，这时就需要考虑增加中间商的数量。

2）增减一条渠道

在某种情况下，各方面变化常常使企业感到只变动渠道中的成员是不够的，此时必须变动一条渠道才能解决问题，否则企业就会有失去这一目标市场的威胁。

3）调整分销渠道模式

调整分销渠道模式是渠道调整中最复杂、难度最大的一类，因为它要改变企业的整个渠道策略，而不只是在原有基础上“缝缝补补”，如放弃原先的直销模式，而采用代理商进行销售；或者建立自己的分销机构以取代原先的间接渠道。这种调整不仅是渠道策略的彻底改变，而且产品策略、价格策略、促销策略也必须做相应调整，以期和新的分销系统相适应。

总之，分销渠道是否需要调整、如何调整，取决于其整体分销效率。因此，不论进行哪一层次的调整，都必须进行经济效益的分析，如销售能否增加，分销效率能否提高，以此鉴定调整的必要性和效果。

阅读材料 17　戴尔计算机公司的“黄金三原则”

1984 年，戴尔计算机公司由迈克尔·戴尔创立。它目前已成为全球领先的计算机系统直销商，跻身业内主要制造商之列。在美国，戴尔是在商业用户、政府部门、教育机构和消费者市场名列第一的个人计算机供应商。

目前，戴尔利用互联网进一步推广其直线订购模式，使其处于业内领先地位。戴尔曾不止一次地宣称过它的“黄金三原则”，即“坚持直销”、“摒弃库存”、“与顾客结盟”。

1. 坚持直销

戴尔的模式习惯被称为直销，在美国一般称为“直接商业模式”(Direct Business Model)。戴尔的所谓直销，就是由戴尔建立一套与顾客联系的渠道，由顾客直接向戴尔发订单，在订单中可以详细列出所需的配置，然后由戴尔“按单生产”。戴尔所称的“直销”实质上就是简化、消灭中间商。

2. 摒弃库存

摒弃库存即“以信息代替存货”。戴尔与供应商协调的重点是精准迅速的信息。直销的精髓在于速度，其优势体现在库存成本方面，按单生产可以使戴尔基本实现“零库存”的目标。同时，戴尔利用摒弃库存赚取利润的方式为利用用户货款与供应商货款中间的时间差——在未来的 15 天内，别人（顾客）已经帮戴尔把钱付了。

3. 与顾客（包括顾客和供应商）结盟

“与顾客结盟”是直销模式的最大优势之处。戴尔对顾客和竞争对手的看法是：“想着顾客，不要总顾着竞争。”戴尔把“随订随组”的作业效率发挥到供应体系之中。戴尔与供应商原料进货之间的连接是其成功的关键。这个连接越紧密有效，对公司的反应能力越有好处。戴尔的需求量由顾客的需求而定，前置期通常在 5 天之内。而其手边的原料只有几天的库存。通过网络技术与供应商之间保持的完善沟通，戴尔始终知道库存情况与补货需求。

对于目前渠道的发展趋势，戴尔认为，经销商将不得不转变经营模式，变成纯粹的服务提供者。戴尔的渠道叫作“VAR”(增值服务渠道)，主要为戴尔做服务和增值工作。

6.2.4　机电产品营销的创新渠道模式

1. 机电产品分销与消费品分销的差异

1）市场需求不同

机电产品的市场需求、顾客对象与消费品之间有本质的区别。机电产品面对的基本上是产业用户，其目标顾客群体相对明确，而且往往顾客购买的规模大，市场需求缺乏弹性，在短期内受价格变动的影响较消费品小得多。

若企业主营的是机电产品中的配套零部件或可安装在最终产品上的机电产品，则既可以选择直接销售，也可通过分销商销售；若企业主营的是维修和营运产品或用于维修和维持日常营运的产品，则绝大多数通过分销商销售，而对于主要顾客则采取直接销售；若企业主营的是固定资产（资本货品）或用于生产的设备，则由于技术的因素，大部分采取直接销售；若企业主营的是工具、附件或用量较大的小型设备，则主要通过分销商销售。

2）顾客的购买行为不同

机电产品种类繁多，在分销市场中由于需求顾客所购买产品类别的不同存在很大的差异。例如，生产专用设备一般是企业经营前期或特定时期的重大经营决策，这类产品一般价格贵、技术性能要求高，对于产业顾客的生产经营有根本影响；而零部件，如液压、气动元件等，是诸多制造企业的上游供货环节，其产品的质量和价格是影响顾客购买行为的重要因素。

2. 机电产品分销模式的创新发展

1）"第三渠道"的兴起

近年来，"第三渠道"被越来越多的企业所看重。其实质是企业用市场功能来统领渠道销售，以实现在代理基础上直销、在直销基础上代理。其对外的集中优势表现在直销，对内的风险按代理结算收益分担。其主要内容是：生产厂家对销售渠道进行重新筛选和整编，如原来是直销的渠道，则对原来的直销人员进行能力评估并按一定的方法转化为销售费用自理的代理商。

2）机电产品分销模式的创新趋势

（1）专业化服务。总的来讲，机电产品领域的专业化服务是指从事机电产品分销的中间商向产品用户提供专门的服务、专业知识及某一狭窄产品线上的众多品牌的产品，或者同一品牌的众多产品，或者不提供实体产品仅提供信息服务等。中间商不但要对用户负责，还要对制造商负责，其服务是联系双方的纽带。

（2）信息化支撑。信息化支撑是指机电企业、分销商需要加强信息技术的应用，保持企业在获取市场资源等方面的竞争优势，借以培育在市场中的核心竞争力。信息化能实现有效的分销渠道管理、顾客关系管理和供应链管理，它是在知识经济条件下取得竞争优势的先决条件，是提升机电产品分销产业价值链、协调竞争优势的基础。例如，使用顾客关系管理软件、专业的财务管理软件，实施企业资源计划等。

（3）品牌化运作。虽然机电产品不像消费品品牌竞争那么激烈，但机电产品领域的品牌之争近年来也呈升温之势。不论是机电产品制造商还是中间商，创新性地进行品牌运作、突出企业的"品牌知名度"将成为分销模式新发展的重要趋势和未来争夺市场的重要因素。机电产品的品牌主要包括信誉品牌和服务品牌。对于一些设备和系统，如数控加工中心，用户更是要求制造商和中间商有良好的售后服务，且更多地体现在技术支持、设备维护等方面。

（4）国际化经营。在 WTO 框架下，国内贸易与国际贸易一体化，我国的机电产品分销服务业最终将完全开放。像日本的综合商社一样，以全球为市场目标，通过国际化经营获得竞争优势，这也是分销模式的创新发展趋势之一。企业国际化经营的主要内容是经营理念的国际化、经营战略的国际化、经营方式的国际化、经营收益的国际化。

任务 6.3　机电产品促销方法选择

案例 22　提供技术解决方案——老李的促销故事

老李是某普通车床配件企业中一名很能干的推销员，他知道一般机床生产厂家对机床配件供应商的选择都比较慎重。他通过对机床行业中某顾客对普通车床使用情况的调查、研究，发现在竞争对手的产品中，有一个关键配件经常出现质量问题，但这个配件的质量对整个车床的影响在一年内不容易发现，直到以后出现故障时，顾客才会被动地选择更换，从而给售后服务带来一定的影响。但在一般情况下，这一潜在的问题并不直接影响顾客更换供应商的决策标准。

发现这一问题后，老李并没有开门见山地向机床生产厂家推销自己的产品，而是到自己公司后，与本企业的技术人员一同制订了一套针对这一问题的技术改进方案，并在充分地评估、研究之后给该顾客提供了初步的技术解决方案。顾客看到这个分析报告后，感觉到问题的严重性，最后决定与老李进行进一步的技术交流、技术评估等。

机床生产厂家在以后选择配件供应商时，虽然有多家竞争对手，但因为前期的互相交流，以及对老李的解决方案的认可，最终使老李得到了为这家车床制造厂家做配件的稳定生意。

案例思考　换成你，在这种情况下，你会怎么处理？

6.3.1　促销与促销组合

1. 促销的含义

促销是促进销售的简称，是企业通过人员和非人员的方式，沟通企业与消费者之间的信息，引发、刺激消费者的购买欲望，使其产生购买行为的活动。只有通过信息沟通的各种方式将产品或服务等信息传递给消费者，才能引起消费者的注意，促使消费者产生购买欲望，并转化为购买行为。

促销的本质是要加强企业同目标市场之间的信息沟通。为了有效地与消费者沟通，企业必须了解信息沟通的过程，努力提高促销活动中的信息传播效果。

信息沟通主要包括信息源、编码、信息、媒介、译码、受众、反馈和干扰等要素。从沟通过程看，信息源将所要表达的信息以受众可以理解的方式加以编码后，经过媒介传达给受众。受众收到信息后，将信息译成他所理解的意思后，将其反应回馈给信息源。在整个信息沟通过程中，存在着干扰沟通效果的各种不同噪声。这些噪声既对信息发出者决定发出何种信息、如何组织信息产生影响，也会干扰接收者对信息的理解。

2. 促销的作用

1）传递供给信息，指导顾客消费

企业通过促销把进入市场或即将进入市场的产品或服务的有关信息传递给目标市场的购买者，引起他们的注意，使他们明确何时、何地、以何价格水平，能够买到多大数量、多高质量、何种规格型号、什么特色、哪一品牌、能解决消费者什么问题的产品，从而使在市场上正在寻找卖主的潜在买主成为现实买主。

2）突出产品特点，激发消费需求

促销会突出本企业产品不同于竞争对手产品的特点，以及它给消费者或用户带来的特殊利益，有助于加深顾客和公众对本企业产品的了解，建立本企业产品的形象。有效的促销活动通过介绍产品（尤其是新产品）的性能、用途、特征等，能够诱导和激发消费者的需求，在一定条件下还可以创造需求。

3）强调心理促销，激励购买行为

现代促销活动的实质是一项体现“攻心为上”、“先予后取”等心理战略、战术的促销活动。这是因为促销的对象是目标市场上的消费者，要使他们产生有利于本企业的购买行为，“心动”是前提，只有“心动”才可能“行动”。无论哪种促销方式，从本质上来说，无不是一种“打动人心”的活动。

4）树立企业形象，赢得顾客信任

促销活动有时并不以立即产生购买行为为目的，而是通过促销活动树立企业及其产品在市场上的良好形象，给消费者留下深刻的印象，形成消费者根深蒂固的特殊偏好，与企业结下“厚意深情”的情结。这样，顾客一旦产生购买欲望与需求时，就会马上联想到该企业的产品。此时，企业追求的是一种远期效益。

3. 促销组合

促销方式分为人员促销和非人员促销。人员促销是指企业通过人员沟通方式说服消费者购买。人员促销的针对性较强而影响面较窄，其主要形式是面对面推销。非人员促销是指企业通过一定的媒介传递产品或服务的信息，促使消费者产生购买行为。非人员促销的影响面较宽但针对性较差。非人员促销的主要形式有广告、营业推广和公共关系。

由于各种促销方式都有优点和缺点，所以在促销过程中，企业常常将多种促销方式综合起来使用。所谓促销组合，就是企业根据自己产品的特点和营销目标，综合考虑各种影响因素，对人员推销、广告、营销推广和公共关系等各种促销方式进行的选择、编配和运用。

各类促销手段对消费品、机电产品销售的相对重要性存在一定差异，如图 6-6 所示。

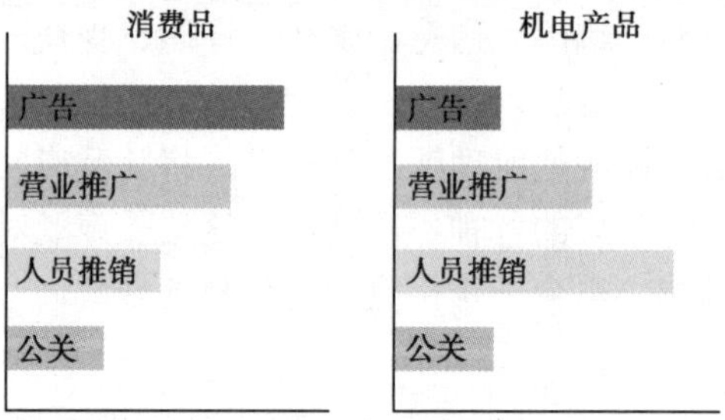

图 6-6　各类促销手段对消费品、机电产品销售的相对重要性

各种促销方式都有自己的特点，企业若要制订一套行之有效的促销组合策略方案，一般来说，应该考虑以下几方面的因素。

（1）促销的目标。企业的整体促销目标具有阶段性的侧重点，侧重点不同，则促销组合策略也不同。当以提高知名度和塑造良好形象为主要目标时，应以公共关系和广告为主。

（2）促销产品的特点。根据消费者的特点，产品可被分为机电产品和消费品。机电产品具有技术专用性强、价格高、批量大等特性，消费者购买时一般要经过复杂的研究、审批等手续，因此其促销应以人员推销为主，配合公共关系和营业推广，而广告相对使用较少；消费品主要供个人和家庭生活之用，涉及面较大，因此其促销常常以广告促销为主，辅以公共关系和营业推广，人员推销相对较少。高价产品由于使用风险大，所以其推销应以公共关系和人员推销为主；而低价产品的促销应以广告和营业推广为主。

（3）促销产品生命周期的阶段。在投入期，促销以广告和公共关系为主，其次是人员推销和营业推广；在成长期，虽然促销仍以广告和公共关系为主，但所有促销策略的成本效应都降低了；在成熟期，促销应以营业推广为主，辅以广告、公共关系和人员推销；在衰退期，促销仍应以营业推广为主，但广告、公共关系和人员推销的成本效应则降低了，其中以人员推销为最低。

（4）目标市场的特点。对于规模小且相对集中的市场，人员推销是重点；对于规模大、范围广且分散的市场，则应多采用广告、公共关系和营业推广；对于个人、家庭类型的消费者，应以广告、公关促销为主，辅以营业推广；对于组织用户、集团消费，应以人员推销为主，辅以公共关系和广告；对于中间商，则宜以人员推销为主，并配合营业推广。

（5）促销预算保障。不同的促销方式、促销组合，需要投入的资金总量不同。因此，企业的财务资金实力及其对促销投资的预算安排，也影响和制约着促销组合的选择。企业既要量力而行，又要用最少的费用实现最佳的促销组合，使促销费用发挥出最好效用。

（6）促销管理水平。不同的促销方式、手段，其管理复杂的程度有所不同。一般来说，公共关系和营业推广的管理更为复杂，如果企业管理水平不高，则一般不愿意选择这两种方式；而广告和人员推销相对来说，其管理简单些，容易被企业选择使用。

（7）促销时机的选择。任何产品都会面临销售时机和非销售时机。显然，在销售时机（如销售旺季、流行期、特别事件和节假日等）应当掀起促销高潮，一般要以广告、营业推广为重点；而在平时，则应以公共关系和人员推销为主。

（8）分销渠道的类型。如果企业以间接分销渠道为主，则应以广告、公共关系为主，以为中间商创造有利的销售环境，再配合对中间商的营业推广，充分调动其积极性；如果企业以直接分销渠道为主，则促销重点是公共关系、人员推销和营业推广。

（9）市场营销组合策略与促销总策略。现代促销不是孤立存在的，它必须与其他的营销策略和手段紧密结合才能真正实现自己的价值。也就是说，促销的作用只有在营销组合中才能充分表现出来。因此，在进行促销策划时，绝对不能离开市场营销组合。促销总策略不同，促销组合策略也不一样。例如，对于推式策略而言，人员推销更重要一些；而拉式策略则以广告为主要的促销策略。

4. 机电产品的常用促销方法

销售促进（促销）是指鼓励顾客对产品和服务进行尝试或促进销售的短期激励行为。由于机电产品的市场需求取决于生产工艺与实际需求等特点，所以其促销与普通消费品有所不同。机电产品的主要促销手段有以下几种。

1）试用

试用可分为有条件试用和无条件试用。无条件试用比较适合仪器设备的促销。为打消用户对产品质量的顾虑或用户对产品所带来的收益的怀疑，企业可以通过免费试用的方式吸引顾客，最后促进顾客下决心购买。当设备价值较高而顾客又对使用设备是否带来产品质量的提高有怀疑时，生产企业可以同意用户免费试用 3 个月，如果试用后用户满意就购买，不满意则运回企业。

2）产品保证

在用户对产品质量不确信，或者在几家竞争者的选择中举棋不定时，公司可以提供比竞争对手更长的质保期，以吸引用户。

3）信用赊销

机电企业对信用可靠的企业可以采取赊销的方式来促进销售。对不同信誉程度的企业，可以采取不同的比例赊销，但在中国目前的市场条件下，采取赊销时要慎之又慎。

4）租赁

当企业对某一设备只是临时需要，或者暂时无能力购买时，机电企业可以采取租赁的方式进行促销。

5）以旧换新

可以通过以旧换新促进用户对设备更新换代的决心，同时确保老用户的忠诚度。

6）培训班

当大多数目标企业对新推出的新产品或新技术不了解或不熟悉时，企业可以通过办培训班的方式进行促销。

7）演示会与展示会

企业通过现场展示和演示，可以使用户了解产品的优势和特点，使目标顾客了解企业的整体实力或最新科研成果等。

8）互购互惠

互购互惠即你买我的产品的条件是我也买你的产品，如汽车制造厂家从机床制造公司购买机床，机床制造公司从汽车制造厂家购进汽车。

另外，还有会员制、赠送礼品等促销手段。

5. 机电产品营销的公关

公关是指企业为提高或保护公司形象或产品而设计的各种促销方案。机电企业营销的公关包括以下几方面内容。

1）新闻发布会

当企业有重大技术突破或有新产品问世等重大事件，想把信息传达给外界时，可以通过新闻发布会的形式，把企业想传达出去的信息传达给外界。企业采用这种形式不仅费用低而且更有说服力。

2）技术论坛

机电企业可以在本行业，特别是本企业所具有的优势技术或新技术领域召开同行技术论坛，通过技术探讨传播技术信息，提升企业的技术先锋形象，获得技术改进的建议，达到在同行业专家中树立本企业机电产品技术领先、质量可靠的形象的目的。技术论坛有时也可以在大学相关专业或系举办，给将来可能进入同行业相关岗位的“未来购买建议者或决策者”留下印象。

3）研讨会与交流会

机电企业可以把用户请来召开与自己企业产品有关的研讨会或交流会，如以某设备在某某行业的应用为题的研讨会。通过研讨会可以传递企业的信息，加强用户与企业的联系，帮助用户更好地使用设备。

4）展览会

展览会是机电企业最常采取的方式，即行业协会等举办的展览会，如机械工业协会的制造业装备展览会。机电企业可以利用产品展览、展销、订货会议等形式来陈列其产品并进行示范操作。机电企业的推销人员可以在会上与有购买能力的顾客代表以至高层决策者进行直接沟通，接受询价，引导其进一步的购买行为。

5）顾问用户

机电企业可以聘请对本企业发展有影响力的大用户为自己的顾问，借以树立以用户为中心的企业形象，拉近与用户的距离，同时得到必要的支持。

另外，机电企业常采取的公关还包括举办企业峰会、发起行业宣言、进行服务巡礼、进行拜年活动或创造新闻等活动。

6.3.2 人员推销

1. 人员推销的特点

人员推销是指企业运用推销人员直接向顾客推销产品或服务的一种促销活动。推销人员通过宣传展示产品来引起顾客的兴趣，激发顾客的需求，通过销售产品及提供信息服务、技术服务来满足顾客的要求。在人员推销活动中，推销人员、推销对象和推销品是三个基本要素，前两者是推销活动的主体，后者是推销活动的客体。不同的产品，人员推销的方法也不相同。人员推销的基本形式主要包括三种：上门推销、柜台推销和会议推销。

人员推销主要有两种组织形式：一种是建立自己的销售队伍，即使用本企业的推销人员来推销产品，如销售经理、销售代表；另一种是使用合同销售人员，如代理商、经销商等。

阅读材料 18 世界上最伟大的推销员——乔·吉拉德的销售秘诀

乔·吉拉德因售出 13 000 多辆汽车创造了产品销售的最高纪录而被载入吉尼斯大全。他曾经连续 15 年成为世界上售出新汽车最多的人，其中 6 年平均每年售出 1 300 辆汽车，被誉为“世界上最伟大的推销员”。销售是需要智慧和策略的事业。乔的秘诀主要有以下几个。

1. 250 定律：不得罪一个顾客

在每位顾客的背后，都大约站着 250 个人，他们都是与该顾客关系比较亲近的人：同事、邻居、亲戚、朋友。乔说得好：“你只要赶走一个顾客，就等于赶走了潜在的 250 个顾客。”

2. 名片满天飞：向每个人推销

每个人都使用名片，但乔的做法与众不同：他到处递送名片，在餐馆就餐付账时，他要把名片夹在账单中；在运动场上，他把名片大把抛向空中，名片漫天飞舞，就像雪花一样，飘散在运动场的每个角落。乔认为，每位推销员都应设法让更多的人知道他是干什么的，销售的是什么产品。

3. 建立顾客档案：更多地了解顾客

乔说："不论你推销的是任何东西，最有效的办法就是让顾客真心相信你喜欢他，关心他。"要使顾客相信你喜欢他、关心他，那你就必须了解顾客，收集顾客的各种有关资料。

4. 猎犬计划：让顾客帮助你寻找顾客

乔认为，开展推销活动需要别人的帮助。乔的很多生意都是由"猎犬"（那些会让别人到他那里买东西的顾客）帮助的结果。乔的一句名言就是"买过我汽车的顾客都会帮我推销"。

5. 推销产品的味道：让产品吸引顾客

每种产品都有自己的味道，乔特别善于推销产品的味道。与"请勿触摸"的做法不同，乔在和顾客接触时总是想方设法让顾客先"闻一闻"新车的味道。他让顾客坐进驾驶室，握住方向盘，自己触摸、操作一番。如果顾客住在附近，乔还会建议他把车开回家，让他在自己的太太、孩子和领导面前炫耀一番，这样顾客会很快地被新车的"味道"陶醉。根据乔本人的经验，凡是坐进驾驶室把车开上一段距离的顾客，没有不买他的车的。即使当时不买，不久后该顾客也会来买。

6. 诚实：推销的最佳策略

诚实是推销的最佳策略，而且是唯一的策略。说实话往往对推销员有好处，尤其是推销员所说的，顾客事后可以查证的事。乔还善于把握诚实与奉承的关系。少许几句赞美，可以使气氛变得更愉快，没有敌意，推销也就容易成交。

7. 每月一卡：真正的销售始于售后

乔说："我相信推销活动真正的开始在成交之后，而不是之前。"推销是一个连续的过程，成交既是本次推销活动的结束，又是下次推销活动的开始。推销员在成交之后继续关心顾客，将会既赢得老顾客，又能吸引新顾客，使生意越做越大，顾客越来越多。乔每月都要给他的1万多名顾客寄去一张贺卡。凡是在乔那里买了汽车的人，都收到了乔的贺卡，也就记住了乔。

人员推销与非人员推销相比，主要有以下几个特点。

1）信息的双向沟通

人员推销与其他促销方式相比，具有双向信息互动的特点。通过推销人员良好的推销工作，可以及时有效地激发顾客的购买兴趣，并促使其立即采取购买行为，从而缩短了消费者从了解信息到实施购买行为之间的距离，并可立刻获知顾客的反应。推销人员可据此及时调整自己的推销策略和方法，解答顾客的疑问，使顾客产生信任感。

2）推销方式灵活多样

在推销活动开始之前，推销人员应该选择具有较大购买可能的顾客进行推销，避免盲目、泛泛地进行推销。推销人员还应该事先对未来顾客做深入研究，拟定具体的推销方法、推销策略等，以提高推销的成功率。推销人员可以和顾客直接接触、当面洽谈，根据不同潜在顾客或用户的需求和购买心理，有针对性地进行推销。

3）推销任务的双重性

推销人员的工作任务并非单一的推销产品，而是具有双重性，即激发需求、促进销售与市场调研相结合；推销产品与提供服务相结合。一方面，推销人员应该寻求机会，发现潜在顾客，创造需求，开拓新的市场；另一方面，推销人员要及时向消费者传递产品和服务的信息，为消费者提供购买决策的参考资料。同时，推销人员在推销过程中还要收集情报，反馈信息，开展全方位的售前、售中与售后服务。

4）注重人际关系

注重人际关系是人员推销的一个突出特点。它可以把企业与用户的关系从纯粹的买卖关系培养成朋友关系，使彼此建立友谊，相互信任、理解。这种感情有助于推销工作的展开，实际上起到了公共关系的作用。

2. 人员推销的类型

机电产品推销人员的类型应该是多层次的，包括销售人员、服务人员、技术人员、企业高层人员在内的立体的推销方式，他们分工协作，促成交易。

1）销售人员推销

在人员推销的基本形式中，销售人员起着总体协调和沟通的作用。在机电产品市场营销过程中，“消费引导”的作用比消费品更重要、更突出，这是由机电产品的技术性和应用的限制性决定的。销售人员应该设计人性化、生动化的销售工具，辅助产品推广，创造良好的沟通、谈判氛围，促成成交，帮助顾客降低对技术型产品的认识壁垒。

2）服务人员推销

在机电产品，特别是复杂的仪器、设备的销售中，用户对企业的依赖性很高，如数控加工中心的使用往往需要供应商对用户的操作人员进行一定的培训。服务人员接触的是产品的使用者，当交易完成后对产品好坏进行评价的主要是使用者，这对其下次购买是否选择该企业的产品起着关键作用。因此，服务人员要在送货、安装、用户培训、咨询服务、维修等方面突出企业与竞争对手的不同和优势，树立企业的良好形象，与使用者建立良好关系，以促进其重复购买。

3）技术人员推销

用户中的技术人员是购买决策的重要影响者。在某些大型设备、仪器的购买过程中，有时技术人员就是真正的决策者。因此，在推销时，如何赢得技术人员的支持是获得订单的关键。技术人员和技术人员最有共同语言，因此企业的技术人员在必要时也要站在推销的第一线。

4）企业高层人员推销

国外知名企业的总裁经常定期拜访大客户，甚至对一些小用户也进行接待，以对外传达它是一家真正重视顾客、真正以顾客为中心的企业。另外，企业领导与用户领导一般更容易交流，通过高层接触，有利于加强双方的信任，利于交易的成交和用户忠诚度的提高。

3. 人员推销的策略

人员推销具有很强的灵活性。在与消费者进行的面对面交谈中，有经验的推销人员可以根据顾客的态度和反应，审时度势，及时发现问题，掌握顾客的购买动机，然后有针对性地根据顾客的情绪和心理变化，巧妙地运用推销策略，从不同层面满足顾客的需求，从而促成交易的达成。人员推销的策略主要有以下三种。

1）试探性策略

试探性策略也称“刺激—反应”策略，是在不了解顾客需求的情况下，推销人员运用刺激性手段引发顾客产生购买行为的推销策略。推销人员在不十分了解顾客需求的情况下，可以事先准备好能激发顾客兴趣、刺激顾客购买欲望的推销语言，与顾客进行渗透性交谈，并在交谈中密切注意对方的反应，然后根据反应采取相应的推销措施，如重点提示产品的特色及优点，进行示范操作，出示产品图片资料，赠送产品说明书或提供产品试用等，激起顾客的进一步关注。最后再进一步观察顾客的反应，了解顾客的真实需要，诱发其购买动机，引导其产生购买行为。

2）针对性策略

针对性策略也称“配合—成交”策略。这种策略的特点是推销人员事先已基本掌握顾客的某些方面的需要，然后根据顾客的这些需要做好与顾客接触前的充分准备。例如，收集大量有针对性的材料、信息；设计好有针对性的话题及推销语言；熟悉满足顾客需要的产品性能等。推销人员在推销洽谈过程中，一定要努力营造融洽的气氛，一定要站在顾客的立场上，为其排忧解难，让他亲身感受到推销人员的真诚，并产生强烈的信任感，进而促成交易。

3）诱导性策略

诱导性策略也称“诱发—满足”策略。这是一种创造性推销，要求推销人员有很高的推销技巧，使交易在“不知不觉”中成交。这种策略的原则是顾客在与推销人员交谈之前并未感到或没有强烈意识到某种需求，而其潜在需求主要靠推销人员运用刺激需求的说服方法和手段来诱导。这种策略要求推销人员要不失时机地宣传介绍和推荐所推销的产品，使顾客的潜在需求转化为现实需求。

4. 人员推销的管理

1）推销人员的挑选和培训

推销人员素质的高低直接关系到企业促销活动的成败和企业的经济效益。因此，对推销人员的挑选和培训成为企业推销管理的首要任务。

企业一方面可以通过对外公开招聘，对应聘人员进行笔试和面试，了解应聘人员的工作态度、语言表达能力、理解能力、分析能力、应变能力及知识面的广度和深度，择优录用；另一方面，可以将自己内部业务能力和应变能力较强的人员选拔到销售部门工作，这种方式可以减少培训时间和培训费用，迅速充实推销人员的队伍。

顾客的需求日新月异，产品的复杂程度也越来越高，如果推销人员不经过系统的专业训练，就不能很好地与顾客进行沟通，并顺利地完成推销任务。因此，对于招聘到的推销人员，企业还需要对其进行培训，使他们学习和掌握有关知识与技能，尤其是推销人员的竞争意识。同时，对于在岗推销人员，企业也需要根据市场的变化，每隔一段时间进行培训，使其对企业的新产品、企业新的营销计划及企业新的经营理念和目标有一个新的了解。

阅读材料19　汽车销售员的推销技术

美国一位企业总裁打算购买一辆不太昂贵的汽车送给儿子作为高中毕业礼物。“萨布”牌轿车的广告曾给他留下印象，于是他到一家专门销售这种汽车的商店去看货。销售人员在介绍过程中总是说他的车比“菲亚特”和“大众”强。这位总裁发现，在这位推销人员的心目中，后两种汽车是最厉害的竞争对手。尽管他过去没有听说过那两种汽车，但还是决定先亲自看一看再说。最后，他买了一辆“菲亚特”。在推销产品时，销售人员面临来自顾客的和来自竞争对手的双重挑战。如何对付竞争对手，成为推销人员必须掌握的一种技术。

企业培训推销人员的方式有很多，如短期集中培训，这种培训形式是指抽调一定的力量，在专门的时间内，对推销人员进行集中培训，其内容以理论讲座、模拟示范、现场操作为主；专项实习，专项实习的目的是提高推销人员某一方面的知识和技能，如为了使推销人员掌握某一产品的性能，安排他到设计部门学习或装配车间跟班操作等；委托培训，即委托大专院校或其他学校，全面培训推销人员，这样可以使推销人员系统地学习有关知识，吸取他人的经验，这种方法主要用于新手的培训和培养。通过培训，可以使推销人员掌握企业知识、产品知识、市场知识、心理学知识和政策法规知识等内容。

2）推销人员的激励

推销人员的管理核心就是对推销人员进行激励。激励推销人员的方法主要有订立销售定额与佣金制度两种。

（1）订立销售定额。订立销售定额是企业的普遍做法，它规定推销人员在一定时期内应销售多少数额，并按产品加以确定，然后再把报酬与定额完成情况挂钩。

（2）佣金制度。企业为了使预期的销售额得以实现，一般还会采取相应的鼓励措施，如送礼、奖金、销售竞赛等，而其中最为常见的是佣金。佣金制度是指企业按销售额或利润额的大小给予销售人员固定的或根据情况而调整比率的报酬。佣金制度能鼓励销售人员尽最大的努力工作，并使销售费用与现期收益紧密相连。企业可以根据不同产品、工作决策给予销售人员不同的佣金。但是佣金制度也有不少缺点，如管理费用过高及可能导致销售人员短视行为等。因此，它常常与薪金制度结合起来运用。

3）推销人员的评价

推销人员的评价是企业对推销人员工作业绩考核与评估的反馈过程。它不仅是分配报酬的依据，而且是企业调整市场营销战略、促使推销人员更好地为企业服务的基础。因此，加强对推销人员的评价是非常必要的。评价推销人员业绩的步骤是：掌握和分析有关的情报资料；建立评估指标；实施正式评估。

企业在占有了足够的资料，确立了科学的标准之后，就可以进行正式评估了。大体上，评估有两种方式：一种方式是对各个推销人员的绩效进行比较和排队；另一种方式是把推销人员目前的绩效与过去的绩效相比较。企业可从产品净销售额、定额百分比、毛利、销售费用及其占总销售额的百分比、访问次数、每次平均访问成本、平均顾客数、新顾客数、失去的顾客数等方面进行比较。这种比较方式有利于推销人员对其长期以来的销售业绩有一个完整的了解，督促和鼓励他努力改进下一步的工作。

6.3.3　广告

1. 广告及其构成要素

广告一词源于拉丁文的 Advertere，意思是“注意”或“诱导”。“广告”一词传入我国后形成了汉语的字面意思“广而告之”，即向广大公众告知一件事。市场营销中的广告指的是广告主为了推广其产品、服务及观念而借助于媒体，对其目标消费者进行的信息传播活动。它是企业在促销中应用最广的方式。

广告要成功地运行离不开以下五个要素：广告主、广告代理公司、广告媒介、广告受众和广告信息。

1）广告主

广告主是为推销产品或服务，自行或委托他人设计、制作、发布广告的法人、其他经济组织或个人。广告主是整个广告活动的发起者，是广告信息的发布者和最终付费者，是广告活动的法律责任的承担者。

2）广告代理公司

广告代理公司简称广告公司，是受广告主的委托提供广告设计、制作、代理服务的法人。在广告代理制下，广告公司的主要职能是为顾客提供以策划为主导、市场调查为基础、创意为中心、媒介选择为实施手段的全方位、立体化服务。

3）广告媒介

广告媒介是指为广告主或广告主委托的广告代理公司发布广告的法人或其他经济组织。广告媒介是沟通广告主和广告受众的桥梁，是广告信息的载体。

4）广告受众

广告受众又称广告诉求对象（或广告对象）。广告受众是广告信息的接受者和反馈者。广告受众从广告传播层面上讲，是广告传播活动的终端和目的地，是整个广告运作的客体；从营销的层面上说，广告受众是产品或服务的目标消费者。

5）广告信息

广告信息是广告传播的主要内容，包括产品信息、服务信息和观念信息。产品信息主要包括产品的供销、性能、质量、用途、价格、销售时间和地点等；服务信息主要是指广告主提供的各种服务；观念信息主要是指广告主通过广告的表现，在受众心中建立的一种有利于推广产品或服务的消费观念。

2. 广告的分类

根据不同的划分标准，广告有不同的种类。

1）按照广告目标的不同，可以将广告分为信息性广告、说服性广告和提醒性广告

信息性广告主要适用于产品的市场开拓阶段，其目的不在于建立该类产品某一特定品牌的需求，而是告知消费者新出现的某类新产品，从而建立消费者对该类产品的基本需求。

说服性广告主要适合进入竞争阶段的产品。这时企业的目标主要是培育特定的品牌，满足消费者的选择性需求。说服性广告在市场上占有很大比例。企业利用这种广告，可以诱导、说服消费者购买其产品。

提醒性广告主要适合进入成熟期的产品。这时企业的目标主要是提醒消费者不要忘记购买某一特定品牌的产品，或者增强企业的形象或声誉。

2）按广告传播的范围，可以将广告划分为全国性广告和区域性广告

全国性广告是指采用信息传播能覆盖全国的媒体所做的广告，以此激发分散于全国的消费者对该广告中的产品的需求。在全国发行和发放的报纸、杂志、广播、电视等媒体上所做的广告，均属于全国性广告。这种广告要求产品是在全国通用的产品。

地区性广告是指采用信息传播只能覆盖一定区域的媒体所做的广告，借以激发某些特定地区消费者对产品的需求。在省（县）报纸、杂志、广播、电视上所做的广告均属于此类，路牌、霓虹灯上的广告也属于地区性广告。此类广告的传播范围较小，多适用于生产规模小、产品通用性差的企业和产品。

另外，按照广告传播媒体的不同，广告可分为报纸广告、电视广告、杂志广告、户外广告、网络广告、广播广告等；按照广告诉求方式，广告可分为感性诉求广告、理性诉求广告；按照广告产生的效果，广告可分为即效性广告和迟效性广告。

3. 主要广告媒体

广告信息需要通过一定的媒体才能传播出去。广告媒体选择地是否恰当直接影响着广告效果的实现。目前，主要的广告媒体有报纸、行业杂志、电视、网络、户外等。

1）报纸媒体的特点和应用

报纸是传统四大新闻媒体之一，主要吸引白领阶层和文化程度较高的读者。报纸上的广告版式灵活多样，企业可以根据自身的实力选择适当的广告版面。有实力的企业可以根据需要刊登整版广告或发特刊，小企业或个人也可以在分类信息栏目中发布广告，还可以及时插入目录、优惠券等。报纸上的广告可以是黑白的，也可以是彩色的。另外，报纸上的广告的本地市场覆盖面比较高，容易被受众接受，有较高的可信度。但是报纸的保存性较差，复制质量低，相互传阅者不多，并且报纸上的广告信息与报纸的其他内容常常同时并置在同一版面上，而分类信息更是将同类信息编制在同一版面上，这样便导致信息之间的干扰性较强。

企业媒体策划人员在确定刊登报纸广告后，就必须确定在什么报纸上刊登广告。我国的报纸广告经营单位有很多家，企业既可以选择全国性的报纸、地区性的报纸、综合性的报纸，也可以选择专业性的报纸，还可以选择免费报纸。但企业在选择作为广告媒体的报纸时，不仅要求所选择的报纸媒体要具有一定的发行量和发行范围，更要求报纸的读者与企业的目标市场相一致，以确保企业与目标消费者之间有效的信息传递，保证广告目标的实现。

阅读材料20　免费报纸

目前，全世界的免费报纸已超过130种，日发行量达到2 800万份。其中，免费报纸的创始者《地铁报》（Metro）已拥有57个版本。在我国，免费报纸还处在发展初期。

（1）发行。我国免费报纸的发行渠道主要有三种：一是依附于城市的交通枢纽，在地铁站或公交车站附近派发或供路人自己取阅，即所谓的地铁报，中国内地的第一份地铁免费报纸《I时代报》的发行点覆盖上海地铁所有站点及近60条公交线路的终点站，日发行量超过25万份；二是在城市特定区域设置派送点，如书报零售点和人流量密集的地方；三是直接投递到户，如浙江日报报业集团于2005年9月在杭州推出的全国第一份免费社区周刊《城市假日》采取的便是直接投递到户的发行方式。

（2）版面。免费报纸的版面一般采用小版面，其原因有二：一是便于携带，免费报纸多

在户外发行派送，小版面便于读者阅读和携带；二是可以提高读者对广告的注意力。调查显示，读者对小开版报纸广告的记忆程度要高于过去的大开版报纸的广告。

免费报纸目前主要分为两大类，即地铁报和社区报。地铁报的目标市场是“乘公共交通的上班族”，其读者群体以35岁以下的年轻人为主，广告顾客主要集中在通信和计算机产品、商场百货、快速消费品、汽车和房地产等行业。社区报的目标市场是社区居民，以实用的居民生活服务信息为主要内容，广告顾客主要是与居民日常生活息息相关的产品生产商或服务提供商。

【讨论】选择一份你所熟悉的报纸，对该报纸的读者结构进行分析，并指出该报纸上的广告选择的报纸媒体是否恰当。

2）行业杂志

行业杂志的受众主要是本行业的从业人员，在本行业杂志上做广告是机电产品营销最常见的一种广告形式。例如，在《液压与气动技术》杂志上做液压元件的广告就会比在其他媒介上做广告的效果好得多。

3）电视媒体的特点和应用

电视媒体的一个显著的特点就是图、文、声三者合一，视听效果好。许多朗朗上口的广告语已成为人们的口头语，如赵本山的一句“地球人都知道”让全国人民认识了北极绒。电视媒体的传播面广，效果好，尤其是广告代言人的示范表演和介绍，增强了观众的注意力和广告信息的接受程度，使观众心领神会。调查显示，90%以上的观众对电视新闻深信不疑，这也使电视成为可信度比较高的媒体，赢得了观众的好感。但是电视媒体也存在很多缺点：电视广告制作复杂，费用较高；个性化需求和电视频道的不断增加，使电视观众细分越来越细，几乎每个电视频道的收视率都在下降，广告顾客要找到目标受众变得更加困难；大量广告在同一时段播出，而每条广告播出的时间又很短，转瞬即逝，造成各种广告混杂在一起，从而使有效的传播变得非常困难。

案例 23　电视媒体的魅力

1995年，“喝孔府宴酒，做天下文章”的央视广告播出后，名不见经传的“孔府宴酒”便家喻户晓，“孔府宴酒”当年实现销售收入9.18亿元，利税3.8亿元，其主要经济指标跨入全国白酒行业三甲，成为国内知名品牌。1996年，原为山东临朐县小型国有企业的秦池酒厂“称王”后，头两个月就实现销售收入近2.2亿元。为此，1996年该酒厂再投3.2亿元天价卫冕“标王”，其广告效果用姬长孔的话讲就是“每天开进央视一辆桑塔纳，开出一辆豪华奥迪”。2001年和2002年的“标王”为娃哈哈，从“喝了娃哈哈，吃饭就是香”到“天堂水，龙井茶”，娃哈哈已成为中国最有价值的品牌之一。2004年，以3.1亿元夺魁的蒙牛乳业，实现销售收入72.138亿元，比上年增长77%。2005年，素有“品牌教父”之称的宝洁成为国内第一个洋品牌的“标王”，宝洁的中标不仅说明国际知名品牌在中国媒介策略的转型，更说明电视广告在我国广告媒体中的地位和魅力。

案例思考　请举例说明当前电视广告营销成功的品牌。

企业在选择电视广告媒体时，除了需要考虑所选择的电视频道的收视率、单位收视率成本和市场占有率外，还需要考虑电视广告的播放时间，如选择好的栏目，抓住重大活动、比赛、时间的有利机会，充分利用节假日时间等，从而使电视广告的效果达到最好。

阅读材料 21　收视率

收视率是指在一定时段内收看某一节目的人数（或家户数）占观众总人数（或总家户数）的百分比，即某一电视节目到达电视用户的百分比。用公式表示为

收视率＝收看某一节目的人数（或家户数）÷观众总人数（或总家户数）　（6-1）

总收视率是在一定时间内，节目的播放次数与收视率的乘积。

单位收视成本指单位收视率的广告成本，用来评估不同电视节目的广告费用。用公式表示为

单位收视成本＝媒体进度表成本÷总收视点数＝媒体购买费用÷媒体收视率　（6-2）

市场占有率是指使用电视收看某一特定节目的家庭数占收看电视家庭总数的百分比。用公式表示为

市场占有率＝收看特定节目的家庭数÷在该时段收看电视的家庭总数　（6-3）

4）网络媒体的特点与应用

网络媒体是 20 世纪人类发明的最具价值的传播媒体之一。随着互联网的发展和网民人数的不断增多，互联网媒体资源价值得到越来越多的开发和利用，网络广告收入已成为许多商业网站的主要收入来源，网络媒体也将是 21 世纪最受企业欢迎和发展最快的传播媒体之一。

网络广告实现了广告主与广告受众之间的双向沟通（广告主能随时更新广告信息并根据受众要求灵活调整），体现出了网络广告的互动性和灵活性特点。网络广告利用最先进的虚拟现实界面设计来使消费者达到身临其境的感觉，并给其带来全新的体验，充分体现了现代市场营销观念。与传统广告媒体相比，网络广告的发布费用较低，且能获得同等的广告效应。但是由于目前网络广告在定价标准、效果测评、规范监管等方面尚没有形成统一的标准，使得虚假、欺诈性广告信息损害了公众利益，导致网络广告信息的可信度较低。

阅读材料 22　网络广告的形式

旗帜广告（Banner）又名“横幅式广告”、“页眉广告”，是最常用的网络广告形式。它分为链接型和非链接型两种。非链接型旗帜广告不与广告主的主页或网站相链接，浏览者也可以单击，进而看到企业想要传递的更详细信息。

文本链接广告是一种对浏览者干扰最少，但最有效果的网络广告形式。整个网络广告界都在寻找新的宽带广告形式，但有时需要最小带宽、最简单的广告形式的效果反而最好。

电子邮件广告就是利用 E-mail 发布广告信息。由于 E-mail 的发送非常简单，而且费用非常低廉，所以吸引了许多企业来利用 E-mail 发布广告。

搜索引擎广告是指通过向搜索引擎服务提供商支付费用，在用户做相关主题词搜索时在结果页面的显著位置上显示广告内容（一般为网站简介及到网站的链接）。

插播式广告是指广告主选择合适的网站或栏目，在该网站或栏目出现之前插入幅面略小的新窗口显示广告。

关键字广告是指广告主买下著名搜索引擎的流行关键字，在用户输入该关键字进行检索的同时，将其吸引到广告主的网站。

5）户外媒体的特点和应用

户外媒体的优点主要有形态多样、适应性强，制作费低、持续性强，主题醒目、色彩鲜艳，文字简明、易于记忆，随意欣赏、美化环境。其缺点是受场地限制、缺乏机动性，影响范围小、观众选择性差等。随着经济的发展，户外广告的形式也在不断增加。例如公交广告，它与其他户外广告不同：公交车为广告顾客提供了流动媒体，使广告信息有着终年稳定的影响面。公交广告还包括车身广告、车内展示广告和拉手广告。

除了以上的广告媒体之外，广告媒体还包括广播、邮寄等。对于企业来说，往往采用多种广告媒体综合运用的方式，因此企业在选择这些广告媒体时，应该综合考虑多种因素，如产品的性质、消费者接触媒体的习惯、媒体的传播范围、媒体的影响力、媒体的费用等。企业要根据广告目标的要求，结合各广告媒体的特点，尽可能选择使用效果好、费用低的广告媒体。

阅读材料 23　争议广告

广告的好坏不是用优雅与恶俗、精致与粗劣来区分的。存在争议的广告往往能加速产品信息的传播，扩大销售份额，完成企业某一阶段的战略使命。

媒体交互性是随着网络经济和新兴媒体日益火热而出现的一大特点。单纯的电视广告已不能像以前一样，仅把一个品牌名称体现出来，把其功能诉求阐述明白，或者仅凭一个新颖的创意，做出精美的艺术性广告。这些都是不够的。有时必须为广告放一把“暗箭”，藏一把“刀”，最终形成电视广告先行，其他媒体广告自发后行的局面，让该广告自己“走路”，类似于病毒性营销，让它能够不断感染你的目标人群。

什么样的“暗箭”会加速延伸到其他报纸或网络媒体进行传播，会让媒体记者给你当义务宣讲员呢？其中有一个很重要的就是争议广告，争议广告往往自己会“走路”。

恒源祥便是依靠广告真正成名的。“让人记住”是恒源祥一贯的目标。1991 年，恒源祥董事长刘瑞旗力排众议，确定了化繁为简的广告策略：找来几块纸板，剪了代表恒源祥形象的小囡头和“恒源祥”六个字，制作成简单的动画。恒源祥首先花 10 万元在上海电视台投放 5 秒标版广告，从 1994 年再开始在中央电视台投放“恒源祥，羊羊羊”的广告，这 6 个字的声音一叫就是 18 年，直至今天也没有改变过。正是这则简单的广告，挽救了一个有着 80 年历史的老字号。这个广告本身没有什么创意，但是很特别，因为“羊羊羊”这个声音能够给人留下深刻印象，况且长期如一日的这种坚持，已经进入大众的长期记忆中。

实际上，一句话诉求广告的最有效方式就是坚持用一致的声音呼喊，这样消费者很自然就将恒源祥和羊毛联系在一起了。尽管很多人厌烦这种轰炸式的广告，将之定位为恶俗，但如果仅仅是恶俗，在终端没有效果的话，恒源祥不会一播就是 10 多年。又如脑白金的广告，从出世以来就一直被人们骂，可是骂得最厉害的时候也是其销量最大的时候。在一定程度上，骂声就是传播声，只要诉求是精准的即可。金嗓子喉宝的广告也很遭人讨厌，可是人家为什么常年就是那一个调调呢？答案只有一个：因为有效。

任务 6.4　信息技术在机电产品营销中的应用

案例 24　海默数控的网络营销

海默数控磨床的产品平均价格皆在几十至数百万元，有购买意向及购买能力的顾客非常难以挖掘，海默发现，只靠传统模式的线下营销，依靠有限的销售人员跑市场来开发顾客效率极低，且成本高昂，海默深刻地认识到了必须彻底改变公司营销策略的方向，网络营销的作用越来越大，尽早把网络营销这一块做起来，非常有利于企业拓展销售渠道帮助企业发展得更好。

海默数控看到了网络所隐藏的巨大潜力，在仔细考察对比后海默找到了某网络营销公司，该公司为海默制定了专属于自己企业的网络营销策略，帮助海默组建了自己企业的网络营销团队，将传统模式的线下营销与线上网络营销完美结合，很好地打开了网络营销渠道，每个月的询盘顾客非常多，成交率也非常不错。海默正继续加强与该网络公司的合作，把自己公司的网络营销推上一个新高度。

案例思考　海默数控采取了什么措施使自己的营销取得新突破？

6.4.1　机电产品的网络营销

1. 网络营销概述

网络营销作为适应电子商务时代的网络虚拟市场的新营销理论，是市场营销理论在新时期的发展与应用。对于企业来说，如何在电子商务时代有效地开展网络营销活动，寻找新的商机，已成为一个迫切需要解决的问题。网络营销正在改变着企业的经营方式，同时也在改变着消费者的消费方式。

1）网络营销的定义

网络营销以互联网络为媒体，以新的方式、方法和理念实施营销活动，通过对市场的循环营销传播，达到满足消费者需求和商家诉求的过程，可以更有效地促进个人和组织交易活动的实现。

2）网络营销的功能

网络营销作为新生事物，在市场营销汇总发挥了很多传统营销不具备的作用，并且越来越受到人们的关注。网络营销的功能主要有：

（1）实现个性化营销；

（2）提供一个真正意义上的世界市场；

（3）有利于企业减少库存、缩短生产周期；

（4）改变企业的竞争方式、竞争基础和竞争形象；

（5）给企业的内部结构和行业结构带来变革；

（6）创造无国界的国际性经营活动。

3）网络营销与传统营销的比较

（1）网络营销与传统营销的区别。

① 在观念上。网络超越时空的双向互动特性，使得网络营销能与顾客进行一对一的充分沟通，从而真正了解顾客的需求和欲望。此外，顾客利用网络可以参与产品的设计，获得贴近自己兴趣的、高度满意的个性化的产品和服务。

② 在产品上。在 Internet 上进行市场营销的产品可以是任何产品或任何服务项目，而在传统营销领域却很难做到。

③ 在价格上。企业以顾客为中心定价，必须测定市场中客户的需求及对价格认同的标准，传统营销难以做到这一点，在网络上则可以很容易实现。顾客通过网络提出接受的成本，企业根据顾客的成本提供柔性的产品设计和生产方案供用户选择，指导顾客认同确认后再组织生产和销售。在Internet上营销的价格，可以调整到更有竞争力的位置上。

④ 在销售上。网络营销具有“距离为零”和“时差为零”的优势，改变了传统的迂回模式，可以采用直接的销售模式，实现零库存、无分销商的高效运作典型的网络营销通路是生产者→网站→物流系统→用户。由此，生产者不仅大大缩短了分销过程，节约了大量的分销成本，而且紧紧将命运掌握在了自己的手里，同时，由于减少了大量的交易环节，所以也大大降低了交易成本。

⑤ 在促销上。网络营销方式具有更丰富的内涵和更多的实现方式。

阅读材料24　戴尔的网络营销

美国计算机销售公司戴尔公司，在1995年还是亏损的，但在1996年，它通过网络来销售计算机，在美国国内的销售额比1995年度激增71%，一举扭亏为盈，当年的盈利高达5.18亿美元。它的做法是：顾客通过网络，在公司设计的主页上选择和组合计算机，公司的生产部门马上根据顾客的要求组织生产，并通过邮政公司寄送，因此公司可以实现零库存生产。在计算机价格急剧下降的年代，零库存不但可以降低存库成本，还可以避免因高价进货带来的损失，这样一来，戴尔计算机的价格要比竞争对手低出10%～15%。个性化的产品和低廉的价格为戴尔公司赢得了辉煌的销售业绩。1997年年初，其每天的销售额高达100万美元。1997年年底，其每天的销售额则达到300万美元，远远超过其他更大的计算机公司。

（2）网络营销与传统营销的联系。

① 两者都需要符合企业的既定目标，都是使顾客的需要和欲望得到满足，只不过借助于网络，更容易、也能更好地实现营销的这一目标。

② 两者都将满足消费者需求作为一切活动的出发点，对消费者需求的满足，不仅停留在现实需求上，而且还包括潜在需求。

③ 两者营销的基本要素依然是产品、价格、促销和分销渠道，尽管这四个要素的内容有较大的变化。

④ 两者相互配合，网络营销手段可为传统商务服务，传统营销手段也可为电子商务服务。

2. 机电企业网络营销的特点

机电企业采用网络营销的方式后，不一定要直接和用户打交道，而是可以通过网络的方式间接与用户打交道，进行网站上的技术交流，解决疑难问题，介绍本行业新技术，推广新产品等。这一营销方式的改变也导致了传统营销方式其他方面相应的变化。

1）流通渠道的缩短

通过网上交易，对机电产品的生产商来说，减少了中间人或中间商的环节，即减少了经销代理，缩短了渠道。而业务人员和直销人员的减少，不但可以节省不必要的人事管理费用的支出，而且营销渠道的缩短使厂商组织结构扁平化，使得厂商以薄利多销的方式刺激业务的增长，赚取更多的利润。

2）营销时空的拓展

网络的服务是每天 24 小时，一年 365 天不间断。选择在网上营销，通过虚拟的网络市场，机电产品的推销和技术的推广完全不受工作时间的限制。如果有一项新技术诞生或新的机电产品要推出，在网络上，只需要花几小时就可以将有关技术或产品的资料和影像放入网页。世界上任何一个地方上网的浏览者都可以通过该网页了解该项技术或产品，网络营销方式有效克服了机电产品技术推广难、产品推销更难的问题。

3）发挥网络互动式优势

由于机电产品的技术性较高、专业性较强，有时需要专业人员进行上门推销或面对面介绍产品使用和维护的方法，这样的方式往往耗时耗力，效率不高。在网络营销方式下，顾客通过计算机进入互联网中的虚拟购物商场，便可以尽情地选购所需产品，也可通过与厂商的网络在线沟通，了解机电产品的使用方法或解决疑难问题。

3. 机电产品的网络营销方法

1）技术营销

通过对产品质量的精益求精、产品技术的不断创新来告诉顾客自己是权威的，是能创造更高效益的，是高品质的，是可信赖的。"人无我有，人有我精，人精我专。"在这点上华为做得非常出色。它不惜花费巨资并且不间断地展开技术攻关和技术创新。销售有技术来承载、支持，技术有销售来营销、体验，这就是"华为模式"。今天，华为作为中国的民族品牌享誉全球，这是技术的价值，也是品牌的力量。

2）合作营销

机电产品中的"中间品"、"消耗品"生产企业必须与下游中间件应用厂商进行联合营销。例如，微软的 Windows 一直与硬件厂商形成无缝联合。此外，杜邦公司在推出"莱卡"时，采用了对面料生产商认证的策略，使得上下游企业结合构成整体营销，最终使莱卡的品牌识别"舒适、服帖、时尚、潮流"深入人心。现今，机电产品市场中"强强联手"、"关联与共"、"合作共赢"的竞标手段、公关手段层出不穷，机电产品领域品牌的合作其实还有更广阔的空间。

3）专业营销

机电产品的特殊性决定其在网络营销方法上也应采用专业营销方式。

（1）展会营销。对机电产品来说，展会是一个非常好的传播方式。展会一方面可以向市场展示自己的技术实力和品牌形象，另一方面可以与目标人群建立初步的业务联系。

（2）专业观点传播。作为行业的领袖，都有一个共同点，那就是不断地有最新的观点和理念推动行业的发展。作为机电产品品牌，同样需要不失时机地发出自己的声音，建立权威地位。

（3）公关营销。公关一直被誉为"四两拨千金"的营销手法，对提高品牌的美誉度非常有效。公关，这里是指为提高或保护公司的形象或产品而设计的各种方案，比如与行业协会、相关的政府官员、行业媒体和记者、业内权威专家维持良好的关系等。参加业内颇有影响力的行业展会、企业峰会、创造新闻、服务巡礼、拜年活动等，让用户进行口碑宣传，让产品和品牌走出去，即使"核心设备"无法直接面对同行或顾客，但是品牌塑造同样是企业核心竞争力的缔造。

（4）人际关系营销。机电产品品牌传播还有非常重要的一点，就是人际关系的口碑传播。因为有研究表明，行业专家、技术精英总是在行业内的不同岗位穿梭，因此对于口碑的传播都有一个普遍的共同观点：它是一个非常有效且容易让人信服的传播方式。

阅读材料 25　机电企业经常采用的网络营销策略

机电企业的网络营销策略主要有电子商务、搜索引擎、社会化网络、事件和公关营销。

1. 电子商务营销

电子商务是网络技术应用的全新发展方向，也是机电企业实现扁平化销售的核心渠道方式。电子商务本身所具有的开放性、全球性、低成本、高效率等内在特征，使得电子商务的价值远远超越了一种新的贸易形式，它不仅会改变机电企业本身的生产、经营和管理活动，而且将影响整个产业的沟通方式和合作模式。

电子商务分为 B2B、B2C、C2C、B2M 四种常见类型，以及 B2A、C2A 两种非常见类型。对于机电企业来说，B2B、B2M 以及 B2C 应用较多。B2B 就是企业对企业的电子商务，在 ERP 管理系统日渐普及的机电产品行业，B2B 业务的开展极大地提高了产业链上下游企业、内部关联企业、相关合作者单位的沟通、交易、结算和客情关系维护效率，阿里巴巴、慧聪网、中国制造网、环球资源内贸网是目前 B2B 电子商务平台的领先者。B2M 针对的顾客群是代理人，而非最终消费者。

企业通过网络平台发布该企业产品和服务信息，代理人通过网络获取信息后，为该企业提供产品销售或者服务，企业通过代理人达到销售产品或者获得服务的目的。B2M 兼具网上沟通的便利性和网下人际关系的扩张性。B2C 和 C2C 最为常见，当当网、卓越网和淘宝网就是其中的佼佼者。

2. 搜索引擎营销

搜索引擎营销是一种成本较低、效果易于评估的营销手段。搜索引擎已经成为网民寻找精准信息的主要工具，只要在相关页面获得较好的关键词排名，顾客单击机会就会大增。搜索引擎营销，相对轻松地解决了传统营销中所遇到的推广对象无法锁定的难题，把有特色的产品推广给最有可能购买的人群，并让他们轻松找到你的产品和联系方式。它所带来的精准传播、互动沟通、在线交易，是每个机电企业梦寐以求的营销新境界。

搜索引擎营销有三种主要方式，分别是付费排名、关键字广告，以及搜索引擎优化。机电企业最常用的是付费排名和关键字广告，但忽略了搜索引擎优化。搜索引擎优化最明显的效果是让企业网站在不付费的情况下，“自然而然”地在搜索引擎中获取好的排名，其口碑化效应要比纯商业推广好很多。

3. 社会化网络营销

社会化网络营销使企业能够通过在线社会渠道来促销网站、产品或服务，并且使企业能够与更大的社区交流并融入其中，这个社区可能是通过传统的广告渠道无法接触的。社会化网络营销有四大明确价值：为站点带来流量、建立更多指向你的站点的链接、让消费者认识你的品牌、增加顾客数量和促进传播到达率。博客、微博、播客和交友网，是机电企业当前较为适合的社会化网络营销方式。

博客的发展已远远超出了个人日记的范围，它成为企业的人性化、双向化的交流工具。

像国内的新浪博客，每篇帖子都可以配图片、贴视频，可以通过留言和评论与阅读者互动沟通，而且还可以分享到微博、MSN、人人网、开心网和豆瓣网，一篇热点文章能在极短的时间传递到社会各个角落。三一重工的向文波、远东电缆的蒋锡培、华为的任正非等机电企业巨头，纷纷在新浪网开博，以企业家独特的人文思考，为企业品牌抹上一道人性化魅力。

任志强是新浪微博的粉丝，会议期间的片刻休息也手不离机，观点犀利、立意高远的上百个简短文字，就可以撼动一片舆论热潮，他的微博与博客一起形成了巨大的社会影响力。严介和、王石、史玉柱也都在价值中国网热烈地开微博。2005 年，胡戈的搞笑视频《一个馒头引发的血案》，可能是早期最有影响力的播客。播客从自我传播的小圈子，也迈入了商业推广的大舞台。很多机电企业，都把企业的新闻报道、产品演示、重大庆典、企业宣传片等视频素材纷纷放到企业博客、优酷、酷六、土豆、三间房等视频网站。人际关系式机电企业销售的重要渠道，像人和网、XING 网，国内企业常用的商务交友网，销售经理可以找到目标顾客的各个部门负责人员并建立持久联系，这种虚拟的人际关系与实际拜访结合起来，就可以编制一张复杂而实用的关系网。

4. 事件营销

事件营销，即企业利用社会关注的焦点，把自己和事件进行某种关联和捆绑，从而在媒体报道与消费者参与事件的时候，达到提升企业形象以及销售产品的目的。蒙牛的超级女声、神五赞助，可谓是传统媒体事件营销的典范。

事件营销，作为四两拨千斤的品牌营销利器，其适用对象既可以是实力有限的中小企业，又可以是实力雄厚的大企业。而事件营销的终极传播方式，是将各种焦点事件进行有效整合传播，通过各种借势与造势手段，让品牌长时间内处于高关注度和高美誉度。

5. 公关营销

“最牛公关先生”杨再飞，亲自操刀蒙牛的网络公关方案，帮助蒙牛成功化解了二次股权危机，并在中粮战略入股蒙牛中充当了重要角色。抹黑伊利和圣元事件曝光后，社会各界纷纷质疑乳业相互攻讦的黑暗内幕，并对杨大师这种损人害己的公关营销表达了极大的愤慨。然而，杨大师的精巧算计、周密安排和舆论操纵能力，让人又不得不承认网络公关营销的正面建设力与反面破坏力同时并存。

网络公关又叫线上公关或 e 公关，网络公关就是企业在网络上发布各种形式的信息，通过目标群体感兴趣的主题而采取针对性的活动方式，让公众主动增进了解并保持良好的沟通关系，以此来加强品牌或产品的影响力，达成互动式市场推广。网络公关是一个系统工程，其基本操作步骤分为三步：第一步，操纵利用非主流媒体，对某个产品或者新闻点进行预热；第二步，通过网络推手，以网络为主阵地进行深度传播，突出顾客关注点、兴趣点和利益点；第三步，整合各种网络媒体，集中力量烘托出最终主题，把前期的舆论力转化为品牌的吸引力和购买力。

6.4.2　使用微信进行营销

1. 微信营销概述

1）微信营销的定义

微信营销是网络经济时代企业或个人营销模式的一种，是伴随着微信的火热而兴起的一种网络营销方式。微信不存在距离的限制，用户注册微信后，可与周围同样注册的“朋友”形成一种联系，订阅自己所需的信息，商家通过提供用户需要的信息，推广自己的产品，从而实现点对点的营销。

微信营销主要体现在以安卓系统、苹果系统的手机或者平板电脑中的移动顾客端进行的区域定位营销，商家通过微信公众平台，结合转介率微信会员管理系统展示商家微官网、微会员、微推送、微支付、微活动，已经形成了一种主流的线上线下微信互动营销方式。

2）微信营销的特点

（1）点对点精准营销。微信拥有庞大的用户群，借助移动终端、天然的社交和位置定位等优势，每个信息都是可以推送的，能够让每个个体都有机会接收到这个信息，继而帮助商家实现点对点精准化营销。

（2）形式灵活多样。漂流瓶：用户可以发布语音或者文字然后投入大海中，如果有其他用户“捞”到则可以展开对话，如招商银行的“爱心漂流瓶”用户互动活动就是典型案例。

位置签名：商家可以利用“用户签名档”这个免费的广告位为自己做宣传，附近的微信用户就能看到商家的信息，如饿的神、K5便利店等就采用了微信签名档的营销方式。

二维码：用户可以通过扫描识别二维码身份来添加朋友、关注企业账号；企业则可以设定自己品牌的二维码，用折扣和优惠来吸引用户关注，开拓O2O的营销模式。

开放平台：通过微信开放平台，应用开发者可以接入第三方应用，还可以将应用的Logo放入微信附件栏，使用户可以方便地在会话中调用第三方应用进行内容选择与分享。例如，美丽说的用户可以将自己在美丽说中的内容分享到微信中，可以使一件美丽说的商品得到不断传播，进而实现口碑营销。

公众平台：在微信公众平台上，每个人都可以用一个QQ号码打造自己的微信公众账号，并在微信平台上实现和特定群体的文字、图片、语音的全方位沟通和互动。

（3）强关系的机遇。微信的点对点产品形态注定了其能够通过互动的形式将普通关系发展成强关系，从而产生更大价值。通过互动的形式与用户建立联系，互动就是聊天，可以解答疑惑、可以讲故事甚至可以“卖萌”，用一切形式让企业与消费者形成朋友的关系，你不会相信陌生人，但是会信任你的“朋友”。网络营销作为新生事物，在市场营销汇总发挥了很多传统营销不具备的作用，并且越来越受到人们的关注。

3）微信营销的缺点

微信营销所基于的强关系网络，如果不顾用户的感受，强行推送各种不吸引人的广告信息，则会引来用户的反感。凡事理性而为，善用微信这一时下最流行的互动工具，让商家与顾客回归最真诚的人际沟通，才是微信营销真正的王道。

阅读材料26 Burberry——从伦敦到上海的旅程

21世纪最吃香的是什么才？全才!Burberry深谙这个道理，所以在“从伦敦到上海的旅程”上，就能看出一些端倪（www.Cyone.com.cn/）。要进入这个浑身上下散发着浓浓文艺气息的H5，第一步，得先“摇一摇”；第二步，点击屏幕进入油画般的伦敦清晨；第三步，摩擦屏幕使晨雾散去；第四步，单击“河面”，河水泛起涟漪；第五步，单击屏幕上的白点，到达终点站上海。总而言之，你能想到的互动方式，Burberry都用在里面了。

营销启示：技术的精进最大限度满足了移动营销多元化的交互与联动，技术宅也有春天就对了！

2. 机电产品微信营销的营销策略

1）微信营销的实施步骤

（1）产品定位。此处的产品定位并非传统意义上的产品定位，而是要结合微信整体情况来分析。企业可以开通服务号，向顾客展示企业能够提供的产品及相关服务项目，使顾客能够从宏观上有一个了解。

（2）微信开发。微信公众平台向企业提供的是基于这个开放平台的能力，在这个平台企业可以基于自己的能力为顾客提供个性化的服务。通常传统企业专注于自己产品的开发，并没有自己的技术团队，重新组建不仅耗费精力而且不一定能够体现产品的优势，如果能够借助第三方开发商，可以根据企业自身需求来融合二者，显然是一个不错的选择。

（3）推广。尽管微信有接近 7 亿的用户数，如果这些用户都不知道你的微信公众号，更无法接入企业微网站，显然是没有用的。当然推广也要有策略地进行，制订相应的推广计划、推广流程，然后团队协作一起去完成。

（4）微信运营。微信平台上产品的展示、营销、购买，找到目标用户。那么微信运营实现的就是让目标用户真正购买产品，提高用户黏性。

（5）复盘重构。企业在微信运营过程中，前面四步都做到了，但若效果不明显，这时要做的事情就是复盘重构，也就是对微信运营前期出现的问题进行整体分析，将数据重新整理进行评估，对整个运营流程进行优化、改良、剔除，及时调整企业微信营销方向。

2）微信营销策略

（1）"意见领袖型"营销策略。企业家、企业的高层管理人员大都是意见领袖，他们的观点具有相当强的辐射力和渗透力，对大众言辞有着重大的影响作用，潜移默化地改变人们的消费观念，影响人们的消费行为。微信营销可以有效地综合运用意见领袖型的影响力和微信自身强大的影响力刺激需求，激发购买欲望。如小米创办人雷军，就是最好的"意见领袖型"营销策略。雷军利用自己的微博强有力的粉丝，在新浪上简单地发布关于小米手机的一些信息，就得到众多小米手机关注者的转播与评论，更能在评论中知道消费者是如何想的，消费者内心的需求。

（2）"病毒式"营销策略。微信即时性和互动性强、可见度、影响力及无边界传播等特质特别适合病毒式营销策略的应用。微信平台的群发功能可以有效地将企业拍的视频、制作的图片，或者宣传的文字群发到微信好友。企业更是可以用二维码的形式发送优惠信息，这是一个既经济又实惠，更有效的促销好模式。使顾客主动为企业做宣传，激发口碑效应，将产品和服务信息传播到互联网还有生活中的每个角落。

（3）"视频、图片"营销策略。运用"视频、图片"营销策略开展微信营销，首先，要在与微信好友的互动和对话中寻找市场，为特定市场的潜在顾客提供个性化、差异化服务；其次，善于借助各种技术，将企业产品、服务的信息传送到潜在顾客的大脑中，为企业赢得竞争的优势，打造出优质的品牌服务，让微信营销更加"可口化、可乐化、软性化"，更加地吸引消费者的眼球。

阅读材料27　星巴克——音乐推送微信

关键词：音乐推送微信

把微信做得有构思，微信就会有生命力!微信的功用现已很强大了，除了回复关键字还有回复表情的。

星巴克的音乐推广就是回复表情的。直觉影响你的听觉。通过查找星巴克微信账号或扫描二维码，用户可以发送表情图像来表达此刻的心境，星巴克微信则依据不一样的表情图像挑选《天然醒》专辑中的关联音乐给予回答。

这种用表情说话正是星巴克的卖点。

3. 机电产品微信营销的注意事项

1）微信运营团队的搭建与考核

（1）理想搭建模式核心点。服务导向，高层推动，中层主导，全员配合执行。

（2）执行方法。市场专人维护，编辑内容、策划活动，融合企业的市场销售动态需求和信息；与微博运营、网络推广内容同步；客服部门提供微信客服沟通支持；管理人员定期进行数据汇总分析；高层提供资源支持和协调支持，提高运营效率。

（3）合适的微信运营人员必须具有的特质。微信重度使用者，善于内容策划，能换位思考；细心耐心；具备全网思维，有市场嗅觉，精通社交媒体，喜欢与网民沟通，心态好。

（4）考核标准。信息到达率40%以上为合格，反推是否对用户足够了解，时间把握是否够准；阅读率30%以上为合格，反推内容编辑是否到位；活动粉丝参与率20%以上为合格，反推活动是否吸引粉丝；推广期间粉丝复合增长率20%以上为合理，如果微信新增用户的活跃率不高，说明用户反感此类营销。

2）微信营销运营注意事项

（1）经验。做好目标顾客群分析；内容为王，兼顾终端；在细分基础上做足互动；持续投入，执行为本；在沟通基础上实现营销；竭尽全力做到简易；牢记微信官方的诉求；润物无声、和谐生态、主轴不变的局部繁荣。

（2）原则。持续投入，耐心经营；简易原则，能一只手完成操作；简短原则；实用原则；趣味原则；精准原则；及时亲切原则。

（3）关键点。准备工作，选择如QQ号或好记的英文为账号，降低用户导入门槛；内容框架、互动策略、粉丝滚雪球策略制定；提高互动率，通过有奖活动，一定要有趣味性；提高转化率，灵活穿插营销、网站等多个渠道宣传，引导用户购买；全方位引流、立体交叉，让粉丝进入并留住。

3）微信营销运营推广技巧

（1）标题要有吸引力，抓住用户心理；

（2）配图优美，引导单击；

（3）正文精短，突出对用户有用的信息；

（4）适当收转、设置悬念；

（5）网址可信，跳转快，缓冲少；

（6）奖品诱人，获取容易；
（7）多做有奖活动，规则简单，操作容易，让用户的操作不要超过三步；
（8）精通投放、灵活穿插，实现精准推送；
（9）大胆利用自有的各类媒体和渠道，聚集大量潜在忠实粉丝；
（10）口碑营销。鼓励用户推荐微信公众账号给身边的朋友，如分享到朋友圈、QQ 群等。

实训检测 9　撰写某产品分销渠道设计分析报告

根据影响分销渠道选择的因素，请以小组为单位，从提供的产品中选择一种来设计分销渠道，并撰写《××产品分销渠道设计分析报告》。

1. 任务形式

以小组为单位，小组规模一般为 3～5 人，每小组选举小组长协调小组的各项工作，教师提出必要的指导和建议，组织学生进行经验交流，并针对共性问题在课堂上组织讨论和专门讲解。

2. 任务内容

每组从教师处领取不同的产品（备选 9 种产品：①齿轮；②轴承；③减速箱；④电气开关；⑤继电器；⑥可编程控制器；⑦普通机床；⑧数控机床；⑨液压阀）设计分销渠道。

各组进行深入的调查与分析，并且进行充分讨论，根据分析结果，为某产品设计分销渠道。

3. 任务考核

每小组由组长代表本组汇报任务完成情况，同学互评，教师点评，然后综合评定各小组本次任务的实训成绩。具体考核如表 6-2 所示。

表 6-2　分销渠道设计分析报告任务考核表

考核项目	考核内容	分数	得分
工作态度	按时完成任务	5 分	
	格式符合要求	5 分	
任务内容	分销渠道设计的目标分析明确	10 分	
	影响分销渠道选择的因素分析准确	10 分	
	分销渠道模式选择恰当	10 分	
	中间商数量、类型选择恰当	10 分	
	渠道成员的权利和责任明确	5 分	
	结论符合实际情况	20 分	
团队合作精神	团队较强的凝聚力	5 分	
	同学间有良好的协作精神	5 分	
	同学间有相互的服务意识	5 分	
团队间互评	认为该团队较好地完成了本任务	10 分	

样本

××（产品名称）产品分销渠道设计分析报告

一、概述

1．调查目的

2．调查说明（时间、方式等）

二、情况分析

1．设计目标分析

2．影响分销渠道选择的因素分析（产品因素、市场因素、顾客因素、企业因素、环境因素、中间商因素）

三、分销渠道设计

1．分销渠道模式选择

2．渠道成员（中间商）选择（类型、数量）（待学习任务二相关知识后完成）

3．渠道成员的权利与责任

四、结论

实训检测10　某机电产品促销实施方案

1．任务形式

以小组为单位，小组规模一般为3～5人，每小组选举小组长协调小组的各项工作，教师提出必要的指导和建议，组织学生进行经验交流，并针对共性问题在课堂上组织讨论和专门讲解。

2．任务内容

每组从教师处领取不同类型的机电产品（①电器元件类；②通用零件类；③汽车配件类；④叉车类；⑤机床配件类；⑥机床刀具类；⑦液压与气动元件类；⑧控制元件类；⑨工具类等）进行产品促销实施分析实训。

各组从所选产品可选的销售促进手段、销售促进实施过程方面进行充分讨论，根据讨论结果，选派代表汇报产品促销实施方案。

3．任务考核

每小组由组长代表本组汇报任务完成情况，同学互评，教师点评，然后综合评定各小组本次任务的实训成绩。具体考核如表6-3所示。

表6-3　产品销售促销实施方案任务考核表

考核项目	考核内容	分　数	得　分
工作态度	按时完成任务	5分	
	汇报准备充分	5分	
	汇报效果理想	10分	

续表

考核项目	考核内容	分　数	得　分
任务内容	产品特点分析正确	10 分	
	市场分析准确	5 分	
	顾客特点分析恰当	5 分	
	促销目标分析准确	5 分	
	促销手段分析、选择恰当	10 分	
	促销方案完整	20 分	
团队合作精神	团队较强的凝聚力	5 分	
	同学间有良好的协作精神	5 分	
	同学间有相互的服务意识	5 分	
团队间互评	认为该团队较好地完成了本任务	10 分	

课后练习 6

1. 填空题

（1）根据分销渠道长度划分可将其分为________、________、________和________四种。

（2）分销渠道冲突有________、________和________三种类型。

（3）中间商的类型主要有________、________、________。

（4）代理商包括________、________、________、________和________。

（5）促销组合要素主要有________、________、________和________四种。

（6）营业推广的手段主要有________、________、________、________、________、________和________。

（7）公共关系的职能包括________、________、________。

（8）网络营销策略包括________、________、________和________。

2. 思考题

（1）什么是分销渠道？分销渠道有哪些类型？

（2）在分销渠道中，经销商和代理商有何区别？

（3）你认为有哪些促进渠道合作的措施？

（4）机电产品的促销包括哪些内容？你认为什么措施最有效？

（5）简述推销人员应具备的素质。

（6）简述网络市场调查的特点。

（7）网络营销与传统营销有何区别？

3. 分析

海尔集团的网站建设

海尔集团于 1996 年年底在国内企业中率先申请域名，建立海尔网站，开始利用因特网对外宣传企业。网站上设立了中英文两个版本，以利于国内外访问者的阅读。网站开辟了十几个栏目如“关于海尔”、“海尔新闻”、“产品信息”、“用户反馈”、“组织结构”等，为国内外客商了解产品信息、洽谈交易、产品订购、顾客咨询、售后服务以及全国各地信息联网提供了极大的便利。

1999年，海尔集团的因特网主页改版，又推出了新的网络主页。网站包括6个主要栏目，分别是海尔网上商场、海尔新闻中心、海尔办公大楼、海尔销售服务、海尔科技馆、海尔网上乐园。从栏目设置上，可看出海尔强烈的品牌建树意识——几乎每个栏目都围绕“海尔”展开，意在向世人全方位介绍其企业与产品。作为一个迅速发展并致力于全球化的企业，这种做法是正确的。同时，作为一个企业站点，有6个主要栏目和32个分栏，内容丰富，涉猎面相当广。2000年4月，海尔又一次改版，并正式开通了网上商城。在海尔网上商城购物，顾客不但可以享受优惠的网上购物价格，享受海尔的星级服务，而且可以享受海尔在网上提供的个性化的超值服务；顾客可以定制适合自己特殊需求的产品，也可以直接参与产品的设计，真正成为海尔产品的主人。

根据上述资料并上网观察目前海尔集团的网站，回答以下问题：

（1）海尔网站栏目安排的主要特色有哪些？

（2）它采取了什么样的网络营销策略？

第7单元 机电产品常用的营销组合

学习目标

1. 了解和掌握机电产品营销的四大关键性理念。
2. 懂得机电产品价值如何在营销实践中体现。
3. 明确机电产品顾客关系管理的重要性。

引例7 产品营销的新出路

利乐集团已经是全球最大的饮料纸包装的供应商之一。在中国，蒙牛、伊利、娃哈哈、汇源、王老吉等知名品牌都先后选用了利乐作为纸包装的供应商，而且利乐集团在同行中还基本上没有遇到有力的竞争对手，已经处于垄断地位。单说蒙牛、伊利，它们的主力品种——常温牛奶产品，都是100%选用利乐包装的，由此可见它是何等厉害。

对于蒙牛、伊利、王老吉这样的优质顾客，可以想象有多少厂家想要成为它们的供应商，为什么这样的好事偏偏落在利乐头上呢？而且蒙牛、伊利作为直接的竞争对手，并不忌讳同时与它进行合作，它凭什么能对顾客产生这样大的影响力呢？

利乐的成功之道主要有以下几点。

首先，利乐重视品牌营销而不仅仅依赖于技术上的强势地位。

与一般的机电产品企业不同，尽管利乐在技术上也有相当强势的地位，但它对品牌的建设更加重视。从 2005 年开始，利乐集团通过“利乐，保护好品质”的健康诉求成功打响品牌一战。它不甘心做幕后英雄，在这个市场上它尤其注重品牌形象的建设。从 2006 年开始，利乐又通过尝试“品牌联合推广模式”进行了品牌提升，并取得了不错成效。利乐品牌在这个包装市场已经形成了相当强大的影响力。

其次，利乐率先创新自己的价值定位，转换身份，赢得主动。

现在的利乐，从来不将自己看作一个单纯的供应商，而是将自己定位为“企业服务商”。在利乐看来，它提供给顾客的是生意的解决方案而不仅仅是设备或包材，甚至不仅仅是服务。

当牛根生刚刚创立蒙牛时，利乐正是利用这一身份转换给其发展帮了一个大忙。利乐在中国市场的负责人去找牛根生，但他并不是直接谈包装材料的采购问题，而是站在蒙牛创业的角度上，帮助他们规划工厂、生产线和新产品等一揽子发展计划，最后通过分析锁定在常温液态奶这个项目上，既让蒙牛的发展模式完全不同于伊利，获得了全新的市场机会，也同样让利乐自己获得了蒙牛这个稳定的大客户。

再次，利乐不仅仅满足于在企业顾客中建立认知，而是率先向消费者“示爱”，创造更大的市场影响力。

利乐公司今天也在进行同样的工作。尽管它才刚刚开始这一战略，但它正在力图通过“品牌联合推广模式”让消费者知道，选用利乐包装的产品，才是最安全、最让人放心的。

最后，利乐并不陶醉在与大客户的合作中，而是将未来的发展重心放在了数量更多的中小企业身上。

中国的许多机电产品企业，梦寐以求的就是拥有大客户。因为大客户往往意味着稳定的利润、超大的采购规模，可以让企业稳定安全地发展。利乐在前期市场开发策略中，也正是通过对超级明星顾客的垄断，在市场中建立自己的影响力的。

但任何事物都有两面性。许多企业在垄断大客户的同时，也会被大客户所垄断：自己的发展受制于大客户的发展，常常一荣俱荣，一损俱损，而且大客户的制衡术一般也是非常高明的，双方有时并不能够做到真正的平起平坐。这样做，好比将刀把放在别人手里，而将自己置于危险境地。

合纵连横方能自保，看来利乐深谙这一举措的重要性。

正是通过以上方法的巧妙应用，利乐在中国市场如鱼得水，其市场份额数年来一直节节攀高。尽管竞争对手也在不断加入，如瑞士 SIG 集团康美包装、美国国际纸业这些后来者的生产线已经出现在蒙牛、伊利、光明等利乐的核心顾客车间中，此外，诸如青岛人民印刷、山东泉林等国内企业的包材也出现在利乐的生产线上。但利乐的高明之处就在于，它并不仅仅将产品作为自己的唯一竞争法宝，而是更加“加强自己的全方位服务，如供应链、技术支持等”（利乐集团某副总裁语），将企业顾客和消费者一起捆绑进自己的利益战车中来。

这种经验对中国机电产品企业来说，是非常具有借鉴意义的。当知识产权不能成为核心壁垒时，品牌往往是机电产品营销制胜的法宝。正如人们所看到的那样，在施正荣所画的著名的“微笑曲线”的两端，一端是知识产权，另一端是品牌影响力。企业无论如何也必须学会至少在其中一端发挥自己的核心优势，而不是将所有法宝只押在技术这一唯一的筹码上。

引例解读：利乐利用自己在包装行业的品牌效益，并与自己的主要客户共同发展，从而扩大了自己的市场占有率。

和众多生产消费品的企业相比，中国机电企业的营销问题一直没有得到相应的重视，虽然后者在数量上远远超过前者，但就品牌知名度而言，有名的机电企业实在是屈指可数。在这些机电企业的心目中，机电产品营销一直等同于“关系营销”和“灰色营销”，如果想让顾客看中，好像除了请客吃饭、送礼外，就没有其他手段了。中国的机电企业在营销手段上的落后，已经极大地影响了机电企业的未来发展。

现行的营销理论是在研究普通消费类产品的基础上提出的，以满足顾客需求为导向，从产品、价格、促销、渠道四方面设计企业的营销组合策略，但其与机电产品营销的特征和实际环境的相关性很小。在机电产品的营销中，传统的 4P/4C 理论已不切合实际，取而代之的是关系、价值、服务、风险……信任是机电产品营销的灵魂，机电产品营销如何运用信任法则来发挥企业的营销资源呢？

任务 7.1　熟悉机电产品的关系营销

案例 25　汽车制造商 Zentih 与减震器供应商 Alta 的关系营销

减震器是汽车中的机械系统必不可少的一个部件，它不但能提高用户在汽车行驶过程中的舒适性，而且能延长汽车的机械系统的寿命。减震器通常由金属内圈和外圈组成，内、外圈之间有一个复杂的橡胶复合物圈。这种产品的技术并不复杂，但在设计过程中涉及许多变量——金属的材质与尺寸、橡胶复合物的材质与尺寸等，它们还必须与汽车上的其他配件相匹配。减震器供应商 Alta 负责新顾客开发的营销人员邀请汽车制造商 Zentih 的产品工程师到其工厂参观他们的生产能力，介绍其高素质的员工队伍，并提出有意争取 Zentih 的减震器项目。几个月后，当 Zentih 现有供应商的减震器出现问题后，Zentih 的工程师就把公司现有的减震器类型传真给 Alta 进行招标，Alta 收到招标清单后给予了高度重视，并安排公司的最优秀员工组成投标队伍。基于行业信誉与前期的互动，Alta 一方面安排工作团队花费四周时间筹备严格的投标计划，另一方面把 Alta 公司看成一个值得信赖的潜在供应商，安排员工与 Alta 沟通，透露自己的设计方案。最终，Alta 公司中标，与 Zentih 开始了数十年的合作，结成了紧密的合作关系。

案例思考：Alta 公司与 Zentih 公司是怎么开展关系营销的？

7.1.1 关系营销的理念

关系营销的概念最初于 20 世纪 80 年代提出。最早的定义是伦纳德 • 贝利于 1983 年在美国营销学会的一份报告中提出的："关系营销是吸引、维持和增进与顾客的关系。"关系营销理论最早被应用于机电产品的营销中。后来，关系营销在服务行业中受到广泛关注，其范围也有了突破性的进展，扩大了营销的观念。机电产品营销是关系营销与合约营销的交叉学科。中国等东方国家的信任建立是从血缘、亲缘、乡缘、学缘等既有关系开始的。因此，机电产品营销的开始必然是从关系策略着手，通过公司及营销团队的既有关系的分析、梳理来进行顾客的选择定位，再通过交往沟通与顾客建立信任，从而形成合作。

1. 关系营销的内涵与特征

关系营销是指企业在赢利的基础上，建立、维持和促进与顾客和其他伙伴之间的关系以实现参与各方的目标，进而形成一种兼顾各方利益的长期关系。关系营销建立在顾客与企业互动的基础之上。关系营销不是一种营销的工具，是一种理念，一种与顾客共同创造价值的全新营销理念。按照这种理念，营销被视为一种顾客关系（与供应商的关系、与分销商的关系、与网络合作者的关系，以及与金融机构和其他利益相关人的关系）的管理过程。

关系营销强调营销首先是一个管理过程，是一个企业与消费者、供应商、分销商、竞争者、政府机构及其他公众发生互动作用的过程。这个过程包括：首先识别潜在顾客及与顾客建立关系；然后维护和促进已经建立的关系，以便产生更多的业务及树立良好的口碑；最后在必要时及时中止长期不能赢利的关系。正确处理企业与这些组织及个人的关系是关系营销的核心，是企业成功的关键。

关系营销的本质特征可以概括为以下几方面。

（1）双向沟通。关系营销是企业与顾客、企业与企业间的双向信息交流，即关系营销是双向而非单向的。只有广泛的信息交流和信息共享，才可能使企业赢得各个利益相关者的支持与合作。

（2）合作。关系营销是以企业与顾客、企业与企业之间的合作协同为基础的战略过程。只有通过合作才能实现协同，因此合作是"双赢"的基础。

（3）双赢。关系营销是关系双方以互利互惠为目标的营销活动，即关系营销旨在通过合作增加关系各方的利益而不是通过损害其中一方或多方的利益来增加其他各方的利益。换句话说，关系营销的目的是让企业与顾客、利益相关者建立双赢的关系，而且让处于关系链上的各方共同创造价值。

（4）亲密。关系能否得到稳定和发展，情感因素也起着重要作用。因此，关系营销不只是要实现物质利益的互惠，还必须让参与各方能从关系中获得情感的需求满足。

（5）控制。关系营销是利用控制反馈的手段不断完善产品和服务的管理系统。关系营销要求建立专门的部门，用以跟踪顾客、分销商、供应商及营销系统中其他参与者的态度，由此了解关系的动态变化，及时采取措施消除关系中的不稳定因素和不利于关系各方利益共同增长的因素。此外，通过有效的信息反馈，也有利于企业及时改进产品和服务，更好地满足市场的需求。

2. 常见关系营销的类型

关系营销是相对于以往的交易营销提出来的，是交易营销适应新时代要求的进化形态。交易营销关注单个交易行为，以及如何使顾客在交易过程中增加购买量以获得更多的利润。交易营销的方法建立在大量营销基础之上，依据这种营销理念，顾客的个性被忽略了，营销所要做的是促使顾客购买本企业（而不是竞争对手）的产品和价值。而关系营销是建立在价值创造基础之上的，这种价值创造有时是通过顾客与企业的互动关系来实现的，即实现价值创造的前提是双方的合作。

买卖双方应根据市场环境及采购情境的不同而采用不同的关系营销策略。在针对特定顾客设计具体的关系营销策略时，需要认识到某些顾客偏爱合作型的关系，而某些顾客偏好较淡泊的交易型关系。

1）交易型营销

当面临有众多供应商供选择、购买决策不是很复杂且供应商市场十分稳定的竞争性市场环境时，顾客就很可能会偏好于交易型营销策略。同样，当采购活动对组织目标的实现而言不是很重要时，顾客也会采取交易型营销策略。这种营销策略以买卖双方较低程度的信息交换和较低的运营联系为特征。

2）合作型营销

当市场的变动性较强、只存在很少的选择方案及采购决策十分复杂时，买卖双方往往喜欢合作型交易。特别是当买方认为采购十分重要，对公司具有战略性意义时，往往会倾向于与供应商发展紧密的合作关系。实际上，当购买活动具有较大的不确定性和采购活动对买方来说十分重要时，往往会导致买卖双方紧密的伙伴关系的产生。而且这种重要的采购关系极可能涉及运营联系和高水平的信息交换。

在现实中，一些顾客认为某些采购是重要的，进而偏好于更加紧密的合作关系；另一些顾客则认为某些采购不重要，进而采取松散的交易关系。这就要求机电产品营销商对顾客关系进行有效的管理。对机电产品营销商来说，针对不同诉求和导向的顾客，首先要判断哪种类型的合作关系适合顾客的采购需要和市场前景，其次是针对不同类型的关系设计不同的营销策略。

对于合作型的顾客，机电产品营销商愿意投入资源以获得订单，并为顾客提供有计划的合作和帮助。销售和服务人员将不仅仅与顾客公司的采购人员一起工作，还与顾客组织中的各个广泛的经理人员就战略性和协作性的事项进行深入合作。定期拜访顾客的高层管理技术人员将有助于加强这种关系。另外，必须为关系管理设计一套合理、有效的运营联系和信息共享的机制，以使产品和服务与顾客的需要相匹配。

交易型的顾客对某一特定的供应商表现出很低的忠诚度，很容易将部分甚至全部的采购批量从一个供应商转向另一个供应商。因此，那些能够提供及时的、有吸引力的产品、价格和技术支持及其他利益的机电产品营销商将有很大的机会从交易型顾客那里赢得业务。在这种情况下，销售人员应集中关注采购人员而较少与顾客的高层保持紧密的联系。有人认为，经销商在交易型关系中投入过多的精力和资源是不明智之举。

7.1.2 机电产品关系营销策略的一般操作过程

机电产品营销商经常要面对诸多具有不同行为特征的顾客：有些顾客强调低价格，持交易型的观点；有些顾客强调后续的增值服务而偏好于合作型的关系；还有一些顾客的态度介于两者之间。机电产品关系营销策略在操作层面可细分为收集资料、顾客甄别、顾客沟通、顾客服务、顾客提升五部分。

1. 收集资料

准确的顾客资料可为成功地开发关系营销打下坚实的基础。公司的数据库必须能提供每个顾客关系的历史资料，帮助辨识关键的决策者，分析顾客对不同产品线的采购档案，描述顾客要求及预测可供挖掘的潜力。为了收集顾客资料并将其转化为有用信息，机电产品营销商必须借助一些顾客关系管理软件和工具。各种各样的以网页为基础的顾客管理工具对机电产品经销商来讲是极有价值的。

2. 顾客甄别

顾客甄别是机电产品关系营销的第二步，相当于消费品营销中的市场细分及目标市场的选择。机电产品关系营销的顾客甄别的过程是：首先，研究把握发展趋势；再次，研究寻找自身的战略定位并依此来寻找、设计行业的关系路径；最后，收集所有可能的顾客信息并在此基础上进行顾客甄别。

机电产品的顾客需求是明确而显性的。机电产品关系营销的关键是如何与顾客建立信任关系，而建立信任关系首先必须梳理存在的既有关系。需要分别从公司层面及员工层面两个角度来梳理既有关系：公司层面，可以从公司领导层的既有关系，公司成功服务过的榜样顾客，公司能够接触的行业、政府、中介等影响力方面的关系，公司的销售渠道合作伙伴，公司的供应商等方面展开；在员工层面，可以从顾客可能接触的交际圈内寻找亲属、同学、战友、同乡、朋友等既有关系。通过两个方面的梳理分析，寻找最佳的关系路径能够接触到的顾客，就是要开发的顾客。例如，通过分析得出在某个区域或某个行业，某类顾客、某个顾客的既有关系最为强大，那就确定其为目标顾客。

当然，有时顾客是既定的，在这种情况下就需要借助既定顾客的关系圈来梳理公司及员工的可能既有关系或可能搭桥的间接既有关系。

3. 顾客沟通

在顾客甄别之后，是对目标顾客进行设计并实施沟通的过程。首先，针对目标顾客的实际情况及公司的顾客开发策略，制定有效的顾客沟通方案，旨在传递公司有针对性的信息及顾客的解决方案建议。然后，通过人际技能及专业技能与顾客多层级的相关人员建立广泛的联系，赢得其初步信任，获取顾客真正的需求及相关利益人的真正诉求、顾客决策程序、关键决策因素等信息。随后设计产品介绍展示、工厂参观、公司介绍与高层互访、技术交流、顾客解决方案、合作意向与细节交流等沟通组合，以及根据目标顾客的特点设计各种沟通的技术、资质材料、接待程序与规格等。

通过顾客沟通获得合作的机会与意向后，有的直接可以形成合作合约，有的要通过招标、投标等程序才能获得订单。在需要招标、投标的情况下，要在顾客的指引和推荐下与招标公司、设计院等影响力因素进行进一步沟通，以获得订单并形成商务合约。

4. 顾客服务

顾客服务是指在订单生成以后的履行过程中对顾客的服务。有了顾客沟通阶段建立的信任基础，在顾客服务阶段就要用实际的产品或可见的服务来强化这种信任，主要是使在顾客沟通中的承诺得到不折不扣的兑现，如有条件应依据顾客公司及顾客经办人员的个性化提供附加的服务，这将起到“四两拨千斤”的作用。在此阶段的关键指标为细致入微、感受惊喜、言行一致，这个过程涉及订单生产过程中的技术交流与确认、生产进程的通报、交货期的协商、货物运输配送的方式及费用、货到后的验货、设备安装调试中的指导与培训、运行中的维护、相关专业知识的转移、售后回访与信息跟踪等。

通过比较同行业中竞争者所采用的关系营销策略，机电产品营销商可以针对不同要求的顾客（强调合作关系的顾客及那些仅仅强调交易的顾客）调整其营销策略。这样涉及以下几方面的策略。

1）服务的个别计价

对那些偏好于交易型关系的顾客可以采取非捆绑型的策略。在这种策略下，与核心产品相关的服务与核心产品分离，仅仅是满足顾客的基本价格、质量等相关要求。而诸如技术协助、送货等增值服务是以菜单的形式分别提供的，并要收取相应的费用。关键的问题是，这些增值服务累计的费用将远高于在合作型关系下所提供的一整套增值服务所能带来的效益增加。这种定价策略是以市场为导向的，因为它给予顾客选择最大价值的产品及关系类型的权利。

2）增值服务

在关系的另一个极端，合作关系提供的所有要素包括共同降低成本、技术支持、送货时间保证和协作广告等。因为合作性的努力为合作的双方或增加了价值，或降低了双方的交易成本，所以由此可以获得由合作所带来的附加价值。

3）创造灵活的服务

机电产品营销商可以通过提供组合服务来将这种服务扩展为针对特定的用户群乃至单个顾客个性化的解决方案。首先，必须创造那些可以在一个特定的细分市场中使所有顾客受益的基本服务。微软公司称这些服务为“基本的解决方案”。其次，创造可供选择的服务，通过它为顾客降低运营成本或提供运营绩效来创造附加价值。为满足特定顾客的需求，可供选择的服务将“定制打包”，与核心产品一起为顾客创造合作关系的价值。

例如，贝克斯特国际公司通过提供灵活的服务来满足不同顾客的需求。它对那些通过一次又一次的订货来开展业务的顾客，仅提供基本的服务；对于那些签订有长期合约，希望保持长久合作关系的顾客，则提供更多精心设计的服务，因为这些服务能帮助顾客提高效率和改善财务绩效，为顾客创造额外的附加价值。

5. 顾客提升

把所沉淀的顾客满意度和信任度进一步总结提炼，在顾客满意度和信任度最高时请顾客将这些写成文字记录下来（显形化），可以作为以后顾客开发中的榜样顾客或样板业绩来宣传。

通常的做法是由营销人员打印好文稿，请顾客简单修改或直接盖上公章。对于有价值的榜样顾客，营销人员还要将顾客合作前后的价值做一个对比分析，并详细描述合作过程的细节，最好还加上每个阶段的图片及相关记录凭据等汇总成一个很有说服力的真实案例。如果前面阶段的成果较好，则可以请顾客在其关系圈为公司做推荐；当前面阶段的效果十分显著时，顾客会主动在其关系圈内进行推荐。如果顾客的影响力很大，则他完全可以成为合作伙伴，可以在营销层面展开公司级或个人级的深度合作。如此，又可以开始从顾客甄别到顾客沟通、顾客服务、顾客提升这一过程，形成一个新的更有效的循环。

在机电产品的营销中，市场的启动不是凭借广告，而是靠用户推荐完成的。一般来说，市场内的用户彼此比较熟悉，因此其口头传播的力量体现得淋漓尽致。你的宣传只有与推荐渠道口风一致之后才会起作用。用户推荐不仅在于用户之间的相互推荐，也与影响因素的人相关。例如，现在企业与大学的联系日益密切，大学的学者往往是一个行业内的权威，有时他们淡淡的一句评论对用户的影响比你说上一千句还管用。因此，开展关系营销的第一步就是和关键的企业、关键的人建立关系。

6. 评价关系营销的产出

如果制造商与对方期望不相吻合，则某些公司试图建立良好关系的努力会付诸东流。例如，当一个公司按照关系型营销的方法开展业务，而另一方却仅仅以交易型的模式回应时，这种情况就会发生。因此，弄清顾客的需求及相关的增值服务的成本，机电产品营销商才能更加有效地为特定顾客提供满足其特定需要的产品及服务组合。

关系营销的目标是使得买方和卖方能够获得最大化的价值，这就需要对关系营销的产出进行正式的评价。例如，摩托罗拉的高层营销管理人员与其伙伴顾客紧密地联系在一起，协同工作以建立相互认同的目标。经过一段时间以后，那些没有达到这些设定的目标伙伴关系就会被降级，划由地区性的销售队伍去管辖。

机电产品营销商应当持续不断地提升给顾客的产品和附带服务的价值。必须时刻记住的是，与顾客保持良好关系是公司在营销上重要的资产，公司应该花大价钱和心血精心培育与顾客的关系。

任务7.2 学会使用机电产品的价值营销

案例26 某中央空调企业成功影响评委的关注价值

曾经有一家生产电制冷中央空调的A企业参与一个项目的议标，几轮谈判下来，只剩下A和另一个企业B。B企业的产品使用的是招标文件中技术要求规定使用的双螺杆压缩机，A企业的产品使用的却是单螺杆压缩机。尽管A企业的销售员反复向评委说明单螺杆压缩机的综合性能优于双螺杆压缩机，但评委们还是都倾向于按标书的技术要求向B企业订货，形势对A企业非常不利。

此时，A企业的销售员决定破釜沉舟，他当场提出请评委们参观他们在附近的一个样板工程，就算给他最后一个机会，评委被他的执着感动，最终同意了他的请求。

当评标委员会的专家们来到现场时，A企业的销售员为专家们详细讲解了单螺杆压缩机的优点，并与双螺杆压缩机进行了全面对比。为了解释个别专家提出的噪声和震动问题，他还把一个一元硬币立在中央空调主机上，当机器启动时，该硬币纹丝不动。最终，A 企业使用的单螺杆压缩机以低噪声、低震动、平稳可靠运行 6 万小时的事实征服了现场的所有评委，评委们经慎重考虑后决定改变评标标准，最终 A 企业一举中标。

案例思考　A 企业能够成功地影响顾客的关注价值，已经在战术方面超越了竞争对手。但仍有少数企业并没有仅仅满足于影响顾客，他们更期望凭借自己在业界的技术领导地位或非凡的产品营销能力成为帮助顾客制定价值评判标准的人而不是标准的被动承受者，这样企业就可以真正做到“以己之长攻敌之短”，在帮助顾客制定价值评判标准的过程中轻松地把自己独特的产品价值变成顾客的关注价值，“不战而屈人之兵”。

7.2.1　机电产品价值营销的内涵

1. 机电产品营销战的本质

相关资料显示，中国有将近 20 000 家电机生产商，将近 4 000 家电线电缆生产商，将近 6 000 家阀门生产商，将近 6 000 家水泵生产商……过度的竞争使人们今天所看到的机电产品营销比 20 年前看上去更像一场混乱的战争。

机电产品营销战的本质就是价值战。为了应对这场战争，很多企业都在努力地对产品进行差异化改造，以期用更多的产品价值、服务和承诺来留住顾客的忠诚。可当他们一旦取得成功，竞争对手就会迅速模仿。结果，大多数的竞争优势只能维持很短的时间。因此，每个企业都需要不断探索顾客的价值取向变化，通过技术手段和产品价值战术为顾客提供更多竞争对手还无法提供的价值，以期最终能够在这场残酷的战争中生存下来。

2. 顾客关注价值与顾客忽略价值的概念

机电产品的采购行为是一种非常理智、非常专业的行为，当顾客对众多厂家的产品和服务进行评判时，顾客依据的不会是单一的价值标准，而是一个全面的价值标准。该全面的价值标准应该包含所有顾客认为至关重要并要求企业必须提供的价值，这些价值对企业来讲就是顾客关注价值；还有一些价值，企业认为自己提供这些价值能够帮助顾客，可顾客却认为这些价值对自己来说是无关痛痒、可有可无的价值，称之为顾客忽略价值。

在判断各个企业所提供的产品价值是顾客关注价值还是顾客忽略价值的问题上，顾客似乎拥有绝对的权利，企业只能处于被动地位。很显然，顾客的想法和要求千差万别，任何一家企业都不可能满足所有顾客的关注价值。为了赢得顾客，企业只能做两件事：一是准确、深入地把握目标顾客的顾客关注价值，并通过技术手段或营销战术手段向顾客提供并展示这些价值；二是对顾客施加影响，使顾客关注价值恰好是企业产品和服务所能提供的价值。

3. 针对顾客关注价值展开的三种战术

顾客关注价值的本质就是有关产品功能、产品使用价值和取得成本的组合。一般情况下，机电产品顾客形成自己的关注价值的过程是非常严谨的。他们会根据经验和企业的实际情况，在综合考虑各种外部影响的情况下采取集体决策的方式列举出他们所关注的所有价值，再把这些关注价值按重要到不重要的顺序进行排列，最终把这些价值折算成分值作为评判产品价值的技术标准。

7.2.2 机电产品价值营销的内容

营销并不是以精明的方式兜售自己的产品或服务，而是一门创造真正顾客价值的艺术。

——菲利普·科特勒

在机电产品营销中，价格是与质量要求、技术要求、附加要求等综合相关，经过谈判形成的。因此，撇开质量、技术、附加要求等来谈价格对于机电产品营销来讲是没有意义的。应该将价格制定转化为价值制定，形成价值策略。价值策略由价值构成、价值谈判、价值标准、价值回报四个阶段组成。

1. 价值构成

机电产品营销由行内人士决策的理性购买特点，决定了必须对用户的价值构成进行分析，依次从企业的营销资源中寻找结合点。

用户价值在实际运用中通常表现为让渡价值。用户价值大致由关系价值、产品价值、服务价值、榜样价值、技术价值（以下未介绍）、形象价值（以下未介绍）六大部分组成。与用户价值相对应的用户成本分别是转移成本、货币成本、时间成本、选择成本、生产成本、增值成本等。

1）关系价值

关系价值是用户在与机电产品企业合作中，在某些社会关系、重要人际关系、政治关系等方面的价值体现。在某种有影响力的关系影响下或为了某种关系的缔结而与机电产品企业合作时，合作主要是为了关系价值（如与政府要员的关系、重要用户的关系）的提升。关系价值对应的就是转移成本，有时某些企业的产品质量、服务、性价比都优于对手，但用户还是不能选择与之合作，其根本原因是关系及产品配套附属等的转移成本较大。

2）产品价值

产品价值是指使用机电产品企业的产品后对用户产品提升的价值。例如，选用进口或先进设备、著名品牌企业产品可以提升产品价值。产品价值是从用户的角度来考虑的指标。

3）服务价值

服务价值是指从用户的使用运行中的效率方面来体现给用户带来的价值。机电产品作为再生产资料或生产工具的属性决定了用户对服务的要求高。服务价值对应的是用户的时间成本。

4）榜样价值

榜样价值是指从用户的竞争对手或潜在对手等同行业标杆企业的角度来体现给用户带来的潜在价值。行业内的榜样顾客可以大大减少用户的选择成本。同样，技术上给用户带来的价值与生产成本相关；用户企业形象的价值与用户的增值成本相对应。

2. 价值谈判

价值谈判是对各种价值构成按照权重的大小进行优先排序的谈判过程。首先用企业的资源站在对方的角度一起分析各种价值构成的对应值，再分别陈述各自的成本与价值，从让渡价值来进行比较、分析、协商、谈判。价值谈判旨在从价值方面突破产品价格竞争的误区。

产品价格的竞争只是从机电产品企业的价值方面考虑的，没有从给用户带来的价值方面来考虑。而价值谈判是分别从用户和机电产品企业两个方面综合考虑各自的价值的，机电企业用整体服务或解决方案来替代纯产品的销售。

3. 价值标准

价值标准是价值谈判后双方达成共识并在此基础上形成的标准。它也是以后双方合作合约的基本条款框架，更是合约履行中双方共同遵守的准则。

4. 价值回报

价值回报是价值策略实施中的最后一个环节，是价值谈判所形成的价值标准的落实与进一步细化。价值回报从用户公司层面的回报、用户经办人员及相关联人员的价值回报，以及机电产品企业的价值回报等方面具体展开，包括制订履行的工作计划与时间进展等。

例如，当某企业需要采购一台循环流化床燃煤锅炉时，他们会为此专门成立一个招标采购小组。招标采购小组的专家经过集体讨论后制定出此次评标的技术要素（顾客关注价值），依次是制造质量、热效率、使用寿命、可靠性、业绩、售后服务和备件供应的及时性。此后，他们会把这些要素依据重要程度的不同折算成不同的分值，再把这些分值当作招标时评委评判的标准。

案例 27　某企业的品牌与关系营销

曾经有一个企业新投资了一个化工项目，需要招标采购一批工业低压电气元件，共有 10 家企业参与竞标。为了得到这个订单，这 10 家企业当然是八仙过海，各显神通。其中 A 企业的销售员小黄顺利地通过一个很熟悉的关系人找到了负责该项目的总经理张总，张总爽快地答应小黄运作此事，小黄自认为这个订单已经是自己的囊中之物，就高高兴兴地回到公司等消息了。

项目进展很快，转眼就到了发标时间，小黄拿到招标文件时却怎么也乐不起来了，因为前些天和设计院沟通时设计院还说是交流控制，甲方负责电气的工程师也说肯定是交流控制，可现在拿到的招标文件上白纸黑字地写着“所有产品要求直流控制”，这就意味着小黄已经失去了参与竞标的资格，因为他们并不生产直流控制的产品。小黄立即去见张总，希望张总能够帮助他。张总放下手头的工作，拿起电话给负责设备招标的副总打了个电话。通完电话之后，张总很无奈地说：“这次可能不行了，我们这边没有很懂电气的人，招标文件是委托设计院写的，他们出于技术考虑把原来的交流供电改成了直流，为此还上了一批直流电源，直流电源可能招完标了。”

原来，B 企业的销售员小曾接触项目不久就发现甲方这边已经都是竞争对手的支持者了。他仔细地研究了 9 家竞争对手的情况，发现除了控制方式之外，参与竞标企业的产品几乎没有什么差异。他决定打产品价值牌，在直流控制这个标准上做文章，因为能生产直流控制产品的企业算上他们自己一共是三家，而其余两家一个是国外厂商，价格奇高，另一个是实力和品牌远不如自己的一家小企业。通过设计院关系的运作，设计师在离招标还有一个月时终于同意以直流控制作为标准来设计，使小曾成功地屏蔽了另 6 家竞争对手，当然也包括运作了高层关系的 A 企业销售员小黄。

最终，小曾以较高的价格拿下了这个订单。

案例思考　B 企业的销售员如何打产品价值牌赢得竞争对手的？

7.2.3 机电产品价值营销的技术

很多企业都拥有可以使顾客关注价值的技术，但缺乏能将技术转化为顾客关注价值的产品价值营销战术。技术并不等于价值，技术必须通过营销战术手段才能转化为价值，脱离了营销战术的技术毫无价值。机电产品营销的产品价值战术的最终目的就是要发现顾客关注价值，努力提供并向顾客展示这些价值，最终通过向顾客提供高于竞争对手的顾客关注价值而获胜。产品价值战术必须围绕顾客关注价值而展开并最终超越顾客关注价值。

1. 向顾客展示顾客关注价值（初级战术）

价值需要被顾客感知、验证，没有经过顾客感知、验证的价值不能称为价值。

枯燥的技术无法带给顾客任何价值体验。因此，企业必须通过各种方式展示产品的顾客关注价值，使技术变成顾客可以感知的价值。同时，企业还必须通过各种方式验证顾客关注价值，使顾客消除所有疑虑并确信价值的真实性。

知己知彼，百战不殆。在展示产品的顾客关注价值前，企业必须确保自己已经通过深入细致的售前服务了解到顾客的关注价值及这些价值在顾客头脑中从重要到不重要的排列顺序，这样企业就可以有针对性地安排展示活动，在展示活动中突出自己的产品在那些顾客认为最为重要的关注价值方面的优势，并通过各种努力来证明自己提供的这些价值是真实可靠的。

展示顾客关注价值的常用方法是：

（1）邀请顾客参观样板工程，使顾客亲身体验产品的实际使用情况，对产品价值形成全面感知和体验；

（2）邀请顾客参观产品生产的工艺流程，展示企业实力，使顾客增强对产品品质、供货能力、厂家信誉度等方面的信心；

（3）邀请顾客参加技术交流会，通过演示、幻灯片、演讲、现场试验等方式向顾客介绍产品的原理、技术和功能，并在现场与顾客进行技术交流，使顾客全面了解企业的产品，消除疑虑；

（4）向顾客展示业绩，如其他企业的推荐信，权威机构对质量、标准、技术水平、项目实施能力等方面的资质和认证，或邀请顾客方的技术权威或顾客认可的第三方对产品技术水平进行评价和认定，增加顾客对价值真实性的认可；

（5）让顾客试用产品，带给顾客真实的产品体验，使其真实、全面地感知和验证产品价值。

以上几种方法既可以单独使用，又可以配合使用。但无论怎样使用，企业必须确信自己向顾客展示的是顾客关注价值而非顾客忽略价值。

2. 改变顾客关注价值（中级战术）

如果一个企业有能力为每个顾客提供他们所关注和需要的全部价值，这个企业中标的概率就会大大增加。遗憾的是这只是一个梦想，因为受企业资源的制约，任何一个机电产品生产企业的营销部门在任何时候也不可能保证本企业的产品所提供的价值会完全符合每位顾客的关注价值标准。

在评判各个企业所提供的产品价值是顾客关注价值还是顾客忽略价值的问题上，顾客似乎拥有绝对的权力，而企业只能处于被动地位。难道企业真的只能坐以待毙或听天由命吗？答案当然是否定的，因为很多企业已经通过高超的产品价值战术或技术与产品价值战术相结

合的策略打破了顾客试图全面掌握价值评判权的局面，使得企业能够全面影响顾客制定价值评判标准的全过程，并使自己产品的独特产品价值成为顾客关注价值。

3. 通过销售解决方案为顾客创造更高的价值（高级战术）

影响或改变顾客关注价值也许是一个很不错的战术，但当竞争对手认识到这种战术的奥妙之后，他们就会迅速地掌握这种战术并反过来用它来对付你。当众多企业都在应用同一战术时，这个战术就失效了。

少数企业在研究顾客关注价值时发现：有些价值可能对顾客会非常有帮助，但顾客自己没有意识到，因为直到目前为止还没有企业提供过这种价值。这些价值并不是传统意义上的产品价值，它们或者是一个行业的顾客所遇到的无法通过目前市场上的常规产品解决的普遍性问题，或者是顾客无法通过单一产品或服务获得满意效果的问题，它们就是解决方案，即针对某一问题或某一行业提出的解决问题的系统方案。

该解决方案既可以看成企业组织设计的一种战略，也可以看成整合企业内、外资源，重新塑造顾客价值的一种战术。若想成功地应用这种战术，就必须对企业的组织结构与功能进行重新设计。

产品价值战术必须围绕顾客关注价值来展开并最终超越顾客关注价值。该解决方案超越了单纯产品价值的范畴，使顾客关注价值的范围扩大到更加广泛的领域。它不但为顾客构造出了超越顾客期望的价值，也为那些具备相应的组织与功能和较强整合能力的企业提供了超越竞争对手的机会，并把那些仍然停留在只关注本身价值提高的竞争对手远远地甩在身后。

美国沃顿商学院营销教授乔治·戴伊在他的书中这样写道："在顾客需要一套定制的个性化方案，并且希望能通过单一的顾客接触点的方式获得服务的情况下，这种组织结构设计的优势将发挥得淋漓尽致。获取成功所需要的其他必要条件是拥有一个强大的能协调公司内部业务单元之间冲突的公司核心，以及一个以解决方案为特色的企业战略，该战略将成为企业的中心推动力。"

任务 7.3　掌握机电产品服务营销的理念

案例 28　GE 公司的服务营销

当 GE（通用电器）公司的制造业面临缓慢的国内业务增长和残酷的海内外市场价格竞争时，它的 CEO 杰克·韦尔奇先生再一次改革了这个全球的巨人企业。统揽 GE 公司的各个业务单位后，韦尔奇看到依托公司的核心竞争力向顾客提供专有的服务可为 GE 公司创造巨大的效益。以 GE 公司的医疗设备系统单位和它与哥伦比亚 HCA 保健公司（超过 300 家连锁医院的经营公司）的关系拓展为例，GE 公司不仅向 HCA 保健公司销售医用照影设备，还负责维护其所有连锁医院的照影设备，其中包括 GE 公司的竞争对手产品的维修。现在，HCA 保健公司将其全部的医疗设备的管理工作都移交给了 GE 公司，其中大部分的医疗设备都不是 GE 公司的产品。随着合约的进一步演化，HCA 保健公司的经理们甚至要求 GE 公司派出一支管理队伍来帮助该公司改进其医院的经营管理，这为 HCA 保健公司节省了数以百万计的成本。

GE 公司的其他业务单位也展开了类似的积极主动服务：其飞机引擎业务单位与英国航

空公司签订了一份价值23亿美元、时间长达10年的合同，它向该公司提供飞机引擎的维修；据GE公司的电力设备业务单位预测，其新近开拓的向美国和欧洲的电厂提供运作和维修服务的业务会给GE公司带来10亿美元的年收入；其资本业务单位转向了日益发展的外包业务市场，它在计算机网络运行的外包业务市场中，与TMB、ED5等公司为价值数百万美元的合同进行了积极主动的竞争。

鉴于GE公司极好的利润增长记录，人们相信杰克·韦尔奇的强势服务战略为后工业时代的工业公司指出了新的发展方向。例如，流程重组再造专家海默就认为GE公司是服务战略转移的领导者："这将是美国工业下一轮大浪潮。产品销售只是你的业务的一个组成部分。"

案例思考 GE公司是通过什么措施使自己的利润增长的？

现代的营销管理理论大多将维护顾客资源列为组织的重要活动之一。从前面的章节中可以知道，机电产品营销的本质是关系营销，因此顾客服务在建立、扩展、维护组织间关系等方面有着独特的作用。服务是维护顾客资源的纽带，也是企业创造利润的另一源泉。事实上，高科技公司（如IBM、HP等）多是建立在对顾客价值的承诺之上的，其优质服务成为顾客要求产品整体价值的一部分。机电产品营销的专家理性购买、营销长链公关等显著特征充分表明服务的重要性，尤其是在产品同质化、渠道同性化、价格透明化的环境下，服务策略显得尤为重要。然而，在中国的特殊国情下，服务的价值一直是被忽视的，或者说是很难被认可和评估价值的，服务一直被认为是应该的，不需要成本的。因此，服务只能是沉没成本。

7.3.1 机电产品服务的重要性

2010年，中国服务业占GDP的比重为47%，而世界平均水平为60%，发达国家在75%以上。大力发展服务业是"十二五"期间中国城市面临的重要任务。在美国，80%的就业岗位和76%的GDP是由服务部门创造的。美国的经济从某种意义上来说就是一种服务经济。

1. 机电产品服务增长的原因

（1）电子商务：它不仅仅带来了新的商业机会，还促进组织通过与原来完全不同的经营方式展开业务。

（2）外包业务的发展：现在各种类型的组织对于服务的需求都多于过去。其中的一种发展趋势就是组织会积极地寻求外包来帮助运行那些他们并不擅长的业务。例如，工资单据的处理、仓库保管，甚至人力资源和管理信息系统等职能组织都可通过外包的方式来解决。

（3）创新：十年前想都想不到的服务不断推出，刺激了服务消费者需求的增长。例如，计算机安全、远程计算机服务、办公室环境控制系统、通过因特网传输为顾客量身定做的远程培训教育等。

（4）制造业的增长：从事制造业的人员虽然在下降，但是制造业的产出在不断增长。伴随着这种情况，对服务的需求（如物流、广告、信息处理等）将呈上升的趋势。

2. 机电产品服务的类型

机电产品市场上的服务有两种类型：一种是有产品依托的服务；另一种是纯服务或机电产品服务。

1）有产品依托的服务

有产品依托的服务，顾名思义，即服务是伴随着产品而来的。伴随产品实体而来的服务与产品本身所解决的技术问题通常具有同等的重要性。公司生产制造某种产品来满足市场的需求，而买方可能对生产制造公司提出除产品性能以外的其他服务要求，如技术培训、为买方特别设计的应用软件、发货服务、零配件及维修保养服务等。例如，在奥的斯电梯公司，服务和保养维修收入就占了其每年 50 亿美元销售额中的 65%。

2）纯服务或机电产品服务

纯服务或机电产品服务是指所提供的服务并没有相应的实物产品。“一个组织提供给另一个组织的行为或绩效不会导致所有权的转移。其生产过程不一定要以物质产品为基础”。这类服务是很多的，包括保险、咨询金融服务、维护服务、运输、市场研究、信息技术管理、临时人事管理、证券、保护服务、旅行预订服务等。服务种类的增多、组织对服务购买的增加，使得服务购买已经占了公司采购中相当大的份额。

导致纯服务需求增加的主要原因有以下几个。

一是公司和其他类型的组织将越来越依赖于服务专家，这是因为组织复杂性的加大和劳动分工及专业化的成本越来越高，不是本公司擅长的业务或某些职能不如交给专业化的服务公司或组织来管理。

二是各组织加强了公司战略和信息技术的直接联系。战略专家称一个组织对信息和知识的管理将决定组织未来的成败，决定组织是市场的领导者还是追求者。为了将战略和信息结合，公司需要咨询到底买什么样的设备，怎样应用信息技术来为公司服务等，以获得竞争优势。

三是通过雇用外界的服务，组织可以更好地控制资本运作和保持灵活性。这样的好处就是组织自己拥有所有权，而使用权下放到外部服务单位。

四是时间的压力（指培训自己的专业人才所需的大量时间）和缺少内部资源也鼓励了组织将精力放在一个小的活动范围内，集中精力把这一小块做到最好，而其他的活动就转由服务专家去做。

另外，经营观念的变化也是造成纯服务业需求不断增长的一个重要的因素。并行工程、全面质量管理、水平型组织及削减组织规模等一系列最新管理观念的普及，使企业充分认识到利用服务业这一企业外部资源的巨大优势。

从目前的商业环境来看，上述因素对纯服务或机电产品服务增长的影响还会继续加大，在纯服务或机电产品服务市场上将出现越来越多的机会。

7.3.2　服务的特点

1. 服务的无形性

无形是服务最明显的特点，不少营销专家认为无形和有形是服务和产品的最主要区别。

产品是某种有具体特征和用途的物品，是由某种材料制成的，是有一定的质量、体积、颜色、形状和轮廓的实物。而服务是无形的，顾客在购买服务之前，看不见、尝不到、摸不到、听不见、嗅不到它。例如，公司组织员工去医院体检，公司不可能事先知道体检的质量，只能从医院的医疗设备、医生护士的整体业务水平、治疗价格等方面做出对医院服务质量的评价。一般而言，顾客只有充分信任服务的提供者才会购买或消费。

信任和经验因素不仅辅助顾客进行购买政策，而且在其购买完之后仍然有用武之地。对于顾客来讲，无论是对其需要的服务概念化，还是对接受的服务进行评价都是十分困难的。因此，顾客在对服务进行评价时，总是希望能够“为无形的服务找到有形的依据”。因此，服务提供者应采取一定的措施来增强顾客的信心。

第一，服务提供者可以增加服务的有形性。他们不但要将所提供的服务充分明确地介绍给顾客，还要帮助顾客对服务进行评价。联邦快递公司将“以出色管理保证用户利益”作为工作宗旨，而其竞争对手艾尔伯恩公司则希望通过对顾客的充分关怀来建立自身的优势。在这里，艾尔伯恩公司便试图将一种无形的感觉转化为有形的优势。又如，保险公司印制了一种正式宣传品，其中列举了所有条件优越的险种介绍，以供人们需要时参考。

第二，服务提供者可以强调服务带来的好处，而不只是描述一下产品的特性。

第三，服务提供者可对服务制定品牌名称，以增加顾客的信任感，如大众汽车维修服务中心等。

第四，服务提供者还可以利用名人来为服务创造信任感，如北京饭店在20世纪80年代就曾经利用美国前总统里根的声誉进行宣传。

对于纯服务来说，建立顾客信任的方式主要有两种：一是认真挑选和培训“顾客联系人”，通过他们推动企业向更多的顾客宣传自己的服务；二是调整市场的营销方案，使之更适合于构建独特的企业形象。举例来说，律师事务所会通过大量的法律书籍、真皮座椅及高效率的接待员来显示自身的业务实力；广告咨询顾问经常会租豪华的办公室、驾驶昂贵的汽车、参与奢侈的娱乐活动，他们希望以此将无形化的信息转化为有形的依据传达给顾客。

另外，为了消除顾客在购买和评价机电产品服务过程中所产生的疑虑，布鲁姆建议营销人员利用个人联络、公共关系、广告宣传及服务介绍等经过预先设计的行动使其逐渐了解以下内容：①在何种情况下他们需要专业化服务；②评价不同专业机构应考虑的主要因素；③如何向专业人员表达自己的目的、需求及其他看法；④如何确保自己对服务提供商的期望切合实际。

2. 服务的不可分割性

有形的实物产品在从生产、流通到最终消费的过程中，往往要经过一系列的中间环节，即生产与消费的过程具有一定的时间间隔，生产在先，消费在后。服务则与之不同，它具有不可分割性的特征，即服务的生产过程与消费过程同时进行，也就是说，服务人员向顾客提供服务时也正是顾客消费服务的时刻，两者在时间上不可分离。例如，旅客乘汽车从广州到深圳，车上司机开车之时正是旅客消费之时，车到深圳，司机停车，旅客消费即结束。这种服务的产生和消费是同时进行的，即服务一开始消费就开始，服务一结束消费也就结束。

由于服务本身不是一个具体的物品，而是一系列的活动或过程，在服务的过程中消费者和生产者必须直接发生联系，因此生产的过程也就是消费的过程。服务的这种特性表明，顾客只有而且必须加入服务的生产过程中才能最终消费到服务。例如，患者必须与医生合作，如实向医生讲述自己的病症才能帮助医生做出正确的诊断，对症下药。又如，会计师事务所对某企业提出纳税建议，其质量在一定程度上就取决于用户所提供的信息的真实性和完整性。

组织能提供服务与顾客愿意参与消费共同构成服务生产与服务消费。因此，服务提供商与顾客建立持久关系就显得尤为重要。服务买卖双方保持关系的原因很多，包括双方获得了充分的社会与经济效益；在相互关系中投资的程度和性质；没有质量更高的替代品；没有更换供应商的机会或双方已经形成了人格上的关系。上述这些因素应是组织向顾客提供服务并建立关系时着重考虑的关键点。从服务的不可分割性可以知道，组织应对与顾客之间已经建立的良好关系倍加珍惜，这种投入对企业尤其是机电产品服务企业维持自身生存与竞争优势来说是十分重要的。

3. 服务的异质性

服务的异质性是指服务的构成成分及其质量水平经常变化，很难统一界定。因为每个服务提供商的产出、服务方式及服务价值都是不同的，所以绝大多数服务无法标准化。“服务是人与人之间的游戏”（贝尔语）。由于人类个性和组织差异性的存在，所以对于服务质量的检验很难采用统一的标准。一方面，由于服务人员自身因素（如心理状态）的影响，即使同一服务人员所提供的服务也可能有不同的标准；另一方面，由于顾客直接参与服务的生产和消费过程，所以顾客本身的因素（如知识水平、兴趣和爱好等）也直接影响服务的质量和效果。

由于始终如一地保证质量非常困难，所以服务营销人员应在对顾客进行有效影响之前进行市场营销的定位工作。为了保证顾客对服务满意，服务提供商必须仔细挑选工作人员，并坚持定期收集顾客需求方面的有关信息。

4. 服务的不可储存性

服务是一种特定时间内的需求。一个制造商可以生产出某种商品，然后存放在仓库中等待销售或消费，但服务不能储存起来等待消费。因为服务的生产与消费同时进行，所以当消费者购买服务时服务即产生，而当没有消费者购买服务时，服务的提供者只好坐等顾客。服务的不可储存性并非表示它不产生储存成本，只是服务业的储存成本与制造业的储存成本不同而已。制造业的储存成本发生在储藏产品的花费上，服务业的储存成本则主要发生在无顾客上，后者叫作闲置生产力成本，是指一个公司和个人有提供服务的能力和时间，却没顾客。例如，一个法律事务所某天没有一个顾客光顾，那么该事务所绝不可能将该天能够提供的服务能力和时间储存起来，以备不时之需。

对于企业来讲，服务需求管理是一项极为重要的工作。在旺季，为了满足市场需求，企业尤其是服务企业往往会添加服务设备，增加服务人员；在淡季，许多企业，如旅游公司、娱乐场所等行业企业，经常会削价促销，希望增加销售量，提高服务设施的利用率。

服务不可储存，也容易消失。服务在可以利用时如果不被购买和利用，它就会消失。例如，一个企业从 GE 公司购买了一台大型设备，设备的设计使用寿命是 10 年，GE 公司提供免费的 3 年故障维修服务。假如设备使用已达 3 年，GE 公司为其所提供的免费维修服务也随之停止。如果在此期间设备没有任何故障发生，则该企业不能要求 GE 公司将此免费服务转为另一个 3 年，不能将未使用的服务储存起来留待下一次使用。

5. 服务的非所有权性

还有一个服务的特性需要指出，就是服务的购买者虽然可以购买服务，但并非是对此类服务的完全占有，即拥有所有权。从根本上讲，购买服务是指为使用某一类服务花费费用。

服务提供者应在与顾客沟通时强调服务的非所有权性。这样做的主要好处是强调通过第三方提供服务可以帮助购买者减少服务人员、降低费用和资本要求。例如，企业外包其会计审计业务给专业的服务公司，交付一定的费用，可能要比企业自己运作或养活自己的会计审计部门要高效得多。

尽管会有例外的情况发生，但上述五个特征为理解机电产品服务的特性提供了一个框架，它还可以帮助组织制定特别的市场服务营销战略。

任务 7.4　了解机电产品的风险营销

案例 29　ICI 公司的风险营销

ICI 公司是采石场的炸药提供商。在传统的合作中，ICI 公司只是着眼于制造出爆破力更强的炸药，并以更有竞争力的价格卖给采石场。在顾客的眼里，炸药是一个同质化极高的产品。而 ICI 公司的对策就是提供产品以外的价值。他们发现采石场使用炸药是为了将岩石炸成形状相仿的小石块，而且爆破的效果直接影响其经济利益。一旦爆破不充分，岩石被炸成大石块，这些石块将很难再分解。但采石场并没有有效的办法来控制爆炸后的小石块的数量和形状。ICI 公司针对爆破的效果进行充分研究，运用计算机模型和实验来控制可能影响爆破效果的不确定因素，并建立了 20 多项指标来检测爆破的效果，获得了使岩石爆破可以量化的新技术，从而可帮助顾客更有效地使用炸药。

ICI 公司利用研究出的爆破新技术，帮助采石场进行了爆破。为了进一步减少顾客的风险，ICI 公司在炸药的销售合同中注明“按炸开后的石块数量”来收费，并为爆炸效果设定了最低可接受标准，将顾客的固定成本变成了和利益相关的可变成本，从为一种产品付钱转变成为产品的使用效果付钱。在这种情况下，顾客在使用产品实现其业务需求时基本上不存在太大的风险。ICI 公司的竞争力在从单纯的产品质量向为顾客提供低风险解决方案的转变中得到了体现。这种竞争力量体现在产品之外，超越了产品原来所要提供的核心价值。

案例思考　ICI 公司是利用什么措施来降低客户的风险从而增加自己的竞争力的？

顾客使用产品的风险是各种各样的，有的在取得产品前，如付款条件、及时供货的风险；有的在使用产品中，如质量风险、产品使用效果和期望效果间的差距、功能承诺风险、服务水平风险等；有的甚至在产品使用之后，如处置风险，特别是当这种产品作为一种生产资料、配料等这样的中间产品时，其潜在风险更应受到关注。

但是随着产品质量水平的不断进步和顾客对产品情况的深入了解，和产品核心价值相关的风险得到了有效控制。解决和控制这方面风险的知识不但容易被学习和模仿，而且其传播速度非常快，这其实就是产品同质化的原因。而在产品核心价值之外又和产品息息相关的风险，如顾客业务上的风险，其解决方法和秘诀则相对保密，日益成为一种逐渐变大的决定性竞争力量。

所谓风险策略，就是分别站在顾客和企业自身两个角度从风险结构、风险计算及风险防范三方面进行设计，并用榜样顾客来进行例证，从而使得顾客理性地得出同意合作的结论，最终赢得顾客的信任并获得订单。

最大的风险是不知道风险在哪里！机电产品在生产使用过程中总会出现这样那样的问题。如果说产品不存在任何风险，这本身就是最大的风险。企业与顾客交流沟通时，应该首先站在顾客角度分析指出使用其产品的风险疑惑，并针对这些风险疑惑分别阐述其防范措施，接着计算使用其产品给顾客带来的综合让渡价值，最后用同类型榜样顾客作为实证。顾客最终会在企业设计的风险策略中逐渐被说服，从而使企业赢得信任，获得合作机会。同时，企业要站在自己的角度分析顾客可能给其带来的风险，如回款、滥用产品等。对于这些风险，企业也应该将防范措施进一步商讨明确，甚至有些必须写进合约中。

因此，风险策略是机电产品营销策略中的最后也是最重要的策略，在实践中极为有效。

市场营销组合策略由最早的 4P 发展到 4S、4R，以及 6P、7P，但其所针对的对象主要是消费品市场，对于机电产品市场并不十分管用，机电产品营销还需要新的营销组合理论。从关系营销策略、价值营销策略、服务营销策略及风险营销策略四个方面统筹考虑规划机电产品营销的资源，形成一整套可行的机电产品营销策略的组合操作指导原则，相互融合、灵活使用，可以克服 4P 策略组合的局限性，提升机电产品市场营销活动的效果。

案例 30　ABB 公司的独特竞争优势

ABB 公司是一家向油气钻机提供钻井管道的公司，处于全球领导者的地位。如果仅从管道本身的质量和制造技术来看，其竞争对手并不输于 ABB 公司。但如果注意到钻井项目流程中的一个关键点——“当井打好后，管道必须立即完成连接并嵌入管道井中”，就可以发现“管道是否能及时到达钻井现场”是顾客面对的最大风险之一。而管道准时到达钻井现场的最大问题并不在于产品的制造和运输环节，而是“钻井地所在国的通关问题”。ABB 公司的竞争力就在于其依托于多年来在 100 多个国家的业务经验，熟悉各国的通关手续，从而能在很大程度上控制和缩短通关时间。而这一能力无论是竞争者还是顾客都无法比拟的，这就使其在提供管道的速度和及时性的控制上形成了独特的竞争优势，最大限度降低了顾客的风险。甚至于 ABB 公司因“保证管道安全到达现场”而收取额外的费用，顾客仍乐意接受。

案例思考　ABB 公司是如何减少客户风险来保持自己的竞争优势的？

实训检测 11　用营销新思维分析案例

1. 任务形式

以小组为单位，小组规模一般为 3～5 人，每小组选举小组长协调小组的各项工作，教师提出必要的指导和建议，组织学生进行经验交流，并针对共性问题在课堂上组织讨论和专门讲解。

2. 任务内容

各小组从下述资料中进行仔细分析，撰写分析报告，回答：①价格竞争与价值竞争的差异；②在产品营销方案中，机电产品与消费品的异同。

3. 任务考核

每小组由组长代表本组汇报任务完成情况，同学互评，教师点评，然后综合评定各小组本次任务的实训成绩。

具体考核如表 7-1 所示。

表 7-1　用营销新思维分析任务考核表

考核项目	考核内容	分　数	得　分
工作态度	按时完成任务	5分	
	资料完整	5分	
任务内容	格式正确	10分	
	共同点总结完全	15分	
	价格竞争与价值竞争总结完全	15分	
	不同点总结到位	15分	
	营销方案格式正确	10分	
团队合作精神	有明确的角色分配和任务分配	5分	
	同学间有良好的协作精神	5分	
	同学间有相互的服务意识	5分	
团队间互评	认为该团队较好地完成了本任务	10分	

课后练习 7

1. 思考题

（1）什么叫关系型营销？简述关系营销的一般操作过程。

（2）机电产品服务的类型有哪些？服务有何特点？

（3）如何创造顾客的价值？

2. 实训项目

请用营销新思维为某机电产品制定营销策划书。

第8单元 机电产品常用的营销文件格式

学习目标

1. 掌握营销策划书的编制原则和基本内容，会编制营销策划书。
2. 掌握机电产品买卖合同的主要内容及签订方法与步骤。
3. 会签订机电产品的技术服务文件。
4. 会撰写机电产品的招标、投标书。

任务8.1 撰写市场营销策划书

市场并不亚于战场，有时市场上的争夺与较量也是“你死我活”的。竞争双方的成败荣辱并不完全取决于双方的实力差距，还取决于双方在营销战略策划上的智慧与胆略。从营销活动的全过程看，营销策划处于营销调查研究之后和营销实务运行之前的关键环节，起着承上启下的核心作用。营销策划书是企业根据市场变化和企业自身的实力，对企业的产品、资源及产品所指向的市场进行整体规划的计划性书面材料。

1. 营销策划书的编制原则

为了提高营销策划书撰写的准确性与科学性，应首先把握其编制的几个主要原则。

（1）逻辑思维原则。策划的目的在于解决企业营销中的问题，因此应按照逻辑性思维的构思来编制营销策划书。首先设定情况，交代策划背景，分析产品市场现状，再把策划的中心目的全盘托出；其次进行具体策划内容的详细阐述；最后明确提出解决问题的对策。

（2）简洁朴实原则。要注意突出重点，抓住企业营销中所要解决的核心问题，深入分析，提出可行的相应对策，且针对性要强，具有实际操作的指导意义。

（3）可操作原则。编制的营销策划书用于指导营销活动，其指导性涉及营销活动中的每个人的工作及各环节关系的处理，因此其可操作性非常重要。不能操作的方案创意再好也无任何价值；不易于操作的方案也必然要耗费大量的人、财、物，管理复杂、显效低。

（4）创意新颖原则。要求策划的“点子”（创意）新、内容新、表现手法新，给人全新的感受。新颖的创意是营销策划书的核心内容。

2. 营销策划书的基本内容

营销策划书按道理没有一成不变的格式，它依据产品或营销活动的不同要求，在策划的内容与编制格式上也有变化。但是从营销策划活动的一般规律来看，其中有些要素是共同的。因此，可以共同探讨营销策划书的一些基本内容及编制格式。

营销策划书的封面可提供以下信息：①营销策划书的名称；②被策划的顾客；③策划机构或策划人的名称；④策划完成日期及本策划适用的时间段。因为营销策划具有一定的时间性，不同时间段上市场的状况不同，所以营销执行效果也不一样。

营销策划书的正文部分主要包括以下内容。

1）策划目的

对本营销策划所要达到的目标、宗旨要树立明确的观点，作为执行本策划的动力或强调其执行的意义所在，以使全员统一思想，协调行动，共同努力保证策划高质量地完成。

企业营销上存在的问题纷繁多样，但概而言之，也无非以下六个方面。

（1）企业开张伊始，尚无一套系统营销方略，因此需要根据市场特点策划出一套营销计划。

（2）企业发展壮大，原有的营销方案已不适应新的形势，因此需要重新设计新的营销方案。

（3）企业改革经营方向，因此需要相应地调整营销策略。

（4）企业原营销方案严重失误，不能再作为企业的营销计划。

（5）市场行情发生变化，原营销方案已不适应变化后的市场。

（6）企业在总的营销方案下，需在不同的时段，根据市场的特征和行情变化，设计新的阶段性方案。

例如，《无锡市场沈阳数控车床市场营销企划书》中，对企划书的目的说明得非常具体。首先，它强调“数控车床的市场营销不仅仅是沈阳机床有限公司的一个普通产品的市场营销”，然后说明数控车床营销成败对公司长远、近期利益，沈阳机床系列的影响的重要性，最后要求公司各级领导及各环节部门达成共识，完成好任务。这一部分使得整个方案的目标方向非常明确、突出。

2）分析当前的营销环境状况

对同类产品的市场状况、竞争状况及宏观环境要有一个清醒的认识。它是为制定相应的营销策略，采取正确的营销手段提供依据的。“知彼知己，百战不殆”，因此这一部分需要策划者对市场比较了解。这部分分析主要包括以下几类。

（1）对当前市场状况及市场前景的分析。

① 产品的市场性，现实市场及潜在市场状况。

② 市场成长状况：产品目前处于市场生命周期的哪一阶段中；对于不同市场阶段的产品，公司营销的侧重点如何，相应的营销策略效果怎样；需求变化对产品市场的影响如何。

③ 用户的接受性。需要策划者凭借已掌握的资料分析产品的市场发展前景。

④ 竞争态势分析，包括同行业相同产品的市场情况。

⑤ SWOT 分析。应运用 SWOT 分析法分析企业的优势、机会、威胁和劣势。

（2）对产品市场影响因素的分析。

主要应对影响产品的不可控因素进行分析，如宏观环境、政治环境、当地经济条件、制造业水平、机电企业的规模、用户购买行为、技术发展趋势方向的影响等。

3）市场机会与问题分析

营销方案是对市场机会的把握和策略的运用，因此分析市场机会就成了营销策划的关键。只要找准了市场机会，策划就成功了一半。

（1）针对产品目前的营销现状进行问题分析。营销中存在的具体问题，一般表现为以下方面。

① 企业知名度不高，形象不佳，影响产品销售。

② 产品质量不过关，功能不全，被顾客冷落。

③ 产品包装太差，提不起顾客的购买兴趣。

④ 产品价格定位不当。

⑤ 销售渠道不畅或渠道选择有误，使销售受阻。

⑥ 促销方式不合适，顾客不了解企业产品。

⑦ 技术服务质量太差，令用户不满。

⑧ 售后保证缺乏，用户购后顾虑多等。

（2）针对产品特点分析优、劣势。应从问题中找劣势并予以克服，从优势中找机会并发掘其市场潜力；应分析各目标市场特点，进行市场细分，尽量满足不同的顾客需求，抓住主要顾客群并将其作为营销重点，找出与竞争对手的差距，把握、利用好市场机会。

4）营销目标

营销目标是在策划目的的基础上，公司所要实现的具体目标，如营销策划方案执行期间，经济效益目标达到：总销售量为×万台（件），预计毛利为×××万元，市场占有率实现××。

5）营销战略

营销战略应该是具体可行的方案，应包括以下几方面内容。

（1）营销宗旨。

一般企业可以注重以下几方面。

① 以强有力的广告宣传攻势顺利拓展市场，为产品准确定位，突出产品特色，采取差异化营销策略。

② 以产品的主要消费群体为产品的营销重点。

③ 建立点广面宽的销售渠道，不断拓宽销售区域等。

（2）产品策略。

通过前面的市场机会与问题分析，提出合理的产品策略建议，达到最佳效果。

① 产品定位。产品定位的关键主要是在顾客心目中寻找一个空位，使产品迅速启动市场。

② 产品质量功能方案。产品质量就是产品的市场生命。企业对产品应有完善的质量保证体系。

③ 产品品牌。要形成一定的知名度、美誉度，树立消费者心目中的知名品牌；必须有强烈的品牌意识。

④ 产品包装。包装作为产品给消费者的第一印象，需要有能迎合消费者使其满意的包装策略。

⑤ 产品服务。策划中要注意产品服务方式、服务质量的改善和提高。

（3）价格策略。

这里只强调几个普遍性原则。

① 拉大批、零差价，调动批发商、中间商的积极性。

② 给予适当数量折扣，鼓励多购。

③ 以成本为基础，以同类产品价格为参考，使产品价格更具竞争力；若企业以产品价格为营销优势，则更应注重价格策略的制定。

（4）销售渠道。

企业要考虑产品目前的销售渠道状况如何，对销售渠道的拓展有何计划。应采取一些实惠政策鼓励中间商、代理商的销售积极性或制定适当的奖励政策。

（5）广告宣传。

广告宣传的原则如下。

① 服从公司整体营销宣传策略，树立产品形象，同时注重树立公司形象。

② 长期化：广告宣传商品个性时不宜变来变去，变多功能后，顾客反而会不认识商品，进而使老主顾也觉得陌生，因此在一定时段上应推出一致的广告宣传。

③ 适宜化：应选择适合的产品广告宣传媒体，注重找宣传效果好的专业杂志等。

④ 不定期地配合阶段性的促销活动，掌握适当时机，及时、灵活地进行宣传，如重大专业设备展会，公司有纪念意义的活动等。

广告宣传的实施可按以下步骤进行。

① 在策划期的前期推出产品形象广告。

② 销后适时推出诚征代理商广告。

③ 工业品会展、重大活动前推出促销广告。

④ 把握时机进行公关活动，接触用户。

⑤ 积极利用新闻媒介、新闻事件提高企业产品的知名度。

（6）具体行动方案。

应根据策划期内各时间段的特点，推出各项具体行动方案。行动方案要细致、周密，操作性强又不乏灵活性；要考虑费用支出，一切量力而行，尽量以较低费用取得良好效果为原则。尤其应该注意季节性产品淡、旺季营销的侧重点，抓住旺季营销的优势。

6）策划方案的各项费用预算

这一部分记载的是整个营销方案推进过程中的费用投入，包括营销过程中的总费用、阶段费用、项目费用等，其原则是以较少投入获得最优效果。费用预算方法在此不再详谈，企业可凭借经验，具体分析制定。

7）方案调整

这一部分是策划方案的补充部分。在方案执行中有可能出现与现实情况不相适应的地方，因此必须随时根据市场的反馈及时对方案进行调整。

营销策划书的编制一般由以上几项内容构成。企业产品不同，营销目标不同，所侧重的各项内容在编制上也可能有详略取舍。

任务 8.2　签订机电产品（工业品）买卖合同

机电产品（工业品）买卖合同是指以机电产品为买卖标的物的合同。机电产品（工业品）不同于农副产品，也不同于一般的日用消费品，其大多数是生产资料或耐用消费品。由于机电产品（工业品）的销售过程及交易金额一般较大，所以为了避免在交易过程中出现纠纷，在机电产品（工业品）买卖时必须签订正式的合同。《合同法》第二条指出：“合同是指平等主体的自然人、法人、其他组织之间设立、变更、终止民事权利义务关系的协议。”既然合同为一种协议，就必须在当事人各方的意思表达一致（即合意）的情况下才能成立。下面通过一个例子来介绍机电产品（工业品）买卖合同的主要内容。

案例31 机电产品（工业品）买卖合同

出卖人：无锡****机床设备有限公司　　　　合同编号：XY2011-0053

买受人：________　　　　签订地点：________

第一条 标的、数量、价款及交（提）货时间　　　　签订日期：________

产品名称	生产厂家	规格与型号	数量	单位	单价（万元）	小计（万元）	交货期	备注
合计	大写：					小写：		

第二条 质量标准、出卖人对质量负责的条件及期限：按国家标准执行，“三包”一年；

第三条 交（提）货方式、地点：________；

第四条 随机的必备品、配件、工具数量及供应方法：按装箱单标准供给；

第五条 验收标准、方法、地点及期限：按出厂合格证；

第六条 运输方式和费用负担：汽运，出卖人免费运输，买受人负责卸货；

第七条 标的物所有权自货款全部支付时转移，但买受人未履行支付价款义务的，标的物属于出卖人所有；

第八条 成套设备的安装与调试：________；

第九条 结算方式及期限：________；

第十条 本合同自双方签字、收到预付款之日起生效；

第十一条 违约责任：按《合同法》；

第十二条 合同争议的解决方式：本合同在履行过程中发生的争议，由双方当事人协商解决；也可由当地工商行政管理部门调解；协商或调解不成的，按下列第________种方式解决：（一）提交________仲裁委员会仲裁；（二）依法向人民法院起诉；

第十三条 其他约定事项：________________。

出卖人	买受人
单位名称：无锡****机床设备有限公司	单位名称：
单位地址：无锡市****区****路***号	单位地址：
邮政编码：******	邮政编码：
法定代表人：	法定代表人：
委托代理人：	委托代理人：
电话：	电话：
传真：	传真：
税号：	税号：
开户银行：中国**银行**支行	开户银行：
账号：	账号：

【填写说明】

1．签订“第一条 标的、数量、价款及交（提）货时间”的注意事项

1）标的

《机电产品（工业品）买卖合同》（示范文本）中列明的标的条款包括标的名称、牌号或商标、规格与型号、生产厂家四项。关于标的条款的签约，应把握以下几点。

（1）关于标的名称。

标的名称是识别机电产品（工业品）的标志。机电产品（工业品）的名称繁多，尤其是同类产品，名称区别不明显。因此，标的名称应用全称，一般不要有地区性方言、俗名、习惯名称。

（2）关于牌号或商标。

机电产品（工业品）的牌号或商标是不同生产者生产的同种类商品相互区别的标志，代表了一个产品的质量和信誉，示范文本将之专列一项要求注明。在签订合同时凡有商标或牌号的产品，应准确地写在示范文本中的牌号或商标位置内。

（3）关于规格与型号。

机电产品（工业品）的规格与型号，是同一产品不同度量的标准，是区分同一类型、同一名称的机电产品（工业品）的标志。由于各种机电产品（工业品）的性质、结构、作用、成分等不同，规格与型号也不同，为便于履行，合同中应明确约定机电产品（工业品）的规格与型号。在订立机电产品（工业品）的规格与型号时，应根据生产的实际可能，有一定的灵活性，而不能订得过死，造成生产和交货的困难。凡能采用质量机动幅度或质量公差的商品，应制定明确机动幅度的上下限或公差的允许值。

（4）关于生产厂家。

生产厂家代表着一定的生产技术条件和水平，是确定产品质量的一个重要方面。同样一种型号的产品，可能由数个生产厂家生产，生产厂家的技术、设备、管理水平不同，生产出来的产品质量也有所差别，有些产品如不注明生产厂家，会引起很多争议。

2）数量

《机电产品（工业品）买卖合同》（示范文本）中列明的数量条款包括计量单位和数量。关于数量条款的签约，应把握以下几点。

（1）关于计量单位条款。

在经济交往中，常用以下几种计量单位计算产品的数量。

① 质量单位。质量单位有千克、克、吨等，主要用于天然产品及其制品，如矿砂、钢铁、盐、羊毛、油类等。

② 个数单位。个数单位有件或只、双、台或套、打、箱、桶、包、捆、盒、听、卷等，主要用于一般工业制品、杂货、机器、仪表及零件等。

③ 长度单位。长度单位有米、厘米、毫米，主要用于绳索及纺织品等。

④ 面积单位。面积单位有平方米、平方厘米、平方千米，主要用于纺织品、玻璃、塑料及其他一些板材。

⑤ 体积单位。体积单位有立方厘米、立方分米、立方米，主要用于木材及化学气体之类的商品。

⑥ 容积单位。容积单位有毫升、升，主要用于谷类及某些液体商品。

（2）关于数量条款。

机电产品（工业品）的数量是出卖人应当转让给买受人产品的总量，是买卖合同中最核心、最基本的条款。订立产品数量条款，应在选定计量单位后，根据计量单位，协商确定合同产品的总量，并用数字准确地写在示范文本中的数量条款位置内。在签订数量条款时，如果合同是依据指令性计划签订的，则合同所确定的产品数量必须与指令性计划文件（产品分配单或调拨通知单）相符。

3）价款

《机电产品（工业品）买卖合同》（示范文本）中列明了的价款条款包括单价和金额。

（1）关于单价条款。单价由两个部分组成，即计量单位和单位价格金额，如每千克为1 000元。在确定合同单价时，计量单位应与数量条款所用的计量单位一致，如计量单位为“千克”，则数量和单价中均应用“千克”。单位价格应遵守国家有关物价管理的规定。有国家定价的按国家定价执行；不属于国家定价的产品，由双方协商定价。如果在签订合同时确定价格困难的，可由买卖双方协商暂定价格，并在合同条款中注明“按双方最后商定的价格结算”或“按国家物价部门批准价格结算”。

（2）关于金额条款。合同金额是单价和数量的乘积。

4）交（提）货时间及数量

交（提）货时间及数量的约定有以下几种方法。

（1）规定某月交货。在机电产品（工业品）买卖中，交（提）货时间一般不是确定的某一个具体日期，如某月某日，而是确定的一段时间。使用最广泛的是规定在某月交（提）货。

（2）规定跨月交货。交换时间可从某月到下月，甚至更后的月份，如“2/3月交货”、“2/3/4月交货”。

（3）规定按旬、月交货。有条件的和有季节性的产品，要规定具体的交货期限。

（4）规定在收到货款后若干天内交货。例如，有些商品，为了防止生产、包装后对方不如期付款，使自己遭到损失，常采用在收到货款后若干天交货的规定方法。

（5）规定分批交货。对于分批交货，在合同中必须规定每批交货的时间，同时明确规定分期数量，如“3月交100米，4月交200米，5月交300米”。

2. 签订“第二条 质量标准、出卖人对质量负责的条件及期限”的注意事项

产品质量，是指产品满足需要的适用性、安全性、可用性、可靠性、维修性、经济性和环境等所具有的特征和特性的总和。质量标准是合同中对产品质量的要求。根据质量标准，出卖人安排产品的生产，买受人在接收产品时对产品进行验收，在发生纠纷时判定产品责任的归属。产品的质量标准，是指国家对机电产品的性能、规格、质量、检验方法、包装及储运条件所做的统一规定，是设计、生产、检验、供应、使用该产品的共同技术依据。

我国现行的产品质量标准，可分为国家标准、专业标准和企业标准。国家标准是根据全国统一的需要，由国家标准化主管机构发布的标准。专业标准是根据某专业范围统一的需要，由该专业标准机构发布的标准。企业标准是指经标准化主管部门批准、发布的，以及企业自行制定的适用于某个或某些企业的标准。产品的质量标准，有国家标准的按国家标准执行；没有国家标准而有专业标准的，按专业标准执行；没有国家标准、专业标准的，按企业标准执行。在合同中，必须写明执行的标准代号、编号和标准名称。如果没有上述标准或虽有上述标准，但买受人有特殊要求的，按双方在合同中商定的技术条件、样品或补充的技术要求执行。

签订本条款时，还应注意以下几个问题。

（1）如果合同标的物有特别用途，由于用途不一，质量标准和要求也不同，为避免发生纠纷，应写明用途，如食用、饮用、药用等。

（2）对于成套产品在合同中应明确附件的质量要求。

（3）按样品订货时，合同中应对样品的质量标准做出明确的说明，也可以封存样品。

（4）实行抽样检验质量的产品，合同中应注明采用的抽样标准或抽样方法和比例。

3. 签订“第三条 交（提）货方式、地点”的注意事项

对于机电产品（工业品）买卖，我国目前采取的交货方式主要有出卖人送货或代运，买卖人自提。交货地点与交货方式密切相关，采用出卖人送货方式的，交货地点应为买受人指定的送货地点；采用买受人自提的，交货地点应为产品所在地点。交货方式和交货地点由当事人在合同中明确约定，因为交货方式和地点事关标的物品损灭风险责任的承担。

实行送货制的产品，国家主管部门规定有送货办法的，按规定的办法执行。实行代运的产品，由出卖人代办运输手续，且应充分考虑买受人的要求，商定合理的运输路线和运输工具。凡采用送货或代运办法的，出卖人必须根据合同规定的交货期、数量、到站、收货人等项，按期编制运输作业计划，办理托运、装车（船）、查验、结算等发货手续，并将验收单、合格证等寄交买受人，由买受人在所在地车站或码头收货。实行自提的产品，采用由买受人到出卖人所在地提取货物的交货方法，买受人根据合同规定的期限向出卖人付款，取得提货凭证，据以向出卖人提取货物，并自行负责运输。

4. 签订“第四条 随机的必备品、配件、工具数量及供应方法”的注意事项

本条主要是针对成套供应的机电产品（工业品）的买卖而言的。对于成套供应的产品，应明确规定成套供应的范围。例如，对于机电设备，除了应对主机的数量有规定以外，必要时还应约定跟随主机的必备品、辅机、附件、配套的产品、易损耗备品、配件和安装修理工具等，最好附一个清单予以列明。

5. 签订“第五条 检验标准、方法、地点及期限”的注意事项

检验是指买受人按合同规定的标准和方法对产品的名称、规格、型号、数量、质量等进行检验，以确定是否与合同相符的过程。

（1）检验标准。检验应根据合同中质量条款所确定的技术指标和质量要求来确定。如果约定的质量标准是国家、行业（部）、企业标准，应分别按国家、行业（部）、企业标准检验；如果约定的质量标准是双方当事人自行确定的，则按确定的标准检验，出卖人应附产品合格证或质量保证书及必要的技术资料；如果质量标准是以样品为依据的，双方要共同封存样品，分别保管，按封存的样品进行检验。对数量的检验还要考虑到合理磅差和自然减（增）量等，但不得超过有关主管部门和双方商定的差额幅度。

（2）检验方法。数量检验的方法有衡量法、理论换算法、查点法；质量检验的方法有经验鉴别法、物理试验法、化学分析法等。合同中应明确约定是全面检验还是抽样（部分）检验；是感官检验还是理化检验；是安装运行后检验还是破坏性检验等。如果是抽样检验，还要明确抽样的比例（如百分之多少或千分之多少）。

（3）检验地点，是买卖双方行使权利和履行义务的空间界限。检验按检验地点分有驻厂检验、提运检验、接运检验、入库检验等几种。一般送货或代运的，以买受人所在地为检验地点；如果是买受人自提的，则以出卖人所在地为检验地点。双方也可以确定其他地点为检验地点。

（4）检验期限，是确定双方责任的时间界线。如果在检验期限内发现货物质量、数量等问题，就要视情况由出卖人或承运人负责；如果在检验期限过后发现问题，则责任由买受人自负。签订验收条款时，对检验的期限，凡有主管部门规定的，按规定执行；没有规定的，由双方当事人自行商定。

6. 签订“第六条 运输方式和费用负担”的注意事项

（1）运输方式。运输方式可分为铁路运输、公路运输、水路运输、航空运输、管道运输及民间运输等。合同中应对运输方式做出明确约定。到达站（港）即到货地点。合同中对此应有明确规定；对到达站（港）应写明详细地址，并冠以省、市、县名称。

（2）费用负担。一般来说，出卖人代运的产品，装车、船前的一切费用由出卖人负担，装车、船后的一切费用包括中转费用及列入运单内的装车、装船费用由买受人负担。由出卖人送货的机电产品（工业品），按合同规定的交货地点交货，其长途和短途运输方面的一切费用，均由出卖人负担。交货后的费用由买受人负担。

7. 签订“第七条 标的物所有权自________时起转移，但买受人未履行支付价款义务的，标的物属于________所有”的注意事项

本条规定属于所有权保留条款。

为了保护买卖中出卖人的利益，当事人可以在买卖合同中约定保留标的物所有权的条款。该条款可以约定买受人未履行支付价款或其他义务的，标的物的所有权属于出卖人。

8. 签订“第八条 成套设备的安装与调试”的注意事项

本条是买卖成套设备的必备条款。成套设备的效用发挥依赖于设备是否成套并正常运行，这也是成套设备买卖合同的目的所在。由于成套设备的技术因素和工艺因素比较重要，所以成套设备买卖合同应对成套设备的安装与调试做出明确约定。

9. 签订“第九条 结算方式及期限”的注意事项

1）结算方式

买卖对象和形式多种多样，双方结算价款的方式也是多种多样的。在实践中，主要有下列几种结算方式供买卖双方在达成交易时选择。

（1）现金结算。买受人在取得标的物时用现金（货币）支付价款的结算方式称为现金结算。现金结算只适用于标的物价值较小的买卖，通常是零售市场上的、即时结清的买卖。大额度的买卖用现金结算既不方便也不安全。出于税收或其他目的，为了监督买卖，国家还可禁止对某些买卖的对象采用现金结算的方式。在我国，法人之间的买卖一般都不采用现金结算方式。

（2）信用卡结算。信用卡是由金融机构（发证行）签发给用户的一种卡片，通常用塑料或金属片特制而成。用户使用信用卡如同使用现金一样，可以买得自己所需要的标的物。开证行与用户之间是最终结算关系。它代用户向出卖人交付价款后，即将垫付款转到用户账户上，自动从用户的存款中扣除这笔价款。如果用户的存款不足支付开证行代付之价款，则为用户向开证行透支，等于贷款，用户必须还本付息。

（3）跟单信用证结算。跟单信用证在日常商业生活中简称为信用证，是银行向出卖人保证买受人有足够的支付能力的信用凭证，也是买受人向出卖人表明保证履行合同的凭证。利用信用证支付价款的买卖程序大致如下：①出卖人与买受人签订买卖合同，合同条款注明买受人采用信用证方式支付价款；②买受人到其开户行（开证行）申请向出卖人开具信用证；③开证行审查出卖人，开具信用证；④开证行自己或经通知行通知出卖人，买受人的信用证已开出，告知他到指定的议付行议付；⑤出卖人接到信用证后发货；⑥出卖人提供与信用证所列单证相符的单证，请求议付行付款；⑦议付行审查出卖人所提交的单证，确认它们完全符合信用证所要求的单证后付款给出卖人；⑧议付行将单证转交给开证行；⑨开证行审查无误后向议付行偿还垫付之款；⑩开证行向出卖人收取价款，并将有关单证交给买受人；⑪买受人凭单证取货。

（4）票据结算。利用票据结算价款也是一种常用的方式。票据主要是指支票、汇票和本票三种，但用于结算价款的票据主要是支票或汇票。

① 支票。支票是银行存款人对银行发出见票即付一定金额给收款人或持票人的票据。利用支票结算价款实质上是出票人委托自己的开户行用自己在银行所存之款支付出卖人价款，银行应当无条件地见票即付。但是因为支票存在空头的危险性，在许多国家流通面不广泛，所以国际买卖通常也不采用支票结算方式。

② 汇票。汇票支付价款是另一种票据结算方式。汇票是出票人委托付款人于指定之日无条件支付持票人（受款人）一定金额的票据。在国内买卖中，这些单证简单一些，主要是提单、发票、保险单等。这些单证实际上就是出具汇票的根据。跟单汇票在市场上易于流通，因为单证本身代表了汇票上的价款。

（5）汇款和托收结算。汇款和托收这两种方式都是基于商业信用而采用的方式。如果一方对另一方信不过，则不能轻易采用这两种方式。

① 汇款。汇款结算价款是指出卖人委托银行或邮局将价款汇给出卖人的一种结算方式。银行或邮局在收妥买受人（汇款人）的价款（汇款金额）后即通知出卖人（收款人）收款。用汇款的方式结算价款是在国内买卖中经常采用的一种方式。

② 托收。托收是与汇款相反的结算方式。托收分为光票托收和跟单托收两种。光票托收是指不附有商业单据，仅向托收银行提交资金单据的托收。跟单托收是指附有商业单据和资金单据的托收。跟单托收的基础是买卖合同。采用跟单托收的结算方式时，买卖合同中通常规定，出卖人负责托运货物，取得各种必要的单证，然后交托收银行托收。跟单托收可能附出卖人开出的以自己为受款人的汇票，也可以不附，在远期付款的情形下通常应附汇票。

（6）交互计算结算。交互计算是指互有买卖的当事人双方约定，在一定期限内，相互间的买卖所生之债权与债务相互抵消，结算差额部分。交互计算本身是以双方的约定为基础的，也就是说，交互计算本身是一种合同。交互计算的合同必须载明交互计算的详细方法、各自的权利与义务。

2）结算时间

机电产品（工业品）货款的结算时间的早晚，不仅涉及利息的问题，而且还对出卖人尽快实现自己的经济利益、减少结算风险有重要影响。结算时间，除主管部门有规定外，合同双方可这样约定："签订时支付"、"交货时支付"、履约后×日支付"、"×年×月末支付"等。

3）结算地点

结算地点如开户银行、账户名称、账号等均应明确约定。

10．签订“第十条 本合同自__________起生效”的注意事项

1）合同的生效以合同的成立为前提

合同法第 44 条第 1 款规定：“依法成立的合同，自成立时生效。”人们在谈及合同是否具有法律效力时，是指对成立的合同所做出的判断。

2）合同的生效时间

根据合同法第 44 条的规定，合同的生效时间有以下两种。

（1）依法成立的合同，自成立时生效。合同的生效原则上是与合同的成立相一致的，合同依法成立就产生效力。

（2）法律、行政法规规定应当办理批准、登记等手续生效的，自批准、登记时生效。

11．签订“第十一条 违约责任”的注意事项

违约责任的方式有继续履行、违约金、损害赔偿、定金及其他补救措施等，其中需要当事人明确约定的是违约金、损害赔偿金、定金（定金见后面的“担保方式”部分）。

12．签订“第十二条 合同争议的解决方式”的注意事项

示范文本中关于本条的表述是“合同争议的解决方式：本合同在履行过程中发生的争议，由双方当事人协商解决；也可由当地工商行政管理部门调解；协商或调解不成的，按下列第__________种方式解决：（一）提交__________仲裁委员会仲裁；（二）依法向人民法院起诉。”由此可见，签订本条的实际意义是在仲裁和诉讼之间做出选择。在合同争议解决的四种方式（协商、调解、仲裁、诉讼）中，协商、调解不具有强制执行的效力；而仲裁、诉讼所做出的裁决具有强制执行力，除非有法定的特殊事由，不能轻易否定其效力。同时，仲裁与诉讼之间相互排斥，也即选择了仲裁即排除了诉讼，选择了诉讼即排除了仲裁，两者之间并无效力先后的区分。

注意：合同中除以上必有条款外，还可能有其他约定，在签订时也要谨慎对待。

1）签订“包装标准、包装物的供应与回收”的注意事项

包装是异地交货的机电产品（工业品）买卖合同中的必备条款之一。异地交货必然发生产品的运输，运输则必然发生包装问题。没有包装或包装不善极易导致产品受损。合同中的包装条款主要包括包装标准、包装物的供应与回收。

包装标准，是对产品包装的类型、规格、容量、印刷标志，以及产品的盛放、衬垫、封袋方法等，由有关部门统一规定的以统一材料、统一规格、统一容量、统一标记和统一封装方法等为主要内容的技术标准，是根据产品的理、化、生物性能，形状，体积，质量，从有利于生产、流通、安全和节约的原则出发制定的。产品包装按国家标准或专业（部）标准执行，没有国家标准或专业（部）标准的，可按合同双方商定并在合同中写明的标准进行包装。合同中对包装方式没有约定或约定不明确，依合同有关条款或交易习惯仍不能确定的，应当按照通用的方式包装；没有通用方式的，应当采取足以保护标的物的包装方式。

包装物的供应，是指包装物由谁提供。对于包装物的供应，除国家规定由买受人提供之外，一般应由出卖人负责供应。包装物的回收，是指对可以多次使用或使用一次后还可以加工利用的包装物，为经济合理地节约使用，出卖人将可利用的包装物收回，重新加以利用的方法。包装物的回收办法有以下两种。

（1）押金回收。它适用于专用的包装物，如电缆卷筒、电线绕线轴、立柱、捆绑用具、水泥袋、集装箱、标准大中型木箱等。出卖人发货后，在清算货物价款时，同时核收押金。包装物返回后，扣除折旧费，所余部分押金应及时退还买受人。

（2）折价回收。它适用于一般可以再次利用或供原料的包装器材，如油漆桶、酸坛、玻璃瓶、麻袋、水泥纸袋等。买卖双方在签订合同时，应约定包装物的回收办法。回收办法应明确规定回收品的质量、回收价格、回收期限、验收方法等。国家对某些包装物的回收制定有统一的包装物回收办法。例如，《木材统一送货办法》中有《捆绑用具回收回送使用补充办法》，化工产品供货中有《统配化工产品包装回收试行办法》及水泥供货中的水泥纸袋的回收办法等。

2）签订“合理损耗标准及计算方法”的注意事项

有些产品的交货数量无法绝对确定，这就需要约定合理损耗标准及其计算方法，主要包括正负尾差、合理磅差和自然减（增）量等。正负尾差是指出卖人实际交货数量与合同规定的交货数量之间的最大正负差额，不超过尾差范围的，不视为违约，有关主管部门对交货数量的正负尾差有详细规定。自然减（增）量是指产品在运输过程中由于自然损耗而使实际收货数与实际发货数之间出现的差额。造成自然损耗的主要因素有挥发、飞散、干燥、风化、潮解、腐蚀、破碎、漏损、磅差等，以及装卸操作、检验环节因换包装、拆包装检查造成的损耗与自然减量。

3）签订“担保方式（也可另立担保合同）”的注意事项

为保证买卖合同的履行，合同中可以约定担保条款。由于担保方式各异，要求的法定要件不同，所以对于比较复杂的担保方式，可以另立担保合同做出专门规定。根据我国担保法的有关规定，担保方式有保证、抵押、质押、定金等。

4）签订“本合同解除的条件”的注意事项

我国合同法规定当事人可以约定合同解除的条件，由此种约定所产生的解除合同的权利又称约定解除权，属于形成权，是一种单方解除权。只需解除权人的单方意思表示，不需经对方当事人同意，即可将合同解除。

约定解除的内容及行使方式应由当事人自行决定，但是必须符合民事法律行为的生效要件，否则约定解除权的条款无效。当然，该条款的无效可以不影响合同本身的效力。同时本条款还可以约定解除权的行使期限，如“若出卖人迟延交货__________天，买受人可以在__________内解除本合同。”值得注意的是，合同的解除有约定解除与法定解除之分。我国法律所直接规定的法定解除条件不需当事人约定，可直接适用于合同的解除。解除权人决定行使解除权时，需要依照解除权的行使程序实施解除行为，才能实现合同的解除。行使解除权的一般程序如下：第一，通知对方；第二，行使期限，即解除权在行使期限内，解除权有效，超过行使期限而不行使解除权，解除权消灭。

5）签订“其他约定事项”的注意事项

除上述条款之外，当事人还可约定其他事项，此条的约定由当事人根据具体情况自行选择。

6）签署合同时的注意事项

示范文本分出卖人、买受人两栏对合同的签署事项做了规范。值得注意的是，这里所列明的事项并非全是必须填写的。其中最关键的是出卖人（章）、买受人（章）及其法定代表人、委托代理人。应当注意的是，只要有法定代表人（或委托代理人）的签字或出卖人及买受人盖章两者选择其一即可，无须同时加盖公章和签字。

任务 8.3 签订机电产品的技术服务文件

8.3.1 技术服务协议

《合同法》第 356 条规定，技术服务合同是指当事人一方以自己的技术和知识为另一方解决特定技术问题所订立的合同，不包括建设工程合同和承揽合同。

所谓技术服务是指在科学技术的某一方面有技术、经验的技术专家，为委托人解决某项特殊技术而开展的有偿服务活动，并承担因开展这方面的服务活动而产生的民事责任。因此，服务和被服务的双方当事人应签订技术服务合同，以明确双方各自的权利、义务。

技术服务合同应具备以下主要条款。

（1）技术服务的项目名称。项目名称应当反映出技术服务的技术特征和法律特征，并一定要与技术服务的内容一致。

（2）技术服务的内容、方式、要求。本条款规范的是技术服务合同的标的特征和具体要求，应明确完成技术服务的具体做法，如产品设计、工艺编程、技术鉴定及应达到的技术指标、经济指标等。

（3）合同履行的期限、地点和方式。技术服务合同履行的地点在合同中应明确，没有明确的，应在委托人所在地履行；技术服务合同履行的时间是指双方在合同中约定的完成这项技术服务的最终时间，当规定时间到期时，被委托人应向委托人移交技术服务的报告书；技术服务合同履行的方式是指合同中约定的技术服务项目完成应采用的手段，如产品结构设计、测试分析、生产线调试等。

（4）工作条件。委托方应向被委托方提供必要的工作条件和阐明委托技术服务要解决的问题，并提供技术资料、技术数据及相关文件。

（5）验收标准。委托的技术项目完成后，委托人应按合同约定的标准进行验收，因此，合同中应约定被委托人对技术服务合同中的服务项目应达到国标、部标或行标，并按规定的要求采取验收办法（如专家评估、专家鉴定会鉴定等）。

（6）报酬支付的方式。委托人支付被委托人的酬金时，双方除了可以约定支付方式（如完成后一次性支付、完成后分期支付、服务过程中分阶段支付等）外，还应约定支付的时间和具体地点。

（7）违约责任。合同中约定了双方应履行的义务，违反者，应承担违约责任，违约责任包括支付违约金、赔偿损失等内容。

（8）争议解决的方法。双方可在合同中约定协商解决、调解解决、仲裁解决、诉讼解决，如果约定诉讼解决，则其他方式可以不进行；如果约定其他几种之一的解决方式，若双方达不成一致，还可以通过诉讼解决。

案例 32 某机械制造公司的液压技术服务协议

江苏某机械制造有限公司（以下简称甲方）委托无锡某科技有限公司（以下简称乙方）

制造液压系统一台。经双方友好协商达成如下协议。

（1）设计液压系统工作压力为 5 MPa，水平缸（缸径为 100 mm）出力 4T，竖直缸（缸径为 80 mm）出力 2.5 T。

（2）采用 ANSON 生产的双联叶片泵，控制阀采用 7OCEAN，油缸采用 SMC 生产油缸，电机油泵采用卧式安装，油箱为 250 L。

（3）油缸两只，水平缸缸径为 100 mm，活塞行程为 800 mm，安装方式为脚座安装；竖直缸缸径为 80 mm，活塞行程为 400 mm，安装方式为耳环安装；运动速度均为 100 mm/s。

（4）两回路均有叠加溢流阀设定工作压力和节流调速。另外，竖直缸回路加液压锁，以防出现掉电或阀电机等故障时载重物滑落。

（5）冷却采用风冷却器。

（6）油缸安装由甲方完成，乙方负责液压系统的调试。

（7）乙方不提供液压油，但液压系统请务必使用 46#抗磨液压油。

（8）保质期为一年。

江苏某机械制造有限公司　　　　　　　　　　　　无锡某科技有限公司

年　　月　　日

8.3.2　机电产品询价单

询价采购是指采购的货物规格、标准统一，现货货源充足且价格幅度小的采购。采用询价采购方式，在货比三家或货比多家时相对简单而又快捷。一般从以下四点入手。

（1）在邀请报价的供应商数量方面，应至少有三家或三家以上（不得少于三家）。就这一规定而言，对所选供应商要在符合条件、标准的情况下才能定数，不能降低条件、标准；不得人为指定供应商或有其他不规范的“达数应符式”选定供应商；在被询价供应商的确定上，要杜绝凭感觉、凭关系现象。

（2）只允许供应商报出不得更改的报价，这适用于采购现成的，并非按采购人要求的特定规格特别制造或提供的标准化货物，货源丰富且价格弹性变化不大的采购项目。

（3）确定被询价供应商名单，并且要从严把握。询价小组首先要根据采购要求，制定被询价供应商的资格条件，并重点考察供应商的品种、信誉、售后服务网点等，然后视资格（资质）等条件确定供应商名单，并以公平的方式从中选择三家以上供应商作为被询价的对象，最后向这些供应商发出询价通知书（通知书中应载明采购要求、价格构成、评定成交供应商的标准、报价截止时间等事项）。

（4）确定成交供应商，采购人要在依法、科学、规范化的情况下进行该操作：①询价小组完成询价工作后，要形成询价报告，提交给采购人；②采购人要依法、科学、规范化地进行供应商的成交确定；③采购人在确定成交供应商时，必须严格执行事先确定的成交供应商评定标准；④采购人确定成交供应商后，要将结果通知所有被询价的未成交供应商。

询价单一般适用于采购内容比较简单、金额较小的项目；询价、签约周期较短，不需要组建评标委员会；发出询价函的一方一般不对所发内容承担法律责任。

案例 33　询价单

无锡某科技有限公司　　询价单编号：XJ-T-200912××

地址：无锡**开发区标准写字楼 A3 二楼××室　　电话：0510-802377××

TO（供应商）：　无锡某液压有限公司　　传真：0510-802377××

地 址：　　电话：　0510-882114××　　邱先生

收件人：江先生　　传真：　0510-882134××

我公司拟订购贵公司的以下产品，希望贵公司能够尽快就价格、交货期等给予回复，同时为了能够尽早地合作，恳请给予最优惠的条件。请务必报人民币含税价！

请速报价，谢谢！

发件人：潘　　顺祝商祺！

序号	名称、型号、规格		数　量	单　价	金　额	交货期
一、	油　箱	80 L，配电机和叶片泵	4 套			
1	电　机	1.5 kW				
2	变量叶片泵	18 L/min				
二、	油　箱	80 L，配电机和叶片泵	4 套			
1	电　机	1.5 kW				
2	定量叶片泵	18 L/min 加管式溢流阀，工作压力为 3 MPa				
	合　计：					
备注						

8.3.3　机电产品报价单

报价单主要用于供应商给顾客的报价，类似于价格清单。如果是交货期很长的产品需要注明各种事项，交货期一般用“周”表示。有特殊情况的需要备注说明，如 12 天是指工作日。

案例 34　报价单

TO：××××有限公司　　报价单号：　BJLH-0911-001

联系人：××工程师　　报价日期：　2009.11.13

地址：　　交货地点：　无锡

电话：　　出货方式：　发送

传真：　　运费负担：　供方

付款条件：　预付 30%，余款到后发货

FR：　无锡某科技有限公司　　报价有效期：　7 天

地址：　无锡**开发区××幢 208 室

电话：　0510-802377××

传真：　0510-802377××

E-mail：

审核	外勤	内勤

金额单位：元（人民币，含 17%增值税）

序号	产品名称	规格、型号	数量	单价	金额	交货期
1	油 缸	MGCXHC-A-EX-SD-32×30ST-T×1	10	800.0	8 000.0	15 天
2	油 缸	MGCXHC-C-EX-SD-32×30ST-T×1	2	1 100.0	2 200.0	
3	油管（3m）	9/16-18UNF- 000 mm	24	120.0	2 880.0	
4	直通接头	9/16-18UNF-PT3/8	24	5.0	120.0	
5	直角接头（接油缸）	9/16-18UNF-PT1/4 L	24	8.0	192.0	
6	直角接头	PT1/2-NPT1/2	2	12.0	24.0	
7	直角接头	PT1/2-M27×1.5	2	10.0	20.0	
8	三通接头	M27×1.5 T	1	15.0	15.0	
9	直通接头	M27×1.5	1	10.0	10.0	
10	直角接头	M27×1.5 L	1	12.0	12.0	
11	油 管	M27×1.5-350 mm	2	50.0	100.0	
	合　计				13 573.0	
备注						

8.3.4 机电产品供货合同

供货合同是指通过公开招标方式确定协议供货的供应商和协议产品的一种采购形式。在合同有效期内，采购人直接或通过谈判或询价等方式与协议供应商签订供货合同。由于机电产品的销售过程及交易金额一般较大，而且供货的品种、规格比较多，所以为了避免在交货过程中的纠纷，在机电产品买卖时必须签订正式的供货合同，一般还要列出配置清单。

案例 35　供货合同

需方：某自动化设备有限公司　　　　合同编号：HTYS-0911-001

签订地点：无锡市

供方：无锡某科技有限公司　　　　签订时间：2009-11-17

一、订货内容及金额（¥40 000.00 元）

序号	产品名称	产品型号	数量	金额
1	液压泵站	LA-238A	6	40 000.0
	合计			40 000.0

合计金额（大写）：肆万元整（人民币，含 17%增值税）

二、质量要求，技术标准，供方对质量负责的条件和期限：按相关产品质量标准执行，保质期一年。

三、交（提）货时间：合同生效后 15 天交货。

四、交（提）货地点、方式：无锡市。

五、运输方式及费用负担：发货。

六、验收标准、方法及提出异议期限：货到验收后，一周内不提出异议视为合格。

七、结算方式及期限：其中 30%为预付款，65%到账后发货，5%余款调试完付清。

八、违约责任：协商解决。

九、解决合同纠纷的方式：按有关经济法规执行。

十、其他约定事项：预付款到合同生效。

需方单位：某自动化设备有限公司		供方单位：无锡某科技有限公司	对供、需方资格认证意见
法定代表人：		法定代表人：	
委托代理人：		委托代理人：	签（公）证意见：
地址：××经济技术开发区		地址：无锡**开发区××室	
邮政编码：		邮政编码：214072	
电　话：	0513-838568××	电　话：0510-802377××	经办人：
传　真：	0513-838567××	传　真：0510-802377××	签（公）证机关（盖章）
开户银行：		开户行：农行无锡蠡园开发区支行	年　月　日
账号：		账号：	注：除国家另有规定外，签（公）证实行自愿原则
税号：		税号：	

备注：请确认后签字或盖章回传，合作愉快！

配置清单

序号	产品名称	规格型号	数量
1	液压泵站	LA-238A	1套
2	油　箱	40 L	1只
3	电　机	2.2 kW	1只
4	液压泵	YB1-16	1只
5	滤　网	EF1-25	1只
6	空　滤	AB-1162	1只
7	油位计	LS-3"	1只
8	阀　块	MFB-02	1只
9	压力表	15MPa	1只
10	压力表开关	GCT-02	1只
11	溢流阀	RVP-02-P-L-B	1只
12	液控单向阀	PCV-A-02-C	1只
13	调速阀		4只
14	电磁阀	D4-02-3C4-A2	1只
15	液压胶管	4000 mm长	1根
16	液压胶管	1100 mm长	2根
17	消音器		2只
18	油　缸	ϕ80/45×375	2只
19	接头附件	4个	1套
20	厂内安装组立测试		1次
21	运费		1次
22	厂外调试		1次

任务 8.4　撰写招标、投标书

招标采购是大宗设备采购中使用最多的方式。招标采购是通过招标、投标的合法程序，经过公平、公开、公正的竞争确定投标者，最终与之签订合同实施物资采购的形式。实践证明，招标采购具有巨大的经济效益和社会效益：供应商之间竞争的是价格、质量、服务，招标采购可以促使投标方降低商业成本，而招标方得到性价比满意的产品，从而达到少花钱多办事、办好事、办了事的目的，使有限的经费发挥最大的效益；招标采购按市场游戏规则办事，减少人际关系干扰，使采购活动由暗箱操作变成阳光交易，客观上抑制了腐败行为的发生，促进了反腐倡廉。

8.4.1　招标书的内容

招标书是在招标过程中首先使用的、唯一的周知性文书。有的招标书通过大众传播媒介进行发布，有的招标书则向有承担能力的投标者直接函发。根据其发布形式，招标书又可称为招标公告、招标广告、招标通告、招标通知等。尽管叫法不同，但其写法大致相同。

招标书的内容主要包括对招标项目的介绍和招标具体事宜的说明：招标单位名称，包括基本情况、招标目的；招标项目概况，包括项目名称、发布范围、现场地点、具备条件等；承包方式，包括对投标者的投资要求；质量、工期要求，包括保修要求；价款结算及支付方式；中标评定条件；其他说明；投标起止日期及地点、方式、费用等；开标时间、地点、方式；招标单位的联系地点、电话、联系人。

8.4.2　招标书的结构

招标书一般由标题、正文、落款三部分组成。

1）标题

招标书的标题主要有以下几种形式：一是由招标单位、标的名称、事由、文种构成，如《××公司制造设备承包标书》；二是只写招标单位和文种，如《××市建筑公司招标书》；三是只写事由和文种，如《××机电安装工程招标书》；四是只写文种，如《招标书》或《招标说明书》。

2）正文

正文通常包括开头、主体和结尾。

（1）开头，应写明招标单位的基本情况，即招标的原因、目的、依据及标的（招标项目名称）等，文字要求准确、精练。

（2）主体，是招标书的核心内容部分。由于招标书的性质和内容不同，所以其写法也不尽相同，但一般需要写入以下事项：标的概况、招标范围、投标方法、投标程序、投标资格、质量及技术要求、合同规则、权利义务、保证条件、支付办法及招标的起止时间、开标的时间和地点等。除文字说明之外，还可配以图表说明。主体的内容应力求详尽、具体，表述应力求规范、明确。

（3）结尾，应写明招标者的联系地址、电话、邮编、电传、电报挂号和联系人等。如果是国际招标项目，还应将招标书翻译成外文，并写明国别、付款方式及用何种货币付款等。

3）落款

落款处应写明招标单位的名称（全称）、法人代表和签署日期。这些内容如在封面或正文部分已写明，则落款可以从略。

为使正文更加简洁、顺畅，常常把说明项目内容的材料，如工期一览表、设计和勘探资料及其他有关文件等附在招标书的后面。这些材料既可看作招标书的一部分，也可作为其他招标书另发。

8.4.3 投标书的内容和结构

投标书是对招标邀约的响应和承诺，要提出具体的标价和说明与应标有关的事宜，是提供给招标人的备选方案。投标书又称标书、标函，也有称为投标申请书的。

1）投标书的内容

投标书主要是对招标项目的应标并报出标价、做出说明。

（1）标书综合说明，分两个方面：一是对投标人自身情况的详细介绍；二是对所投标项的确认。

（2）标价，即按招标的工程量报出总报价和单项造价，或对招标人的货物报出能接受的价格。

（3）对所投标项目的质量承诺或应标措施、态度。

（4）完成招标项目的时间。

（5）其他承诺及有关事项说明。

2）投标书的结构

投标书一般由标题、主送单位、正文、落款、附件等部分构成。

（1）标题。

投标书的标题主要有以下几种形式：一是由投标单位、标的名称、事由、文种构成，如《××公司制造设备的投标书》；二是只写投标单位和文种，如《××工程项目投标书》；三是只写事由和文种，如《××机电安装工程投标书》；四是只写文种，如《投标书》《投标说明书》等。

（2）主送单位。

主送单位，即招标单位的名称，写在正文第一行顶格处，应署全称，如“××工程招标办公室”。

（3）正文。

正文的前言应说明投标人的基本概况，如企业名称、性质、规模、资质等级、技术力量、应标能力等，并说明投标的依据、目的和指导思想，以及投标人在这次竞争中的态度。它具有统览全篇的作用。

主体，是投标书的核心，应根据招标书提出的目标、要求，具体介绍投标者的现状，明确投标期限及投标形式，拟定标的，提供依据，阐明达到目标的办法和措施等。应如实填写标书，力求内容详尽，论证严密。有的投资方为了能顺利中标，还附上投标附件，对有关标价、承包（租赁、合作）形式、工期质量、服务及企业的级别、技术力量、设备状况、安全措施和业绩等做出了翔实的说明。

（4）落款。

落款处应当写明投标单位、地址、电挂、电传和联系人、法人代表，并签署日期，加盖公章。有的还要由上级业务主管部门和公证监督机关签名盖章。

如果是国际投标，则应将投标书译成外文，并写明国别、付款方式及以何种货币付款等。

（5）附件。

如果有必要，还应附上担保单位的担保书、有关图纸、表格等。

8.4.4 招标书和投标书的写作要求

1. 要符合法律、法规和有关规定

招标本身是一项法制性很强的经济活动，特别是我国加入 WTO 之后，很多经济活动都要与国际接轨，招标过程需要在国际或国家专业公证、监督机关和业务主管部门的指导下进行。因此，招标书的编制既要遵守国际法准则，如《招标投标法》第 67 条规定“使用国际组织或外国政府贷款、援助资金的项目进行招标，贷款方、资金提供方对招标、投标的具体条件和程序有不同规定的，可以适用其规定，但违背中华人民共和国的社会公共利益的除外”，又要认真贯彻执行党和国家有关方针、政策及法律、法规，遵守有关招标工作的规定和办法。这不仅能够保证项目按质、按量、按时完成，而且日后如与中标单位发生纠纷，在解决问题时也有法律依据。例如，《招标投标法》对在中国境内进行的招标、投标活动做出规范的方面主要有：必须进行招标的发标方，招标、投标活动的原则、程序和招标方式，招标代理机构，行政监督管理，以及法律责任等。

2. 内容要明确，重点要突出

招标是一种公开的经济竞争行为，其目的是吸引众多投标者前来竞标，然后还要进行议标、评标。议标、评标的关键环节是“比价”，即对各家的报价书进行比较，比价格、比施工能力、比技术装备、比工期进度、比安全措施等。招标书、投标书的内容一经签订，未经双方当事人同意不得更改，否则即视为违约。因此，招标书的内容要明确，重点要突出。例如，项目名称、规格、数量、质量、标价、时间（开工竣工日期）、地点等都要具体明确。

3. 格式要规范，词语要准确

招标书的结构由标题、开头语、正文、署名四部分构成。正文的内容应该包括招标单位的名称，招标项目的概况，招标的时间、地点、方式方法，开标的时间、地点、方式及评标的依据。因此，要求写作招标书时格式要规范，用词要准确。词语的准确主要是指语义不能有任何歧义，要做到文字表达精确，如对于国际竞争性招标书中的时间，必要时应注明“北京时间”等；用语要讲求标准、合乎规定，对于技术规格和质量标准，一定要明确是国际标准、国家标准、部颁标准，还是企业标准，如果没有现行标准，则应注明是按图纸加工，还是按样品加工。假如招标书表述得不够准确、规范，发生技术规格不符或质量事故，招标人便要承担经济赔偿责任。

实训检测 12　编制某机电产品询价单和报价单

1. 任务形式

以小组为单位，小组规模一般为 3～5 人，每小组选举小组长协调小组的各项工作，教师提出必要的指导和建议，组织学生进行经验交流，并针对共性问题在课堂上组织讨论和专门讲解。

2. 任务内容

每小组从教师处领取不同的机电产品（①叉车；②数控镗床；③滚齿机；④摇臂钻床；⑤数控车床；⑥平面磨床；⑦液压泵；⑧卧式铣床；⑨PLC 等）的设备采购情况，进行询价单和报价单的撰写。

各组对所定产品的采购需求进行仔细分析，撰写询价单或报价单。询价单要求技术规格明确，技术要求合理；报价单要求单价与市场的情况相吻合。

3. 任务考核

每小组由组长代表本组汇报任务完成情况，同学互评，教师点评，然后综合评定各小组本次任务的实训成绩。

具体考核如表 8-1 所示。

表 8-1　询价与报价任务考核表

考 核 项 目	考 核 内 容	分　数	得　分
工作态度	按时完成任务	5 分	
	资料完整	5 分	
任务内容	询价单和报价单格式正确	10 分	
	询价单技术规格正确	15 分	
	询价单技术要求合理	15 分	
	报价单的报价合理	15 分	
	询价单和报价单内容完整	10 分	
团队合作精神	有明确的角色分配和任务分配	5 分	
	同学间有良好的协作精神	5 分	
	同学间有相互的服务意识	5 分	
团队间互评	认为该团队较好地完成了本任务	10 分	

实训检测 13　撰写某机电产品采购招标书和投标书

1. 任务形式

以小组为单位，小组规模一般为 3～5 人，每小组选举小组长协调小组的各项工作，教师提出必要的指导和建议，组织学生进行经验交流，并针对共性问题在课堂上组织讨论和专门讲解。

2. 任务内容

每小组从教师处领取不同的机电产品（①叉车；②数控镗床；③滚齿机；④摇臂钻床；⑤数控车床；⑥平面磨床；⑦液压泵；⑧卧式铣床；⑨PLC 等）设备采购情况，进行招标书和投标书的撰写。

各组从所选产品的采购需求进行仔细分析，撰写招标书、投标函、投标书，包含产品报价、代理人授权书、公司简介及资质证明、产品情况说明、技术文件等，参照以下样本格式撰写本组的《加工中心（或其他机电产品）采购招标书或投标书》。

3. 任务考核

每小组由组长代表本组汇报任务完成情况，同学互评，教师点评，然后综合评定各小组本次任务的实训成绩。

具体考核如表 8-2 所示。

表 8-2　撰写投标书任务考核表

考 核 项 目	考 核 内 容	分　数	得　分
工作态度	按时完成任务	5 分	
	资料完整，格式正确	5 分	
任务内容	各种投标资质材料完整	15 分	
	招标书、投标书格式无误	10 分	
	产品情况说明、技术文件	15 分	
	投标报价合理	15 分	
	投标书内容完整	10 分	
团队合作精神	有明确的角色分配和任务分配	5 分	
	同学间有良好的协作精神	5 分	
	同学间有相互的服务意识	5 分	
团队间互评	认为该团队较好地完成了本任务	10 分	

样本

××××公司铣床采购招标公告

××××公司招投标办公室受物联网技术学院委托，就其太阳能系统改造项目进行公开招标，现欢迎符合相关条件的供应商参加投标。

一、招标项目名称

项目：铣床采购

二、投标人资质要求

投标人参加本次采购活动除应当符合《中华人民共和国政府采购法》第 22 条的规定外，还必须具备以下条件：

A. 经行政管理机关注册或登记的法人；

B. 不接受联合体投标；

C. 未被“信用中国”网站（www.creditchina.gov.cn）列入失信执行人、重大税收违法案件当事人名单、政府采购严重违法失信行为记录名单。

三、招标项目内容

序号	设备名称	数量（台）
1	数控铣床	10

四、招标文件发布信息

招标（采购）文件在××××公司采购公告附件中发布，供应商如确定参加投标（报价），可自行下载招标（采购）文件，但必须如实填写《供应商参加投标（报价）确认函》（该函见招标文件），并按要求将该函扫描件及电子稿发至××××公司招投标办公室邮箱（83270097@163.com）并电话（0510-83270097）确认。有关本次招标的事项若存在变动或修改，敬请及时关注本网站发布的更正公告。如潜在投标人未按上述要求操作，由此所产生的损失及风险由投标人自行承担。

五、投标截标时间

投标方必须严格按以下规定时间投标。

A. 标书送达截止时间：2017 年 7 月 25 日上午 9:30 前（节假日休息）。

B. 投标人必须按规定交纳投标保证金（不接受以个人名义的交纳），投标保证金必须在投标截止时间内交纳。

C. 标书送达地点：行政楼 310 室，截止期后的投标文件或未按招标文件规定提交投标保证金的投标文件，恕不接受。

六、开标时间、地点

开标时间：2017 年 7 月 25 日上午 9:30（北京时间）。

开标地点：××××公司行政楼 111 评标室。

地　　址：无锡市钱胡路××××。

七、联系方式

地址：江苏省无锡市钱胡路××××。

邮编：214153

技术联系人：×××　　电话：

招投标办公室联系人：朱老师

联系电话：

E-mail：

有关本次招投标活动方面的问题，可来人、来函（传真）或电话联系。

××××公司

招投标办公室

2017 年　月 10 日

附录 A

××××公司公开招标文件

采购项目编号：WXSY2017-0330
采购项目名称：制造系统改造
集中采购部门：××××公司
招投标办公室

二〇一七年九月七日

目　　录

一、投标邀请函

我办受公司的委托，对制造系统改造项目进行公开招标，欢迎你单位参加投标并提请注意表 A-1 中的相关事项。

表 A-1　相关事项

序　　号	内　　容
1	项目名称：制造系统改造 采购编号：WXSY2017-0330 采购人：××××公司 采购方式：公开招标 本项目预算为 338.5 万元
2	集中采购部门：××××公司招投标办公室 采购机构地址：无锡市惠山区钱胡路××××行政楼 310 室
3	投标人条件：投标人参加本次采购活动除应当具备《中华人民共和国政府采购法》第二十二条第一款规定的条件外，还必须具备以下条件： A．投标人必须是有能力提供招标货物及服务的制造商或代理商，代理商须提供制造商出具的授权书； B．投标人具备机电工程施工总承包三级及以上资质或建筑机电安装工程专业承包三级及以上资质； C．授权委托人与本企业签订的劳动合同和《职工养老保险手册》（内附 2017 年 5—7 月的缴费清单）或由社保机构出具本企业的 2017 年 5—7 月的缴费证明； D．不接受联合体投标； E．未被“信用中国”网站（www.creditchina.gov.cn）列入失信执行人、重大税收违法案件当事人名单、政府采购严重违法失信行为记录名单
4	请有意参加本项目投标的供应商如实填写《供应商参加投标（报价）确认函》（见附件），投标前传真（0510-83270097）至公司招投标办公室并电话（0510-83270097）确认，如投标人未按上述要求操作，由此所产生的损失及风险由投标人自行承担
5	公开答疑会时间：2017 年 9 月 21 日 15:00 公开答疑会地点：××××公司评标室（钱胡路××××行政楼 111 室）
6	投标人投标前须交纳投标保证金柒仟元人民币。投标保证金应当采用汇票、支票、网上银行支付等非现金方式交纳（不接受以个人名义的交纳），网上银行支付需提供电子凭证或银行出具的汇款凭证，并将凭证发送至我办邮箱，汇款信息有误的将视为未交纳。未按招标文件规定提交投标保证金的投标文件，恕不接受，引起的损失及风险由投标人自行承担。 收款单位：××××公司（联系电话：0510-83270271） 开户银行：建设银行无锡滨湖支行 账　　号： 备　　注：×××项目投标保证金

续表

序号	内容
7	投标有效期：开标之日起 90 天
8	投标时间：2017 年 10 月 27 日 9:30 至 10:00，截止期后的投标文件恕不接受 投标地点：××××公司招投标办公室（钱胡路××××行政楼 310 室）
9	开标时间：2017 年 10 月 27 日 10:00 开标地点：××××公司评标室（钱胡路××××行政楼 111 室）
10	定标时间：2017 年 10 月 27 日评标结束 定标地点：××××公司
11	投标文件正本份数：1 份 投标文件副本份数：2 份
12	有关本次招标活动程序方面的问题，可来人、来函（传真）或电话联系 联系地址：无锡市惠山区钱胡路××××行政楼 3 楼 310 招投标办公室 联系人：朱老师 联系电话：0510—××××××

二、投标人须知

（一）遵循原则

公开透明原则、公平竞争原则、公正原则和诚实信用原则。

（二）招标文件

（1）招标文件包括本文件目录所列全部内容，投标人应仔细阅读，并在投标文件中充分响应招标文件的所有要求。

（2）招标文件中的“法定代表人”是指投标人的营业执照或相关部门的登记证明文件中的“法定代表人”或“负责人”。

（3）投标人应在××××公司（http://www.wxic.edu.cn/default.php?mod=c&s=ss424d9ac，下同）招投标专栏下载招标文件及有关资料，按招标文件要求提交全部资料并对招标文件各项内容做出实质性响应，否则投标无效。

（4）招标文件仅作为本次招投标使用。

（三）投标费用

投标人应自行承担编制投标文件及递交投标文件参加招投标过程所产生之一切费用。无论招投标结果如何，招标人对上述费用不负任何责任。

（四）招标文件

1．招标文件的组成

本文件及依法对本文件所做的书面澄清或修改的内容均为招标文件的组成部分。

2．招标文件的澄清、修改

投标人在收到招标文件后，如有疑问需要澄清，应于开标日期 3 天前以书面形式向招标人提出，招标人做出的澄清以书面通知所有招标文件收受人。

投标人对招标人提供的招标文件所做出的推论、解释和结论，招标人概不负责。投标人由于对招标文件的任何推论和误解及招标人对有关问题的口头解释所造成的后果，均由投标人自负。

招标人有权对已发出的招标文件进行必要的澄清或修改，并通知所有投标人。

招标人可视具体情况，延长投标截止和开标时间，并将此变更通知所有招标文件收受人。

（五）投标人的义务

（1）投标人应当认真阅读招标文件，完全明了招标项目之名称、用途、数量、质量和交货日期，完全明了投标人所应具备的资格条件。

（2）投标人应当按照招标文件的要求编制投标文件。投标文件应对招标文件提出的实质性要求和条件做出完全响应。

（3）投标人应在投标截止时间前，将密封的投标文件送达投标地点。

（4）投标人不得相互串通投标报价，不得排挤其他投标人的公平竞争，损害招标人或者其他投标人合法权益。投标人不得与招标人串通投标，损害国家利益、公众利益或者他人的合法权益。

（5）投标人在投标截止时间前，对所递交的投标文件可以补充、修改或者撤回，并书面通知招标人。补充、修改的内容为投标文件的组成部分。

（六）投标文件的组成

（1）投标函（格式见附件）。

（2）资格证明文件（资格原件一套与投标文件分开存放用于资格性检查）。

① 关于资格的声明函（格式见附件）。

② 具有独立承担民事责任能力的投标人营业执照或相关部门的登记证明文件复印件（投标时必须提交相应原件或公证件）。

③ 投标人法定代表人授权委托书（格式见附件，法定代表人亲自参加投标的除外）。

④ 投标人法定代表人身份证复印件。

⑤ 投标人法定代表人授权代表身份证复印件（法定代表人亲自参加投标的除外）。

⑥ 投标人近三个月中任意一个月份（不含投标当月）的财务状况报告（资产负债表和利润表）或由会计师事务所出具的近两年中任意一个年度的审计报告和所附已审财务报告复印件。

⑦ 投标人近三个月中任意一个月份（不含投标当月）的依法缴纳税收的相关材料（提供相关主管部门证明或银行代扣证明）复印件。

⑧ 投标人近三个月中任意一个月份（不含投标当月）的依法缴纳社会保障资金的相关材料（提供相关主管部门证明或银行代扣证明）复印件。

⑨ 承诺书（格式见附件）。

（3）开标一览表（格式见附件）。

（4）明细报价表（格式见附件）。

（5）投标偏离表（格式见附件）。

（6）证明材料汇总表。

（7）评分标准中对应的其他所需证明材料（如有自行添加）。

（8）要求采购人提供的配合（如有自拟并自行添加）。

（9）其他（投标人认为有必要提供的声明和文件，如有自拟并自行添加）。

上述（1）～（5）项投标人必须按要求全部提供，否则投标文件无效。如上述资格证明文件遇年检、换证，则必须提供法定年检、换证单位出具的有效证明复印件。如上述资格证明文件第（5）、（6）、（7）三项遇有国家相关政策规定可不具备的，必须提供相关政策规定或相关单位出具的有效证明复印件。投标人法定代表人或法定代表人授权代表为外籍或者港、澳、台地区人士的，其身份证明须提供有效的护照或港澳同胞来往内地通行证、台湾同胞来往大陆通行证，或其他可在中国大陆有效居留的许可证明。

（七）投标文件的制作应当符合以下要求

（1）投标人应认真检查招标文件的内容是否齐全，如有遗漏，应及时向招标人索取，否则责任自负。

（2）所有文件、往来函件均应使用简体中文（规格、型号辅助符号例外）。

（3）投标文件由投标人按给定格式如实填写（编写），加盖法人章、并经法定代表人或法定代表人授权代表签字或盖章，方为有效，未尽事宜可自行补充。

（4）如无特别说明，投标人报价一律以人民币为投标结算货币，结算单位为“元”。

（5）投标文件格式部分，应由投标人按给定格式提供，不得更改。

（6）投标文件应用不褪色的黑色墨水书写或打印。

（7）投标文件统一用A4纸，按照投标函格式中的顺序制作，并请编制目录。

（8）投标文件份数为正本一份，副本两份，须各自装订成册，并注明“正本”、“副本”字样，密封在标袋中，同时在标袋上注明投标人名称。如正本与副本不一时，以正本为准。

（9）投标文件不应有涂改、增删和潦草之处，如有必须修改之处时，修改处必须加盖法人公章，并经法定代表人或法定代表人授权代表的签字。

（10）投标费用自理。

（八）供应商投标（报价）确认函（格式见附件）

请准备参与本项目投标（报价）的供应商如实填写信息，并于开标日前两天传真至我公司，传真号码：0510-83270097，或者扫描成图片发至邮箱：83270097@163.com。

（九）在投标截止时间之前的投标均为可以接受的投标

（十）投标保证金

（1）投标保证金应按照招标文件规定的数额和办法交纳。

（2）如投标人在投标截止期后撤回投标，则投标保证金将作为违约金不予退还。

（3）招标活动结束后，未中标供应商应自行与××××公司招投标办公室联系办理投标保证金无息退还事宜。

（4）中标供应商的投标保证金将在采购合同签订时转为履约保证金（招标文件另有约定的从其约定）。履约保证金待中标人履行合同用户单位确认后无息退还。

（5）中标供应商有下列情形之一的，不予退还其交纳的投标保证金；情节严重的，公司招投标办公室将其列入不良行为记录名单，在1～3年内禁止参加公司采购活动，并予以通报：

① 中标后无正当理由不与采购人签订合同的；

② 将中标项目转让给他人，或者在投标文件中未说明，且未经过采购人同意，将中标项目分包给他人的；

③ 拒绝履行合同义务的。

（十一）无效投标文件的确认

投标人有下列情况之一者，投标文件无效。

（1）未按规定交纳投标保证金的。

（2）投标文件未按规定的期限、地点送达的。

（3）投标文件未按要求密封、签署、盖章的。

（4）投标人的法定代表人授权代表，无法定代表人授权委托书的。

（5）不具备招标文件中规定的资格要求或未按招标文件规定的要求提供资格证明文件的。

（6）投标文件未按招标文件规定的内容和要求填写的。

（7）投标文件书写潦草、字迹模糊不清、无法辨认的。

（8）投标文件中有招标文件未允许提供的选择性内容。

（9）不同投标人的投标文件由同一单位或者个人编制的。

（10）不同投标人委托同一单位或者个人办理投标事宜的。

（11）不同投标人的投标文件载明的项目管理成员为同一人的。

（12）不同投标人的投标文件异常一致或者投标报价呈规律性差异的。

（13）不同投标人的投标文件相互混装的。

（14）不同投标人的单位负责人为同一人或者存在直接控股、管理关系的。

（15）项目（标段）投标总价超过本项目（标段）预算的。

（16）提供虚假材料（包括工商营业执照、财务报表、资格证明文件等）的。

（17）投标文件内容不全或不符合法律法规和招标文件中规定的其他实质性要求的。投标文件有下列情形之一的，未能对招标文件做出实质性响应，其投标将作废标处理。

① 没有按照招标文件要求提供投标担保或者所提供的投标担保有瑕疵。

② 投标文件没有投标人授权代表签字和加盖公章。

③ 投标文件载明的招标项目完成期限超过招标文件规定的期限。

④ 明显不符合技术规格、技术标准的要求。

⑤ 投标文件载明的货物包装方式、检验标准和方法等不符合招标文件的要求。

⑥ 投标文件附有招标人不能接受的条件。

⑦ 不符合招标文件中规定的其他实质性要求。

（18）评标委员会认定投标报价明显不合理或者低于成本，有可能影响商品质量和不能诚信履约的。

（十二）废标的确认

在招标采购中，出现下列情况之一的，应予废标。

（1）符合专业条件的投标人或者对招标文件做出实质性响应的投标人不足三家。

（2）出现影响采购公正的违法、违规行为。

（3）投标人的报价均超过采购预算，采购人不能支付的。

（4）因重大变故，采购任务取消。

（十三）中标无效的确定

（1）提供虚假材料谋取中标的。

（2）采取不正当手段诋毁、排挤其他投标人的。

（3）与招标采购单位、其他投标人恶意串通的。

（4）向招标采购单位行贿或者提供其他不正当利益的。

（5）在招标过程中与招标采购单位进行协商谈判、不按照招标文件和中标供应商的投标文件订立合同，或者与采购人另行订立背离合同实质性内容的协议的。

（6）拒绝有关部门监督检查或者提供虚假情况的。

（7）曾经有违法行为、被处罚在一定期限内不得参加政府采购活动的供应商，不得在被限定期内参加本项目的投标。

（十四）投标文件的密封与标志

（1）投标人应将投标文件密封。

（2）所有封袋上都应写明投标人名称、项目名称。

（3）所有投标文件都必须在封袋骑缝处加盖投标人公章。

（4）投标人未按上述规定提交投标文件，其投标文件将被拒绝，并原封退还给投标人。

（十五）投标截止时间

投标人须在招标文件规定的投标文件递交截止时间之前在指定地点将投标文件递交给招标人。

（十六）投标文件的修改和撤回

在投标截止时间之前，投标人可对所递交的投标文件进行修改和撤回，但所递交的修改或撤回通知必须按招标文件的规定进行编制、密封、标记（在包封上标明“修改”或“撤回”字样，并注明修改或撤回的时间）和递交。投标截止时间之后，投标人不得修改或撤回投标文件。

（十七）投标报价

投标报价应包括招标文件所确定的招标范围相应商品（服务）的供货、运输、安装调试、相关人员培训直至交付正常使用等全部内容。

有优惠报价的，应详细列明各单项优惠价或优惠折扣率。

投标总价包括为完成上述内容所必需的全部费用。

（十八）投标报价方式（详见技术说明）

各项目必须填写完整、准确，并如实填报供货日期。报价单必须加盖单位公章，法定代表人或其委托授权人签字或盖章。

（十九）开标时间、地点

开标时间：以公告为准（北京时间）。如有变动，另行通知。

开标地点：为招标人指定的地点。

（二十）评标方法

比较与评价采用综合评分法（计分均保留2位小数）。

评标委员会遵循公平、公正、择优原则，独立按照评分标准分别评定投标人的分值；各投标人的最终得分为各评委所评定分值的平均值，并按高低顺序排列，确定三家中标候选单位。若得分相同，按投标报价由低到高顺序排列；得分且投标报价相同，按技术指标优劣顺序排列。招标人将全面考虑各种因素，采用综合评分法。

（二十一）评分标准

1．价格（60分）

采用低价优先法计算，即满足招标文件要求且投标价格最低的投标报价为评标基准价，其价格分为满分。其他投标人的价格分统一按照下列公式计算：

$$\text{投标报价得分}=（\text{评标基准价}/\text{投标报价}）\times\text{价格权值}\times 100 \quad （A-1）$$

2．技术指标（20分）

对招标文件技术指标响应情况综合打分（20分）。

满足招标文件技术要求的得12分，技术指标每有一项正偏离加0.5分（评委会认为超出指标有意义），最多加8分；未在技术参数响应及偏离表中列明的，视同无偏离。

3．售后服务（12分）

（1）质保期5分：满足招标文件要求得3分，每多一年加1分，该项总分最高不超过5分。

（2）本地化服务（2分）。具备完善可靠的售后服务体系，在江苏地区设有分支机构或者售后服务单位得1分，在苏州、常州地区设有分支机构或者售后服务单位得1.5分，在无锡设有分支机构或者售后服务单位得2分，不累计得分，最高不超过2分。需要提供当地注册的分支机构或售后服务单位营业执照等证明材料。

（3）有其他优惠条件酌情加分（评委会认为有意义），不超过5分。

4．综合因素（8分）

（1）投标文件的表述清晰、规范得2分。

（2）提供近三个月中任意一个月份（不含投标当月）的财务报表得2分。

（3）业绩：近三年不低于本次投标报价的同类有效合同复印件提供一份得0.5分，最多得4分。

（二十二）投标文件的澄清

（1）为了有助于投标文件的审查、评价和比较，招标组可以书面方式要求投标人对投标文件中含义不明确、对同类问题表述不一致或者有显文字和计算错误的内容进行必要的澄清、说明或者补正。

（2）投标文件中的大写金额和小写金额不一致时，以大写金额为准；总价金额与单价金额不一致时，以单价金额为准，但单价金额小数点有明显错误的除外；对不同文字文本投标文件的解释产生异议的，以中文文本为准。

（3）所有澄清或说明必须以书面方式正式告之，并加盖投标人公章及法定代表人或其授权代表的签名或盖章。

（二十三）中标公告

中标候选人确定后，招标人三日内在学院“招标信息”栏就本项目结果进行公示。公示期过后，中标人需在公示期过后的七日内与××××公司签订采购合同。

（二十四）交货地点

招标方指定的地点。

三、项目技术要求和有关说明

投标人所投内容必须满足以下要求，不得有负偏离。

（一）项目技术要求

（1）凡配置清单中涉及品牌及产地的部分均可用同档次或高于其品质的替代，并在明细表中明确。

（2）本项目中所有产品均须符合国家相关节能标准。

（3）具体参数

序 号	名 称	技术指标、参数	数量（台）
1	铣床（台式机主板英特尔 H81）	制作工艺 28 纳米，核心频率≥1 000 MHz，显存类型 GDDR5，显存频率≥5 000 MHz，显存容量≥2 048 MB，显存位宽≥128 bit，最大分辨率≥2 560×1 600，接口类型 PCI Express 3.0 16X，I/O 接口≥2 个，VGA+HDMI 或 VGA+DVI 接口，流处理单元≥384 个，质保期≥3 年	10

（二）有关说明

（1）本项目投标总报价包括设备其配件、包装、运杂、安装调试及售后服务等从项目中标起到项目正式交付以及质保期内所发生的一切费用。

（2）通过中国海关报关验放进入中国境内且产自海关境外的产品不在本项目的报价范围。

（3）本项目中有信息安全产品的，必须选择经国家认证的信息安全产品，并提供由中国信息安全认证中心颁发的有效认证证书复印件。

（4）本项目中有政府强制采购节能产品的，只能选择财政部、国家发展改革委公布的现行《节能产品政府采购清单》中的产品进行报价。

（5）投标人必须在满足招标文件要求的基础上进行报价，如有技术偏离请于投标偏离表中说明。

（6）完工期：合同签订后 15 个工作日内安装调试完毕，如果不能按时完工，将处以 200 元/天罚款。

（7）质保期：大于或等于三年，自最终验收合格、交付使用之日起计算。在保修期内，一旦铣床发生任何质量问题，投标人需在接到通知 24 小时内赶到现场进行修理、更换或退货，期间产生的所有费用由投标人负责。

（8）付款方式：验收合格交付使用，并提供完整设备及设备安装的全部技术资料后付合同价的 90%，10%作为质保金，待验收合格满一年无质量问题时一次付清。

（9）本项目合同履行地点为××××公司，具体地点以合同书约定为准。中标方必须按采购人要求将本项目中的货物送到指定地点（包括可能的分布范围），并分地实施安装调试。

（10）质量及验收：采购人根据国家有关规定、招标文件、中标方的投标文件及合同约定的内容和验收标准进行验收。验收情况作为支付货款的依据。如有质疑，以相关质量技术检验检测机构的检验结果为准，如产生检验费用，则该费用由过失方承担。

四、合同书（格式文本）

甲方：××××公司

乙方：____________________　　　　签订地点：__无锡市__

签订时间：____年____月____日

第一条 标的、数量、价款及交（提）货时间

标的名称	牌号商标	规格型号	数量	单价（元）	金额（元）
合计	大写：				
交货时间：合同生效后　　天内安装调试完毕					

第二条 包装标准、包装物的供应回收：______________________________。

第三条 标的物的所有权及灭失损毁的一切权利风险自交货验收合格之日起转移至甲方。

第四条 交（提）货方式及地点：乙方送货到甲方指定地点。

第五条 运输方式及到达站（港）和费用负担：乙方承担运输费用。

第六条 检验标准、方法、地点及期限：安装调试完毕甲方进行验收。

第七条 服务承诺：

1. ______________________________。

2. ______________________________。

3. ______________________________。

第八条 成套设备的安装与调试：乙方免费安装调试。

第九条 结算方式、时间及地点：________________。

第十条 本合同未按约履行及解除的条件：合同履行时间为签订合同日起　　天内完成。合同约定的交货时间到后乙方无力按甲方要求供货的，甲方有权解除合同并没收乙方的履约保证金。

第十一条 违约责任：按合同法由双方协商解决。

第十二条 合同争议的解决方式：本合同在履行过程中发生的争议，由双方当事人协商解决；也可由当地工商行政管理部门调解；协商或调解不成的，可依法向甲方所在地人民法院起诉。

第十三条 本合同自双方盖章生效，一式四份，甲方三份，乙方一份，有同等法律效力。甲方的招标文件和乙方的投标文件为本合同不可分割的一部分

甲　方	乙　方
甲方（章）：××××公司	乙方（章）：
法人代表或授权代表：	法人代表或授权代表：
地　址 无锡市钱胡路××××	地　址
电　话	电　话
开户银行 无锡建设银行滨湖支行	开户银行
帐　号 32001614836059888888	账　号
税　号	税　号
邮　编 214153	邮　编

五、附件（投标文件格式）

投标文件

采购编号：WXSY2017-0001

招标项目名称：

投标人：

二〇一七年　月　日

附件 1：投标函（格式）

投标函

致××××公司：

我方收到贵公司编号 WXSY2017-0001 招标文件，经仔细阅读和研究，我们决定参加此项目的投标。

（一）我们愿意按照招标文件的一切要求，提供本项目的投标，投标总价见《开标一览表》。

（二）我们愿意提供××××公司在招标文件中要求的文件、资料，具体内容如下。

（1）资格证明文件。

① 关于资格的声明函。

② 具有独立承担民事责任能力的投标人营业执照或相关部门的登记证明文件复印件。

③ 投标人法定代表人授权委托书（法定代表人亲自参加投标的除外）。

④ 投标人法定代表人身份证复印件。

⑤ 投标人法定代表人授权代表身份证复印件（法定代表人亲自参加投标的除外）。

⑥ 投标人近三个月中任意一个月份（不含投标当月）的财务状况报告（资产负债表和利润表）或由会计师事务所出具的近两年中任意一个年度的审计报告和所附已审财务报告复印件。

⑦ 投标人近三个月中任意一个月份（不含投标当月）的依法缴纳税收的相关材料（提供相关主管部门证明或银行代扣证明）复印件。

⑧ 投标人近三个月中任意一个月份（不含投标当月）的依法缴纳社会保障资金的相关材料（提供相关主管部门证明或银行代扣证明）复印件。

⑨ 承诺书。

（2）开标一览表。

（3）明细报价表。

（4）投标偏离表。

（5）证明材料汇总表。

（如有其他补充性文件请自行添加。）

（三）我方同意按招标文件中的规定，本投标文件投标的有效期限为开标之日起 90 天。

（四）如果我方的投标文件被接受，我方将履行招标文件中规定的每一项要求，按期、按质、按量完成交货任务。

（五）我方认为贵公司有权决定中标者。

（六）我方愿意遵守《中华人民共和国政府采购法》，并按《中华人民共和国合同法》、财政部《政府采购货物和服务招标投标管理办法》和合同条款履行自己的全部责任。

（七）我方认可并遵守招标文件的所有规定，放弃对招标文件提出质疑的权利。

（八）我方愿意按招标文件的规定交纳投标保证金。如我方在投标截止期后撤回投标及中标后拒绝遵守投标承诺或拒绝在规定的时间内与采购人签订合同，则投标保证金将被贵公司没收。

（九）如果我方被确定为中标供应商，我方愿意按招标文件的规定交纳履约保证金。且我方如无不可抗力，又未履行招标文件、投标文件和合同条款的，一经查实，我方愿意赔偿由此而造成的一切损失，并同意接受按招标文件的相关要求对我方进行的处理。

（十）我方决不提供虚假材料谋取中标，决不采取不正当手段诋毁、排挤其他供应商，决不与采购人、其他供应商恶意串通，决不向采购人及工作人员和评委进行商业贿赂，决不在采购过程中与采购人进行协商谈判，决不拒绝有关部门监督检查或提供虚假情况，如有违反，无条件接受贵公司及相关管理部门的处罚。

投标人（盖章）：

法定代表人或法定代表人授权代表签字或盖章：

电话：　　　　　　　　　　　　　　　　传真：

通信地址：　　　　　　　　　　　　　　邮编：

年　月　日

附件2：（投标人）关于资格的声明函（格式）

关于资格的声明函

××××公司：

我公司（单位）参加本次项目（WXSY2017-0001）采购活动前三年内，在经营活动中没有重大违法记录，我公司（单位）愿针对本次项目（WXSY2017-0001）进行投标，投标文件中所有关于投标资格的文件、证明、陈述均是真实的、准确的。若有违背，我公司（单位）愿意承担由此而产生的一切后果。

投标人（盖章）：

法定代表人或法定代表人授权代表（签字或盖章）：

年　月　日

附件3：承诺书（格式）

投标人承诺书

________________________（投标人名称）在此承诺：

1．本公司（单位）对本项目（WXSY2017-0001）所提供的货物均为原厂全新合格品。

2．本公司（单位）具备履行合同所必需的设备和专业技术能力。

3．本公司未被“信用中国”网站（www.creditchina.gov.cn）列入失信执行人、重大税收违法案件当事人名单、政府采购严重违法失信行为记录名单。

4．

5．

6．

……

如违背上述承诺，本公司（单位）将承担一切法律责任。

投标人（盖章）：

法定代表人或法定代表人授权代表签字或盖章：

年　月　日

注：以上内容除第1～2条为必备外，其余内容投标单位可自行完善。

附件4：（投标人）法定代表人授权委托书（格式）

法定代表人授权委托书

日期：

××××公司：

____________________系中华人民共和国合法企业，特授权_________代表我公司（单位）全权办理针对本项目（WXSY2017-0001）的投标、参与开标、签约等具体工作，并签署全部有关的文件、协议及合同。

我公司（单位）对被授权人的签名负全部责任。

在撤销授权的书面通知送达你处以前，本授权书一直有效，被授权人签署的所有文件（在授权书有效期内签署的）不因授权的撤销而失效。

被授权人情况：

姓名：　　　性别：　　　电话：

身份证件号码：

单位名称（盖章）：

法定代表人（签字或盖章）：

年　月　日

法定代表人身份证复印件	被授权人身份证复印件

附件5：开标一览表（格式）

开标一览表

投标人名称（盖章）　　　　　　　　　　　　采购编号：WXSY2017-0001

项目名称	投标总报价（小写）
铣床采购	
投标总报价（大写）：	

法定代表人或法定代表人授权代表签字或盖章：

年　月　日

附件 6：细目报价表一（格式）

细目报价表

投标人名称（盖章）　　　　　　　　　　　　　　　　　　采购编号：WXSY2017-0001

序号	名称	品牌型号	主要性能指标	数量	产地	免费质保期	单报价	分项总报价	备注
1									
2									
3									
完工期		整个项目自合同生效日起______日历天内安装调试完毕							
投标总报价：人民币大写______________________________人民币小写________									
服务承诺	（1）质量；（2）安装；（3）“三包”期（包修、包退、包换）；（4）其他承诺。 注：以上是主要承诺，供投标方参考，各投标方可根据自己单位的具体情况做出其他承诺								

（1）总报价包括本项目所有设备的运输、安装调试等直至全部交付并正常使用的一切费用。

（2）供应商需在《细目报价表》中列明原厂商或投标人提供的设备免费质保期。

法定代表人或法定代表人授权代表签字或盖章：

投标人公章：

年　月　日

附件 7：投标偏离表（格式）

投标偏离表

投标人名称（盖章）

名称	采购要求	实报内容	偏离说明

法定代表人或法定代表人授权代表签字或盖章：

注：（1）本表不得删除；

（2）如无任何技术偏离，请于本表“偏离说明”中注明“无偏离”；

（3）如有技术偏离项，请于本表中列明偏离内容，如需要可自行延长，其余无偏离内容不须赘述。

六、供应商投标（报价）确认函

××××公司：

本单位将参加贵院于____月____日的__________项目的投标（报价）。特发函确认。

______________（单位公章）

年　月　日

附：

供应商联系表

单位名称			
单位地址			
法定代表人		邮　编	
单位电话		传真号码	
项目联系人			
联系人电话		联系人手机	
所投报标段			

备注：请拟参与本项目投标（报价）的供应商在投标（报价）前按招标（采购）文件规定交纳投标（报价）保证金，于投标（报价）前如实填写以上信息并于开标日前两天扫描成图片发至邮箱：83270097@163.com或传真至我公司，传真号码：0510-83270097。因投标（报价）人不填写（提交）或填写有误的，以及交纳的投标（报价）保证金未在投标（报价）截止时间前到达公司指定账户的，所引起的损失及风险将由投标（报价）人自行承担。

反侵权盗版声明

举报电话：（010）88254396；（010）88258888
传　　真：（010）88254397
E-mail：　dbqq@phei.com.cn
通信地址：北京市海淀区万寿路 173 信箱
　　　　　电子工业出版社总编办公室
邮　　编：100036

反侵权盗版声明